선사 & 역사고고학

선사 & 역사고고학

저자 이상균

전주대학교출판부

❑ 책을 내면서

고고학은 본서의 제목에서와 같이 크게 선사시대와 역사시대로 구분하고 있다. 선사시대는 문헌이 존재하지 않은 시기에 우리 선조들이 남긴 물질적인 증거를 가지고 연구하는 시대이며, 역사시대는 문헌이 존재하는 시기, 즉 우리나라에서는 삼국시대 이후의 유구나 유물을 통해서 인류사를 연구하는 시대이다. 따라서 고고학에서 연구할 수 있는 분야는 그 유적의 중요 여부를 가리지 않고, 시기와 지역을 초월하여 우리의 선조들이 남긴 흔적은 다 중요하게 다루어야 한다.

본서의 내용은 "Ⅰ. 섬진강유역의 구석기문화, Ⅱ. 한반도 신석기시대 옥기문화의 계보, Ⅲ. 신석기시대 일본열도의 통나무배로 본 한반도 통나무배 연구의 예찰, Ⅳ. 한반도 신석기 문물의 생산과 유통, Ⅴ. 한반도 선사시대의 죽음관, Ⅵ. 고고학에서 본 백제문화의 이해, Ⅶ. 전북 순창의 훈몽재터에 대한 문헌 및 고고학적 검토, Ⅷ. 진안 단양리 기와가마 유적, Ⅸ. 문화재적 가치를 통해 본 동학농민혁명 무장 기포지, Ⅹ. 원평 구미란 전적지의 보존관리와 활용방안" 으로 전반부는 선사시대, 후반부는 역사시대의 글을 게재하였다.

필자는 세부 전공이 신석기시대이다. 신석기시대 연구에 관심을 가지다보니 이와 관련된 글들이 다수 있고, 또한 전북이라는 지역에 거주하다보니 아무래도 지역사와 관련된 유적을 접할 기회가 많아 그와 관련된 글들이 모아졌다. 다만 중요하게 평가될만한 유적이나 연구 내용은 없지만, 이 지역에서 미미한 자료들이 중첩되어 연구된다면, 이 또한 우리의 지역사, 나아가서는 우리나라의 인류사를 복원하는 기초자료가 될 것으로 판단된다. 따라서 미진한 본문의 내용은 상술한 의미에서 이해해 주시길 바란다.

본서는 새롭게 쓰거나 필자가 기존에 다루었던 글을 중심으로 대폭적인 수정을 가한 부분도 있다. 신석기시대 전공자인 필자의 시각으로 모든 시대를 망라하여 언급한 것은 무리한 감이 없지 않다. 아울러 본문의 딱딱한 내용의 이해를 위해 유적이나 유물의 도면과 사진을 많이 넣어 어려운 내용을 이해하는데 도움이 되고자 하였다. 또한 고고학은 학문의 특성상 계속해서 새로운 자료가 축적되기 때문에 본서의 내용도 수정해야 할 부분이 적지 않을 것이다. 이점에 대해서는 독자들의 지적과 비판을 바란다.

아무쪼록 본서의 간행으로 인하여 고고학의 이해에 조금이나마 도움이 된다면 그것으로 만족할 따름이다. 끝으로 본서가 간행되기까지에는 한국신석기학회, 지역의 많은 고고학 연구자의 도움이 있었으며, 이 기회에 지면을 빌어 감사를 드린다. 아울러 졸문의 출판을 흔쾌히 허락해 주신 전주대학교 출판부와 편집에 수고한 신아출판사 관계자에게 감사의 말씀을 전한다.

2012년 3월

온고을 천잠봉 아래 연구실에서

이상균

차례

Ⅰ. 섬진강유역의 구석기문화

Ⅱ. 한반도 신석기시대 옥기문화의 계보

Ⅲ. 신석기시대 일본열도의 통나무배로 본 한반도 통나무배 연구의 예찰

Ⅳ. 한반도 신석기 문물의 생산과 유통

Ⅴ. 한반도 선사시대의 죽음관

Ⅵ. 고고학에서 본 백제문화의 이해

Ⅶ. 전북 순창의 훈몽재터에 대한 문헌 및 고고학적 검토

Ⅷ. 진안 단양리 기와가마 유적

Ⅸ. 문화재적 가치를 통해 본 동학농민혁명 무장 기포지

Ⅹ. 원평 구미란 전적지의 보존관리와 활용방안

Ⅰ. 섬진강유역의 구석기문화

Ⅰ. 섬진강유역의 구석기문화

1. 머리말

섬진강은 전북 진안군 성수면, 백운면 등지에서 발원하여 임실과 순창의 분지를 거쳐 곡성의 전남지방과 道界를 이루며 흘러내리고, 도중 지리산 등지에서 발원하는 요천이 남원에서 섬진강에 합류한다. 또한 압록에서는 보성과 승주지역에서 북류하는 보성강이 합류하고, 구례를 지나고 부터는 경남 하동군과 경계를 이루며 광양만으로 흘러내린다. 3道에 걸쳐 길이가 약 212㎞나 되는 섬진강은 호남평야의 만경강과 동진강, 나주평야의 영산강과는 달리 비교적 험준한 산지를 접하며 곡류하기 때문에 협소한 충적평야가 하천 곳곳에 형성되어 있다. 구석기인들은 이러한 지형과 구릉지대에 거주하면서 근처의 높은 산지에서는 수렵활동, 하천에서의 어로활동으로 생활을 영위했던 것으로 보인다.

섬진강유역의 구석기유적은 섬진강 하류역과 본류에 합류하는 보성강 유역을 중심으로 조사된 바 있다. 순천에서 뗀석기와 격지를 채집했다는 구석기유물의 발견보고는 1965년 L.Sample과 A.Mohr에 의해 최초로 행해졌으나,[1)] 본격적인 구석기시대 유적의 발굴은 주암댐 수몰지구의 조사가 시작된 1986년 이후부터이다. 주암댐 수몰지구내의 조사에서 섬진강의 지류인 보성강유역에서 최초로 인류가 거주한 흔적은 중기구석기(10

---

* 본고는 기존에 필자가 발표한 내용을 전면 수정하여 다시 작성한 글이다.
이상균, 「섬진강유역의 구석기문화」, 『선사와 고대』 9, 1997.

1) Sample L and Mohr A, “Progress Report on Archaeological research in the Republic of Korea” Arctic Anthropology, vol.2 No.1, 1965.

만~3만년전) 까지 거슬러 올라가며, 정식으로 조사된 것으로는 순천 우산리 곡천, 죽내리유적, 화순 사수리 대전유적 등이 있다. 그러나 조사된 대부분의 유적은 후기구석기(3만~1만년전)에 해당하는 시기이고, 각 유적에서 후기구석기를 대표하는 석기들이 많이 출토되었다. 섬진강유역의 구석기시대 연구는 주암댐 수몰지구내의 발굴조사 이후에 비로소 자료평가가 이루어지고, 개요적으로 정리되기도 하였다.[2] 근래에는 섬진강 상류역의 임실 하가유적이 조선대학교 박물관에 의해서 5차례에 걸쳐 연차적으로 조사되었고, 곡성 오지리유적이 마한문화연구원에 의해서 새롭게 조사되었다.

지금까지 파악된 섬진강유역의 구석기유적은 곡성 제월리유적을 시작으로 현재 118개소에 이르고 있으며, 이중에 발굴조사 된 유적은 곡성 주산리, 송전리, 오지리, 순천 죽내리, 임실 하가지구 등 5개소에 이른다. 본고에서는 발굴조사 된 구석기유적은 많지 않지만, 섬진강유역의 후기구석기에 해당하는 시기를 중점적으로 논하고, 주변지역과의 관련성, 동아시아에서의 위치를 개괄적으로 조명하고자 한다.

2. 구석기유적의 개요

1) 임실 하가유적

임실 신평면 가덕리 하가마을에 위치하며, 유적 바로 앞으로 섬진강의 상류인 오원천이 흐르고 있다. 이 유적은 조선대학교 박물관에 의해 5차례에 걸쳐서 조사가 이루어졌다. 제1차 조사는 7개의 지층 중에 2층과 4층에서 석기가 출토되었다. 석기는 주로 2층의 "위 문화층" 에서 출토되

---

2) 이융조, 윤용현, 「전남지역의 구석기문화」, 『전남문화재』2, 전남향토문화총서, 1989.
이영문,「전남의 역사-선사시대(1)-」, 『전남문화』3, 1990.
박영철,「한국의 구석기문화」,『한국고고학보』28, 1992.

었으며, 석기의 재질은 산성화산암과 석영맥암이 주류를 이룬다. 석기 중에는 격지와 돌날이 92.6%를 차지하며, 각추상석기, 슴베찌르개, 새기개, 밀개, 긁개, 홈날, 등손잡이칼 등의 석기가 출토되었다. 특히 각추상석기는 한반도에서는 처음으로 발견된 것이어서 후기구석기시대 일본열도와의 비교연구에 중요한 자료로 평가된다. AMS연대는 19,700±300BP와 19,500±200BP이며, 보정연대는 21,850~21,270BC이다. 따라서 하가유적의 위 문화층은 후기구석기 후반으로 추정되고 있다. 제2차 조사는 "위 문화층" 에서 석기제작소와 2,700여점의 석기가 출토되었으며, 신석기시대의 문화층과 빗살문양토기편도 확인되었다. 제3차 조사에서는 석기제작소와 일본열도에서 보이는 나이프형석기를 포함하여 4,900점의 석기가 조사되었다. 제4차 조사에서는 석기제작소와 다량의 슴베찌르개, 새로운 형태의 찌르개가 출토되어 주목을 받고 있다. 제5차에서는 몸돌, 격지, 좀돌날몸돌, 좀돌날, 돌날 등 많은 석기가 출토되었으며, 신석기시대의 수혈로 보이는 유구도 조사되었다. 하가유적에 출토된 이들 석기는 한반도는 물론, 동북아시아의 후기구석기 연구에 있어서 귀중한 학술자료로 판단된다.[3](도면1-1,2)

2) 곡성 주산리유적

주산리유적은 송전리유적과 더불어 곡성 옥과면에 위치하며, 서울대학교 박물관에서 조사하였다. 주산리유적은 옥과천변 단구상의 하천쪽 말단부에 있고, 해발고도는 85m 정도이다. 구석기문화층은 경지정리와 경작에 의해 대부분 교란되었으나 잔존부위의 층위에서 본다면, 황갈색을 띤 고토양층이 문화층일 가능성이 크다고 보여진다. 이 문화층은 현 경작층에 해당이 되며, 따라서 지표에서 많은 유물이 수습되었다. 유물은 몸돌,

3) 조선대학교 박물관, 『임실 하가유적』, 2008.
조선대학교 박물관, 『임실 하가유적-제4차 지도위원회 자료』, 2010.

밀개, 톱니날석기 등이 출토되었다.(도면1-3~6) 석기는 니암제가 많으며, 눌러떼기를 한 세석기의 제작기법과 유사한 것이 많아 이는 당시 후기구석기시대에 동아시아에서 유행하던 석기제작법과도 일맥상통한다.[4]

3) 곡성 송전리유적

송전리유적은 옥과천과 섬진강의 본류가 합쳐지는 지역에 발달한 하안단구상에 있고, 해발고도는 78m 정도로 주산리유적과는 5㎞ 이내의 가까운 거리에 있다. 조사는 단구상면의 고도가 가장 높은 지점에서 이루어졌고, 경작층인 지표면에서 중요한 유물이 많이 수습되었다. 석기는 좀돌날몸돌, 쐐기형몸돌, 긁개, 밀개, 톱니날석기, 찍개가 출토되었으며, 재질은 주변의 화순 동복 일대에 존재하는 니암제가 많다.(도면1-7~9) 이 유적에서 출토된 몸돌류는 일본의 북해도 지방에서 많이 발견되는 좀돌날의 제작기법인 湧別技法과 유사하다. 따라서 좀돌날의 제작기법과 연대측정이 비교적 정확하게 파악되어 있는 연해주, 일본 북해도 지역의 편년에서 본다면, 주산리와 더불어 본 유적의 생성연대는 후기구석기시대의 후엽인 20,000년전 전후로 추정할 수 있을 것이다.[5]

4) 곡성 제월리유적

곡성 입면 제월리에서 1984, 85년 건국대학교 박물관에 의해서 지표조사가 이루어졌다. 유적은 섬진강으로부터 700m 떨어진 제월분교 근처의 해발 70m의 구릉 위에 위치하며, 송전리유적과는 5㎞ 이내의 가까운 거리에 있다. 유물이 채집된 곳의 토양은 적황색 점토질이며, 출토된 유물의 석제는 경도가 낮은 맥석영제가 주류를 이룬다. 유물은 주먹도끼, 긁개, 밀개, 송곳, 조각기, 몸돌, 첨두기 등 63점이 수습되었다.

4) 이선복 외, 『옥과 구석기유적』, 서울대학교 박물관, 1990.
5) 이선복 외, 『옥과 구석기유적』, 서울대학교 박물관, 1990.

(도면1-10~12) 주변의 곡성읍 승법리에서도 구석기의 존재가 확인되고 있다. 시기는 후기구석기시대로 보고되고 있다.[6]

5) 곡성 오지리유적

곡성 오곡면 오지리 일원으로 구 곡성역사의 동쪽에 위치하는 평야지대이며, 마한문화재연구원에 의해서 조사되었다. 이 일대는 섬진강의 지류인 곡성천이 곡류하면서 형성된 강안 충적지에 해당한다. 조사결과, 후기구석기~고려시대에 이르는 복합적인 유적이었다. 구석기시대 유물은 토양쐐기 위층인 명갈색 찰흙층에서 출토되었다. 이곳은 석기제작소와 같은 양상을 보이고 있으며, 석기는 3군데에 군집되어 있는 모습이다. 석기는 몸돌 11점, 격지 283점, 돌날 157점, 긁개 7점, 홈날석기 7점, 새기개 8점, 뚜르개 1점, 석기 31점 등이 확인되었으며, 재질은 유문암을 사용하여 제작하였다.(도면2-1~3) 격지와 돌날이 주류를 이루며, 5점의 각기 다른 석기가 접합되어 돌날의 제작기법 연구에 좋은 자료를 제공하고 있다. 명갈색 찰흙층 문화층의 절대연대는 9,180±80BP로 확인되었다.[7]

6) 구례 용두리유적

구례 용두리유적은 조선대학교 박물관에 의해 지표조사 되었다. 유적은 섬진강 강물과의 높이차가 15m 정도이며, 제2하안단구에 위치하는 것으로 파악되었다. 유물은 적갈색 찰흙층에서 찍개, 주먹찌르개, 긁개, 톱니날, 뚜르개 등의 몸돌석기가 채집되었다.(도면2-4) 석재는 석영맥암과 응회암이 주류를 이루며, 직접떼기와 스윙기법으로 격지를 떼어내고

6) 최무장, 「전남 곡성군 입면 제월리 출토 구석기」, 『인문과학논총』18호, 건국대학교, 1986.
7) 마한문화재연구원, 『곡성 오지리유적』, 2008.

있다. 특히 이 유적에서 출토된 주먹찌르개는 중국 丁村遺蹟의 三稜大尖狀器와 같은 형식에 속하는 것으로 알려져 있으며, 시기는 중기구석기 후반에 속하는 것으로 보이며, 섬진강유역에서 중기구석기 유적은 순천 우산리 곡천, 화순 사수리 대전, 순천 죽내리유적이 알려져 있다.[8)]

7) 화순 사수리 대전유적

사수리 대전은 주암댐 수몰지구내의 화순군 남면 사수리 대전마을에 위치한다. 유적은 해발고도 112m 정도이며, 산줄기의 자락이 끝나는 지점인 홍적토대지로 된 구릉 위에 위치한다. 바로 앞은 동복천이 흐르고 있으며, 5㎞ 정도 떨어진 우산리 곡천유적과 덕산리 죽산유적이 있는 곳의 보성강과 합류된다. 층위조사에서 중기구석기 문화층과 후기구석기 문화층이 확인되었다. 후기구석기 문화층의 유물은 석영암의 망치, 몸돌, 밀개, 긁개, 찍개, 첨두기 등과 반암제의 배모양석기, 쐐기형몸돌 등의 석기가 출토되었다.(도면2-5,6) 중기구석기 문화층에서는 망치, 찌르개, 긁개, 밀개, 찍개 등이 출토되어 후기구석기 이전에도 섬진강 유역에 인류가 거주했음을 알 수 있다. 이 유적에서 출토한 중요한 석기로는 쐐기형몸돌, 배모양석기를 들 수 있는데, 같은 제작기법이 단양 수양개유적에서도 보이고 중국의 泥河灣技法, 일본의 湧別技法과도 유사한 것으로 생각된다.[9)]

8) 보성 죽산리유적

죽산리유적은 주암댐 수몰지구내의 보성군 문덕면 죽산리에 위치한다.

---

8) 이기길, 「섬진강유역 구석기문화와 연구의 성과」, 『호남동부지역의 가야와 백제』, 제18회 호남고고학회 학술대회 발표요지, 2010.
9) 이융조 외, 「사수리 대전 고인돌」, 『주암댐수몰지구 발굴보고서(Ⅳ)』, 전남대학교 박물관, 1988.
이융조 외, 「화순 대전 후기구석기문화」, 『선사와 고대』3, 1992.

유적은 화순 쪽에서 흘러오는 동복강과 보성에서 흘러오는 보성강이 합류되는 곳 북쪽의 하안단구 위에 있다. 강변의 충적지를 사이에 두고 해발고도 105~110m 정도의 하안단구인데, 이러한 홍적세의 지층구조는 주변일대에서 흔히 발견된다. 조사는 교란이 심하지 않은 하안단구의 윗부분을 중심으로 실시하였고, 점토성이 강한 고운 진흙층에서 구석기시대 유물이 상당수 확인되었다. 유물은 찍개, 새기개, 긁개 등이 출토되었다.(도면2-7,8) 주변지역인 주암댐 수몰지구내의 구석기유적에서는 황갈색 지층에서 주로 니암제의 석기들이 많이 출토되는데, 이 죽산리유적에서는 석영암 계통을 이용한 찍개가 많이 출토되었다. 이러한 석영암 계통의 찍개문화는 한반도를 대표하는 구석기문화인데, 그 여파가 섬진강 유역에까지 도달했음을 알 수 있다.[10]

9) 순천 신평리 금평유적

금평유적은 순천시 송광면 신평리의 주암댐 수몰지구 문화유적 발굴조사인 지석묘의 하부구조와 유구의 주변을 정리하면서 발견되었다. 유적은 신평리 금평부락 보성강변의 해발고도 약 85m 지점에 있다. 보성강은 협곡을 이루는 부분이 많아 소규모의 하안단구가 발달하고 있으나, 금평유적은 그 중에서도 단구의 규모가 큰 동서 700m, 남북 1,000m 정도로 넓은 단구면에 위치하고 있다. 유물이 존재하는 문화층은 홍적세 퇴적층 내에 존재하며, 단구퇴적층의 최상부인 점토층에서 석기가 출토되었고, 니암제와 석영제의 석기가 주류를 이룬다. 출토된 석기는 돌날, 격지, 밀개, 새기개, 좀돌날 등이다.(도면2-9,10) 특히 니암제의 밀개는 화순 사수리 대전유적의 것과 유사하다. 이 유적은 전형적인 좀돌날 기법의 존재로 보아 후기구석기 후엽에 해당하는 것으로 판단되고 있다.[11]

---

10) 황용훈 외, 「죽산리 구석기유적」, 『보성강, 한탄강유역 구석기유적』, 문화재관리국, 1994.

11) 임병태 외, 「신평리 금평 구석기」, 『주암댐수몰지구 발굴조사보고서(V)』, 전남대

10) 순천 우산리 곡천유적

곡천유적은 순천시 송광면 우산리 주암댐 수몰지구내의 지석묘 조사를 마무리하는 과정에 발견되어 연장발굴이 실시되었다. 유적은 우산리 곡천부락의 보성강의 지류인 송광천변의 매치산 산줄기가 끝나는 해발고도 95~105m 정도의 구릉 위에 위치하며, 3㎞ 이내에 신평리 금평유적, 덕산리 죽산유적 등의 구석기시대 유적이 분포한다. 유적의 층위는 조사된 지구에 따라 차이가 있으나 후기구석기 문화층은 황갈색 찰흙층을 이루며, 중기구석기 문화층은 붉은노란사질층을 이룬다. 후기구석기의 석재는 석영, 니암, 반암이 많고, 석기의 종류는 몸돌, 망치돌, 밀개, 배모양석기, 긁개, 자르개, 찍개, 새기개, 쐐기형몸돌, 슴베찌르개 등이 출토되었다.(도면3-1~7) 쐐기형몸돌은 단양의 수양개유적에서 사용한 석기제작과 기법이 거의 동일하며, 이런 형태의 석기는 한반도의 평양 만달리, 공주 석장리, 단양 수양개, 거창 임불리유적을 포함한 동아시아 전역에서 발견되고 있다. 시기는 대체로 후기구석기 후엽에 속하는 것으로 생각된다. 그리고 이 유적에서는 중기구석기의 존재가 보고되어 섬진강유역에서 인류의 생활이 30,000년전 이전에도 영위되었음을 알 수 있다. 중기구석기 문화층에서는 주로 석영암을 이용해 석기제작을 하였으며, 주먹도끼, 찍개, 긁개, 찌르개, 주먹대패 등이 출토되었다.[12)]

11) 순천 덕산리 죽산유적

죽산유적은 순천시 송광면 덕산리의 주암댐 수몰지구내의 지석묘를 조사하면서 발견되었다. 유적은 죽산부락 뒤에서 내려온 산자락의 말단

학교 박물관, 1988.

12) 이융조 외, 「우산리 곡천 선사유적」, 『주암댐수몰지구 조사보고서(Ⅴ)』, 전남대학교 박물관, 1988.
이융조 외, 「우산리 곡천 구석기유적」, 『주암댐수몰지구 조사보고서(Ⅶ)』, 전남대학교 박물관, 1990.

에 위치하고 있다. 이 단구지형은 가까이에 있는 금평유적과 같은 하천 퇴적에 의해 형성된 하안단구가 아니고, 산 사면의 퇴적층이 하천의 침식에 의해 깎인 테라스 형태이다. 층위는 5개로 구분되며, 유물은 4층에서 발견되었다. 석기의 출토량은 그다지 많지 않지만 찍개, 긁개, 슴베찌르개, 좀돌날몸돌, 쐐기형몸돌 등이 발견되었다.(도면3-8~10) 이 유적에서 출토된 쐐기형몸돌은 시베리아, 중국, 일본 등 동아시아에 폭 넓게 존재하는 석기로, 그 시기는 후기구석기 후엽에 속한다. 슴베찌르개는 단양 수양개유적에서도 많이 출토되었고, 일본의 九州지방에서도 출토 예가 많다.[13]

12) 순천 죽내리유적

죽내리유적은 순천시 황전면 죽내리에 있고, 조선대학교 박물관에서 순천~구례간 국도확장공사구간에 대한 조사 중에 발견되었다. 황전천 유역을 둘러싼 소규모의 분지 형태에 자리한 이 유적에서는 구석기시대 외에도 청동기시대 주거지와 반월형석도, 유구석부, 방추차, 무문토기 등의 유물, 삼국시대 석곽묘 7기와 경질토기류, 철겸, 철부, 옥, 금귀고리 등이 출토되었다. 구석기의 퇴적층은 중기구석기~후기구석기에 이르는 4개의 문화층이 확인되었다. 제1문화층에서는 격지, 주먹도끼, 주먹자르개, 긁개, 홈날, 톱니날석기 등 596점, 제2문화층에서는 격지, 긁개, 홈날, 자갈돌석기 등 340점, 제3문화층에서는 격지, 홈날, 자갈돌석기 등 95점, 제4문화층에서는 찍개, 긁개, 톱니날, 새기개, 뚜르개, 부리날, 망치, 모룻돌, 돌날, 좀돌날, 밀개, 홈날 등 3,126점의 석기가 출토되었다.(도면 3-11~13) 시기는 제1문화층은 65,000년전 이전, 제2문화층은 30,000~60,000년전, 제3문화층은 20,000~23,000년전, 제4문화층은 14,000년전 정도로 파

---

13) 이선복 외, 「신평리 금평, 덕산리 죽산 후기구석기유적」, 『주암댐수몰지구 조사보고서(Ⅶ)』, 전남대학교 박물관, 1990.

악되고 있다. 따라서 제1문화층은 중기구석기시대에 해당되며, 섬진강유역에 중기구석기인들의 흔적이 확인된 셈이다.14) 이 유적은 전남기념물 제172호로 지정되었다.

13) 순천 월평유적

월평유적은 순천시 외서면 월암리, 월평마을에 있으며, 보성강의 지류인 송광천의 최상류 지점에 해당한다. 이 유적은 조선대학교 박물관에서 3차례에 걸쳐 발굴조사 하였다. 유적의 문화층은 5개가 확인되었으며, 이중에 3개의 후기구석기 문화층에서 14,000여점의 석기가 출토되었다. 제3문화층에서는 밀개, 긁개, 홈날, 뚜르개, 찍개, 주먹도끼, 돌날, 슴베찌르개 등, 제4문화층에서는 격지, 찍개, 밀개, 긁개, 홈날, 망치, 모룻돌, 새기개, 돌날, 좀돌날, 슴베찌르개, 잔손질석기, 절구모양의 석기 등이 출토되었다.(도면3-14~16) 이중에 돌날, 밀개, 새기개, 슴베찌르개, 좀돌날의 석기는 후기구석기를 대표하는 석기들이다. 월평유적의 연대에 있어서 제3, 4문화층은 토양쐐기의 위에 놓여 있어, 약 18,000~15,000년전경에 형성되었을 것으로 보고 있다.15) 이 유적은 국가사적 제458호로 지정되었다.

3. 유적과 유물의 성격

섬진강 유역의 구석기시대는 몇 유적을 제외하고는 후기구석기의 유적이 대부분을 차지한다. 유적의 입지는 완신세가 시작되기 직전에 형성된 하안 제2단구면, 또는 길게 뻗어 내린 산자락 끝의 구릉 위에 형성되

14) 조선대학교 박물관, 『순천 죽내리유적』, 2000.
15) 조선대학교 박물관, 『순천 월평유적 2차발굴』, 2004.
조선대학교 박물관, 『순천 월평유적 3차발굴』, 2009.

었고, 이러한 단구면과 구릉은 섬진강유역의 도처에서 확인되고 있다. 구석기시대 유적의 지형과 환경에서 본다면, 광범위한 섬진강유역의 곳곳에는 아직도 많은 유적이 산재해 있을 것으로 생각된다.

구석기유적은 섬진강으로 흘러드는 보성강, 동복천, 송광천 유역에서 많이 조사되었는데, 출토된 석기의 재질은 니암제가 압도적으로 많고, 반암과 석영암 계통의 석기도 상당수 발견된다. 이 지역에서 주로 출토되는 니암제 석기는 근처 화순의 동복일대에서 채집한 것으로 알려지고 있다. 니암제 석기가 당시의 인류에게 생활도구로서 채택된 원인은 석기 제작시에 깨끗하게 떼어지고, 다듬기 쉬운 특징을 가지고 있기 때문으로 보인다. 당시의 중국 동북부나 연해주, 그리고 일본지역은 주로 흑요석을 사용해서 좀돌날(細石刃)[16]이 만들어졌으나, 한반도 남부지방에서는 흑요석이 채집되지 않아 대신에 주변에서 입수가 용이한 비교적 질이 좋은 니암제의 석기가 채택되어 유행된 것으로 생각된다. 그렇지만 근래에는 장흥 신북유적에서 흑요석으로 만든 밀개, 좀돌날이 출토되어 九州와의 교류가 지속된 흔적을 파악할 수 있다.[17]

섬진강 중상류역에서 조사된 유적은 임실 하가와 곡성 일원의 주산리, 송전리, 제월리, 오지리유적이 있다. 이들 유적의 시기는 후기구석기에서도 임실 하가유적 위 문화층(19,700±300BP), 주산리와 송전리유적(늦은 단계의 좀돌날), 오지리유적(9,180±80BP)의 순으로 진행된 것으로 보인다.[18] 이 시기에는 중기구석기시대의 구례 용두리나 순천 죽내리유

---

16) 細石器의 일종으로 폭 2㎜~1㎝, 길이 2~5㎝ 정도의 소형 돌날을 말한다. 北유럽이나 시베리아 지역의 출토 예에서 보면 도구의 양측 면에 좀돌날(細石刃)을 끼워서 예리한 날을 사용한 것으로 보인다. 이 석기의 제작기법은 연구가 세밀하게 진행되고 있는 일본의 경우를 보면 峙下技法, 湧別技法, 幌加技法, 忍路子技法, 蘭越技法, 廣鄕技法, 福井技法, 矢出川技法, 船野技法, 加治屋園技法 등 10여가지 이상인 것으로 연구되고 있다. 이 중 한반도지역의 좀돌날 제작기법은 峙下技法, 湧別技法, 福井技法 등과 관련되는 듯하다.

17) 조선대학교 박물관, 『빛나는 호남 10만년』, 특별전 도록, 2010.

18) 이기길, 「섬진강유역 구석기문화와 연구의 성과」, 『호남동부지역의 가야와 백제』, 제18회 호남고고학회 학술대회 발표요지, 2010.

적의 영향을 받으면서 석재에 있어서도 기존의 석영맥암이나 응회암이 사용되면서 새롭게 유문암, 셰일 등으로 석기제작이 이루어진다. 오지리 유적의 단계에서는 모든 석재가 유문암이 사용되고 있다. 또한 죽산리유적 등지에서 석영암 계통의 찍개가 많이 출토한 점은 의의가 크다고 할 수 있다. 한반도의 석영암 계통의 찍개는 한강 유역의 연천 전곡리, 금강유역의 공주 석장리, 충주댐 수몰지구 등지에서도 출토되는 것이어서 한반도 구석기문화를 대표하는 유물이다. 즉 한반도의 서남단에 치우친 섬진강유역에서도 한반도의 구석기문화가 뿌리깊게 파급되어 연계되고 있음을 알 수 있다.

섬진강 유역에서 출토된 석기 중에 주목할 만한 것은 좀돌날(細石刃), 좀돌날몸돌(細石刃石核)과 슴베찌르개(有莖尖頭器)이다. 좀돌날과 좀돌날몸돌은 주산리, 송전리, 덕산리 죽산, 우산리 곡천, 사수리 대전, 신평리 금평, 임실 하가유적에서 출토되었으며, 다른 지역에서는 평양 만달리, 홍천 하화계리, 양구 상무룡리, 단양 수양개, 공주 석장리, 진안 진그늘, 철원 장흥리, 장흥 신북, 거창 임불리, 밀양 고례리 등의 유적에서 출토되고 있다. 좀돌날과 좀돌날몸돌은 시베리아, 중국, 연해주를 포함한 극동지방, 일본 등지에 폭 넓게 분포하고 있으며, 섬진강유역에서 가까운 거리에 있는 거창 임불리, 밀양 고례리, 장흥 신북유적과의 관련성도 어느 정도 파악되었다고 할 수 있다. 섬진강유역에서 출토된 좀돌날몸돌의 특징은 쐐기형몸돌이 많이 존재한다는 점, 시베리아를 포함해서 중국이나 일본지역의 석기 제작기법과 서로 관련된다는 점, 반암과 니암의 석재가 주로 이용된다는 점을 들 수 있다. 니암제 좀돌날몸돌은 거창 임불리유적에서도 발견되어 남부지방의 넓은 지역에 공통된 문화적기반이 존재했음을 짐작할 수 있다.[19] 섬진강유역에서 비교적 많이 출토되는 쐐기

19) 中山淸隆에 의하면 임불리유적의 석질이 니암질의 스레트, 혹은 풍화된 혈암일 가능성과 문화적 양상이 시베리아계통의 湧別技法과 유사한 것으로 보고하고 있다. 中山淸隆,「韓國 居昌壬佛里遺蹟の晩期舊石器について」,『舊石器考古學』39, 1989.

형몸돌의 제작기법은 원석에 비교적 정교하게 박리를 가해 타원형으로 만든 후에 장축방향으로 2개 정도의 박편을 떼어내어 평면타면을 만든다. 즉 좀돌날몸돌이 만들어지고, 이 몸돌의 평면타면에서 하부방향으로 박편을 떼어낸 후 비로소 좀돌날을 제작할 수 있는 준비가 완료된다. 이러한 제작과정 후에 길이 3~4㎝, 폭 0.5㎝ 정도의 좀돌날을 대량으로 생산하는 방법이다. 이 제작기법은 수양개유적의 Ⅱb기법, 일본의 湧別技法, 중국의 泥河灣技法 등과도 관련지어 비교할 수 있다.(도면4)

섬진강유역에서 출토된 슴베찌르개는 우산리 곡천, 덕산리 죽산, 월평, 금평, 하가유적 등에서 출토되었다. 섬진강유역에서 출토된 슴베찌르개는 제작방법에 있어서 다량으로 출토된 단양 수양개의 것과 유사하다. 슴베찌르개는 한반도뿐만 아니라 중국이나 연해주에서 한반도 중, 북부로, 나아가서 일본 九州와의 문물교류, 문화이동의 경로를 엿볼 수 있는 중요한 유물로 평가되고 있다. 한반도에서 슴베찌르개의 출토유적은 단양 수양개, 철원 장흥리, 남양주 호평동, 진안 진그늘, 대전 용호동, 용산동, 밀양 고례리 등 전국적으로 많은 유적에서 출토되고 있다. 중국이나 러시아, 일본 등지에서보다 한반도에서 출토가 많으며, 시기도 다른 지역보다 빨라서 슴베찌르개가 한반도에서 만들어져 주변지역으로 전파되었을 가능성이 높은 것으로 연구되고 있다.

또한 임실 하가유적의 돌날을 제작하는 석기제작소에서는 돌날의 제작과정을 파악할 수 있다. 나이프형석기, 각추상석기는 일본열도에서 비교적 많이 출토되는 것으로 지금까지는 일본 고유의 석기로 파악되었으나, 이제는 한반도에서도 출토되는 석기여서 앞으로의 비교연구가 주목되고 있다. 각추상석기는 슴베찌르개와 공존하며, 제작시기는 20,000년이 넘는 것으로 알려져 있으며, 일본열도에서 출토되는 각추상석기의 기원이 한반도에 있을 가능성도 제기되고 있다. 또한 하가유적에서 출토된 돌확모양석기는 갈거나 으깨는 용도로 사용되어 생업의 양상이 다양했음을 알 수 있다.

오지리유적에서는 다양한 종류의 긁개와 새기개가 출토되었고, 3군데의 집중적 출토양상을 보이고 있다. 이 유적에서는 5점의 각기 다른 석기가 접합되어 돌날의 제작기법 연구에 좋은 자료를 제공하고 있다. 눌러 다듬기로 양면가공 된 화살촉은 후기구석기 마지막 단계의 동해 기곡유적과 제주 고산리유적의 양상과도 유사한 것으로 판단되며, 후기구석기에서 신석기시대로 넘어가는 과도기에 속할 가능성도 제기되고 있다.

이밖에 후기구석기 후반부에 출현하는 월계수잎모양과 유사한 찌르개는 전면을 눌러떼기 하여 정교하게 다듬은 석기이며, 임실 하가유적에서 출토되었다. 이 찌르개는 한반도에서는 공주 석장리, 장흥 신북에서도 그 예가 있으며, 일본열도에서도 자주 보이는 석기여서 비교연구의 대상이 되고 있다.

섬진강유역에서는 후기구석기 외에도 순천 우산리 곡천유적과 화순 사수리 대전, 순천 죽내리, 구례 용두리유적에서 중기구석기의 존재가 보고되었다. 죽내리 제1문화층은 중기구석기 중·후반, 용두리유적은 중기구석기 후반에 속한다. 중기구석기 문화층에서 출토된 석기는 주로 석영맥암을 이용해 주로 1차 가공에 의한 석기제작을 하였으며, 이 시기에는 찍개, 주먹찌르개, 양면석기, 긁개, 홈날, 톱니날, 뚜르개 등의 일반적인 도구가 출토된다. 특히, 용두리유적의 주먹찌르개는 중국 丁村遺蹟에서 발견된 三稜大尖狀器와 같은 형식으로 보고되기도 하였다.[20] 우산리 곡천유적에서 출토한 주먹도끼는 연천 한탄강변의 전곡리, 남계리유적 등과 관련될 가능성이 있다. 특히, 순천 죽내리유적 제1문화층에서는 주먹도끼, 주먹자르개, 긁개, 홈날, 톱니날석기 등이 출토되었고, 65,000년전 이전까지 올라갈 가능성이 제시되었다.

---

20) 이기길, 「섬진강유역 구석기문화와 연구의 성과」, 『호남동부지역의 가야와 백제』, 제18회 호남고고학회 학술대회 발표요지, 2010.

4. 동아시아 주변국과의 관련성

섬진강 유역에서 출토한 석기 중에는 후기구석기시대에 동아시아의 폭넓은 지역에서 유행하는 것들이 많다. 먼저 순천 우산리 곡천, 순천 덕산리 죽산, 순천 월평, 순천 금평, 임실 하가유적 등에서 출토한 슴베찌르개(有茎尖頭器)는 계보를 밝힐 수 있는 유물이다. 단양 수양개유적에서는 후기구석기에 해당하는 Ⅳ下層에서는 많은 석기가 출토되었고, 그 중에 슴베찌르개로 분류되는 석기가 50여점 이상 보고되고 있는데, Y자형의 稜을 가진 끝이 뾰족한 석기가 선택이 되고 끝부분에 茎部를 만든 수법이다.[21] 이러한 석기제작기법은 단양 수양개유적 이외에도 연해주의 우스티노프카(Ustinovka), 중국 周口店[22] 등지에서도 발견되며, 일본 九州에서 많이 출토되는 슴베찌르개와도 같은 종류의 석기이다.(도면 5) 일본에서는 AT화산재[23]가 쌓인 후에 돌연 출현하며, 출토지역은 九州 이외에도 西日本 지역까지 분포하는 등, 100여개소 이상의 많은 유적이 알려져 있다. 슴베찌르개가 출토되는 九州의 일부 유적에서는 단양 수양

---

21) 이융조, 『단양수양개 구석기유적 발굴조사보고-1983. 84-』, 충주댐수몰지구발굴보고서(Ⅰ), 1984.
이융조, 『단양수양개 구석기유적 발굴조사보고-1985-』, 충주댐수몰지구연장발굴보고서』, 1985.

22) 周口店유적에서 출토한 범위는 동굴퇴적층의 최상부인 3~1층의 범위인 것으로 확인되고 있으며, 雙肩長尖石錐로 불리고 있다. 또한 주구점유적에서는 후기구석기에만 보이는 타격면이 상당히 적은 頭部조정을 한 돌날이 있는데, 이것은 돌날기법의 존재를 의미하며 연해주의 우스티노프카, 단양 수양개유적에서도 同技法의 돌날이 확인되고 있는 것으로 보고되었다.
張森水,『中國舊石器文化』, 天津科學技術出版社, 1987.
加藤晋平,「中國北部の後期舊石器文化」,『季刊考古學』29, 雄山閣, 1989.

23) 日本列島의 최남단인 九州의 남쪽 鹿兒島縣지역에 給源하는 아이라탄자와(AT)화산재는 약 22,000년전에 분화하여 일본 거의 전지역에 퇴적되어 후기구석기의 연구와 시기편년에 중요한 역할을 하고 있다. 특히 東京을 중심으로 한 關東地域 일원에서는 30,000~10,000년전의 지층이 후지산이 폭발하여 쌓인 화산재로 이루어졌으나 여기에 후지산 분원의 화산재와는 성질이 다른 아이라탄자와(AT)화산재가 지질학자(町田洋, 新井房夫)에 의해 인식되어 이후 후기구석기 편년에 획기적인 단서를 제공하였다.

개, 임실 하가유적에서 발견되는 각추상석기나 한 측면만 가공한 석기가 공반하여 九州와의 교류가 확실히 증명되고 있으며, 이러한 교류는 AT화산재 퇴적 이후의 혼란기에 이루어진 것으로 보인다.[24] 즉 수양개, 하가유적과 九州지역의 슴베찌르개는 형태조성과 생산기반의 공통성, 그리고 찌르개의 莖部가 한반도지역에서는 九州보다도 정교하게 제작되고 있다는 점을 들어 한반도에서의 문물의 이동이 이루어졌음을 알 수 있다. 따라서 섬진강유역에서 출토된 슴베찌르개의 연대도 비슷한 시기였을 것으로 추정된다. 현재 슴베찌르개가 출토된 유적의 방사성탄소연대는 철원 장흥리 22,200±600BP, 진안 진그늘 22,850±350BP, 장흥 신북 25,420±190BP 등의 연대를 보이고 있다.[25]

섬진강 유역에도 후기구석기시대 말기에 속하는 좀돌날석기(細石器)문화가 존재한다. 즉 제품으로서의 좀돌날과 그것을 제작하기 위한 좀돌날몸돌 등이 주산리, 송전리, 덕산리 죽산, 우산리 곡천, 사수리 대전, 신평리 금평, 하가 등의 유적 등에서 출토되고 있다. 이 좀돌날과 좀돌날몸돌의 형태, 제작과정은 시기와 지역을 초월하여 어느 정도 규격화되어 있다고 볼 수 있다. 특히 섬진강유역에 많이 출토되는 쐐기형몸돌(楔形石核)은 동아시아에 폭넓게 분포하고 있어서, 기원과 전래의 문제에 있어서 중요한 유물로 평가되고 있다. 섬진강유역의 좀돌날몸돌의 제작기법(도면4-3)은 일본의 湧別技法[26](도면4-1)이나 중국의 泥河灣技法(도면4-4)과 거의 동일한 것으로 생각되며, 또한 한반도의 남해안과 가까운 西日本지역의 福井技法(도면4-2)등과의 관련성도 생각해 볼 수 있다. 한반도에서는 가까운 지역의 거창 임불리, 공주 석장리, 평양의 만달리유적

24) 松藤和人, 「朝鮮半島から日本列島へ-剝片尖頭器の系譜-」, 『季刊考古學』29, 雄山閣, 1989.

25) 한국고고학회, 「구석기시대」, 『한국고고학강의』, 2010.

26) 양면가공을 실시한 반월형 형태의 尖頭器모양을 만든 다음 타격을 가해 장축방향으로 떼어내어 배모양과 비슷한 형태로 조정한다. 이렇게 조정한 좀돌날몸돌을 가지고 대량의 좀돌날을 제작하는데, 이 기법은 동아시아의 각 지역에 폭 넓게 존재한다.

에서도 쐐기형몸돌이 확인되고 있고, 단양 수양개유적에서는 50여점이 출토되었다. 우산리 곡천이나 사수리 대전에서 출토한 쐐기형몸돌은 이융조 교수가 분류한 수양개유적의 Ⅱb技法과 상통한 것이며, 일본의 湧別技法, 중국의 泥河灣技法과도 연결된 것으로 보인다. 이러한 쐐기형몸돌은 중국 동북부 지역의 虎頭梁, 海拉爾松山, 十八站遺蹟 등에서도 배모양석기, 첨두기 등과 함께 출토되고 있다. 이러한 좀돌날석기 문화는 시베리아에 근원을 두고 중국 동북부를 거쳐 한반도에 도래하는데, 그 중에서도 쐐기형몸돌은 시베리아의 아르단강 유역에서 출현해 앙가라강 상류와 서남 바이칼호, 더욱이 동북 아무르강 유역에까지 확대된다. 그 후에 중국 동북부를 경유해서 한반도로 들어오고, 또 하나의 갈래는 중국의 황하 중류역의 下川, 薛關, 黑龍潭遺蹟 등을 경유하여 한반도 남부 지방으로 연결되는 2개의 루트가 예상되고 있다.[27](도면6) 당시에는 지구의 한랭화로 인하여 서해안이 육지화 되었다고 보여지므로, 이 시기에 인류의 이동경로가 중국의 동북부 경유인가, 아니면 황하 중류역 경우인가에 대해서의 논란은 큰 의미가 없을 것으로 생각된다. 일본열도에는 사할린과 北海道를 거쳐 本州까지 영향을 미치고 있으며, 특히 북해도는 양질의 흑요석이 대량으로 채집되어 주변지역과 많은 교역이 이루어지고 있다.

동아시아의 좀돌날 절대연대는 중국지역의 下川遺蹟이 23,900±1,000~16,400±900BP, 薛關13,500±150BP, 虎頭梁 11,000±210BP의 연대를 보이며, 일본 休場遺蹟은 14,300±600BP의 연대를 나타내고 있다. 한반도에서는 쐐기형몸돌이 출토된 공주 석장리의 집자리가 20,830BP, 단양 수양개

27) 加藤晋平,『日本人はどこから來たのか』, 岩波新書, 1988.
Tang Chung and Gai Pei, "Upper Palaleolithic Cultural Traditions in North China" Advances in World Archaeology, Vol.5, 1986.
이선복, 「동북아시아 후기구석기와 신대륙으로의 인간이주에 관한 소고」,『한국고고학보』16, 1984.
梶原洋,「シベリアにおける細石刃研究の現状」, 『考古學ジャーナル』243, 1985.
小畑弘己, 「西南日本の楔形石核とその系譜」, 『東アジアの考古と歴史』中, 1987.

는 16,400BP의 연대가 측정되었다. 아무튼 이러한 좀돌날석기 문화는 시베리아의 아르단강 유역과 바이칼호 주변에서 발생하여, 임실 하가유적의 연대에서 보듯이 20,000년전경에는 한반도에까지 넓게 분포한 석기이다. 이러한 의미에서 본다면 섬진강유역의 후기구석기 문화인은 가깝게는 장흥 신북, 밀양 고례리, 단양 수양개유적, 더 나아가 중국의 동북부 및 황하 중류역과 일본 九州지역에까지 연결된 것으로 보여진다.

5. 맺음말

후기구석기는 지금 우리와 같은 인류인 新人이 살던 시대인데, 중기구석기의 문화전통을 이어받아 각지에서 환경에 잘 적응하였고, 또한 지역화가 나타나는 시기이다. 이 시기는 最後氷期의 후반에 거의 일치하고 신인들은 한랭한 기후 하에서 생활하였다. 가장 추웠던 약 20,000년전의 당시 기온은 지금보다 약7도 정도, 13,000년경에는 약3도 정도 낮았다는 보고가 있고, 해수면도 100여m 가까이 저하되었던 것으로 연구되고 있다. 따라서 식물과 동물군의 분포가 지금과 많은 차이가 있었던 것으로 생각된다. 각 수림대가 남하하여 당시의 한반도는 아한대 침엽수림이 대부분을 차지했을 것이고, 추운 환경 하에서 서식하는 지금은 절멸된 대형동물도 이동했을 것으로 생각된다. 시베리아 북부지역에 넓게 유적이 분포하는 것도 이 시기이며, 이후 동아시아 전역에 新人이 식물과 동물군을 따라 남하하여 수렵과 채집을 하면서 동굴이나 강변 주위에 많은 생활유적을 남겼다. 석기군의 양상도 빠른 진보를 보여 돌날과 좀돌날기법이 출현하여 이 시기의 대표적인 석기가 되었다. 이러한 좀돌날석기 문화는 시베리아 중부지역에서 성립하여 동아시아 전역에 확산되며, 시기는 25,000~11,000년전경에 속한다.

섬진강유역에서 출토되는 슴베찌르개와 좀돌날을 생활도구로 하는 후기구석기인은 가깝게는 장흥 신북, 밀양 고례리, 단양 수양개유적, 더 나아가 중국의 동북부 및 황하 중류역과 일본 九州지역에까지 연결되어 문물교류를 행했던 것으로 보여진다. 즉 섬진강 유역에서의 후기구석기 문화는 당시 동아시아에서 확대되었던 좀돌날석기 문화가 중심을 이루었으며, 중국대륙과 일본열도를 연결하는 교량역할을 하는 지역이어서 중요한 지역으로 평가된다.

그러나 지금까지 섬진강 유역에서의 조사는 석기의 출토에 의존한 보고 결과여서 후기구석기인들의 생활공간, 취락, 식량획득, 자연환경 등의 문제는 앞으로 밝혀져야 할 연구과제이다.

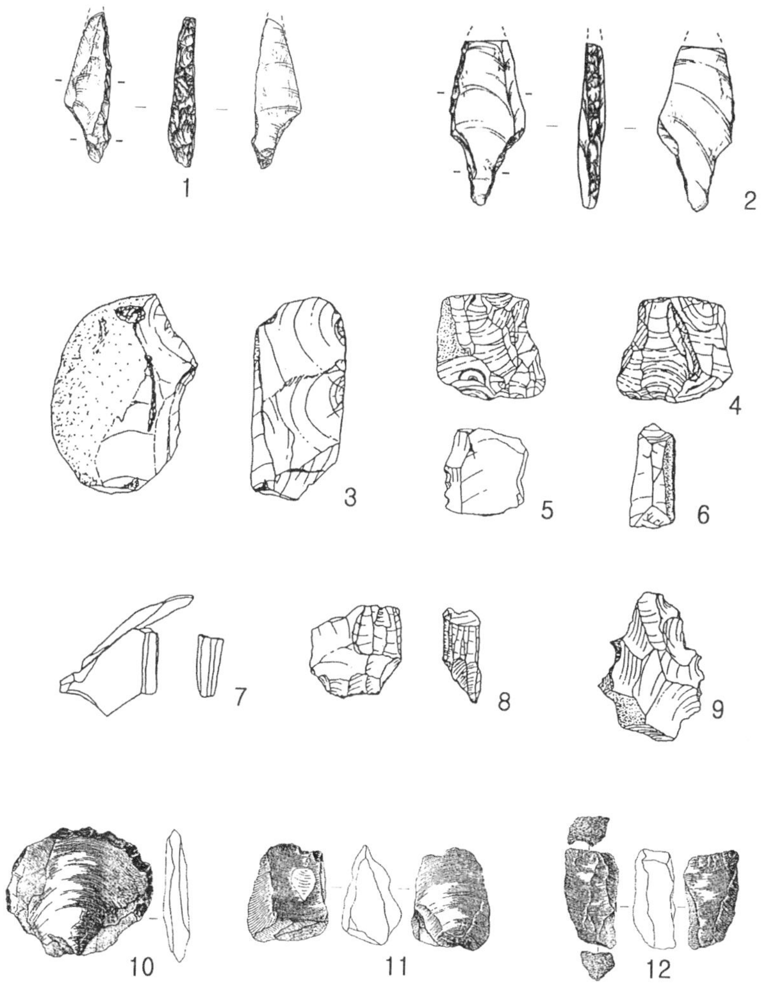

도면1. 1,2 하가, 3~6 주산리, 7~9 송전리, 10~12 제월리

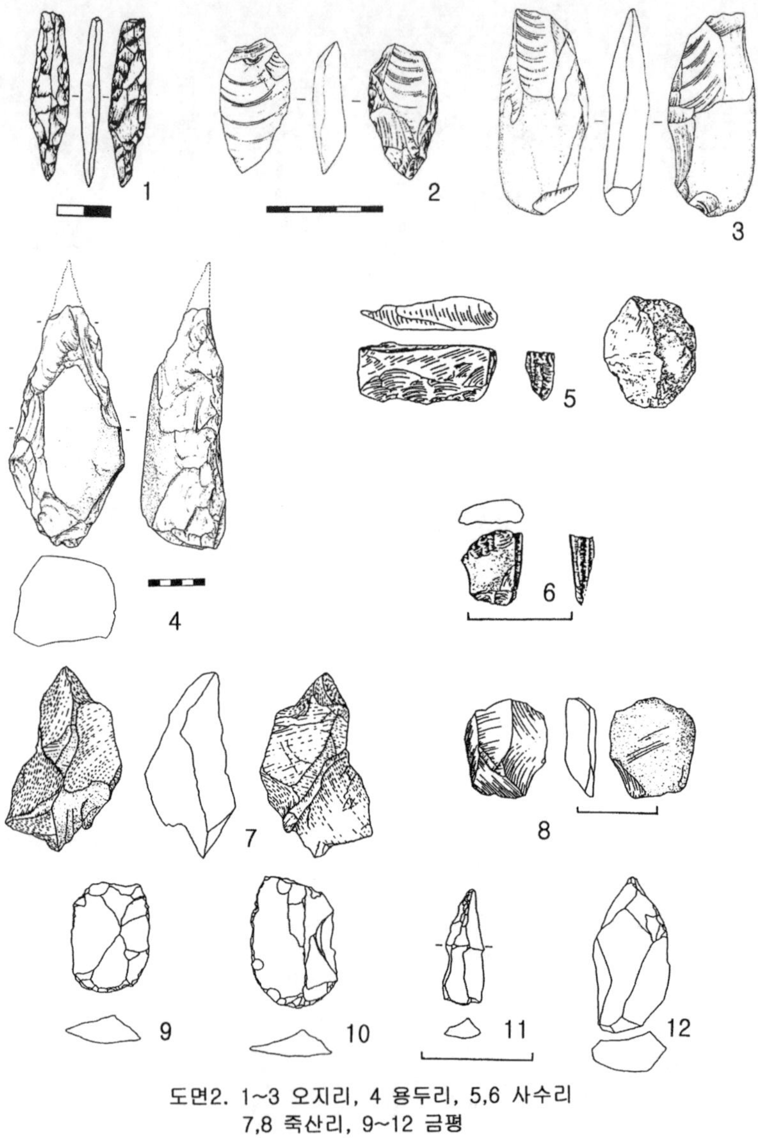

도면2. 1~3 오지리, 4 용두리, 5,6 사수리
7,8 죽산리, 9~12 금평

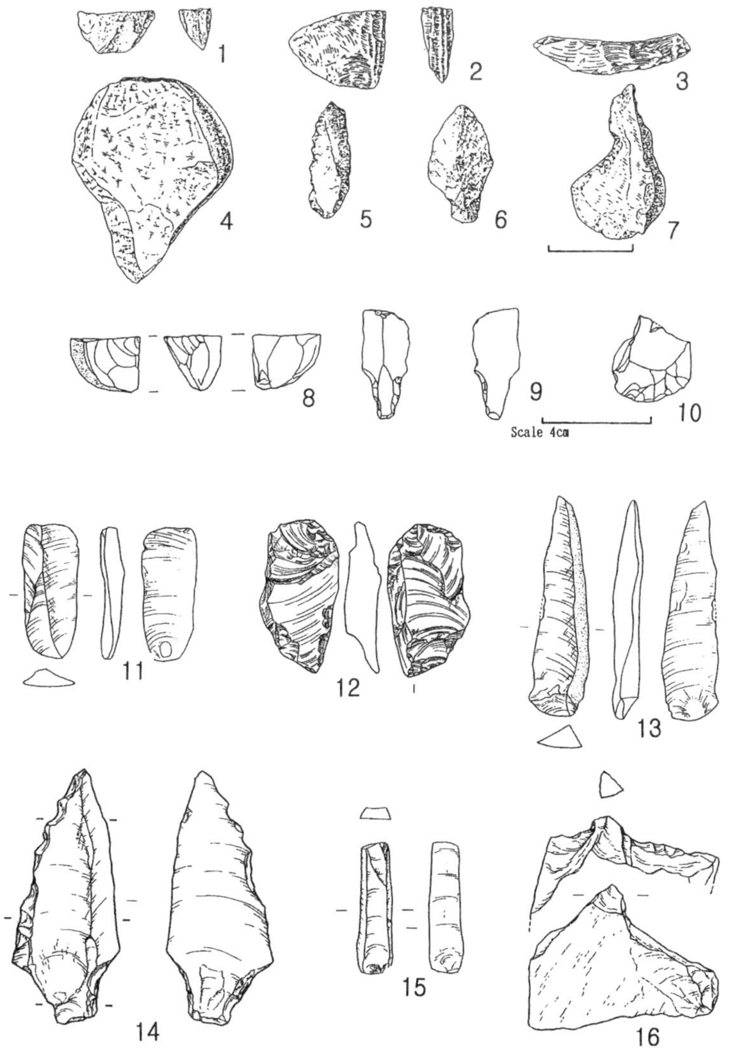

도면3. 1~7 곡천, 8~10 죽산, 11~13 죽내리, 14~16 월평

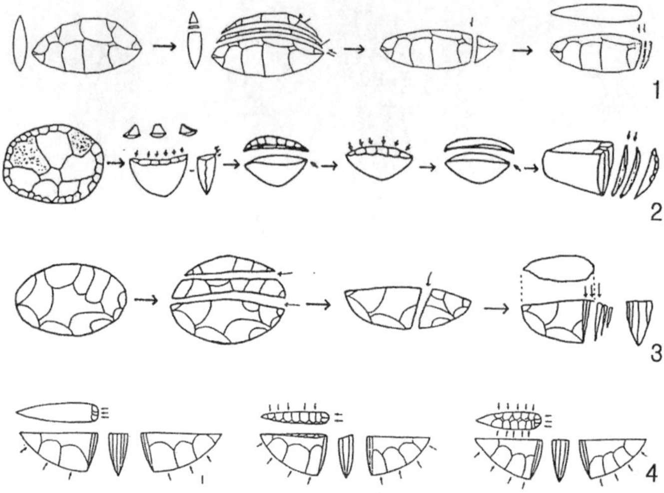

도면4. 좀돌날몸돌 제작공정, 1 일본 湧別技法, 2 일본 福井技法
3 섬진강유역 좀돌날몸돌 제작기법, 4 중국 泥河灣技法

도면5. 동북아시아 슴베찌르개 출토유물 몇 예
1 우스티노프카, 2 수양개, 3 덕산리, 4 우산리, 5 中山
6 岡本, 7 下津原, 8 大丸, 9 小牧A, 10 垂水公園

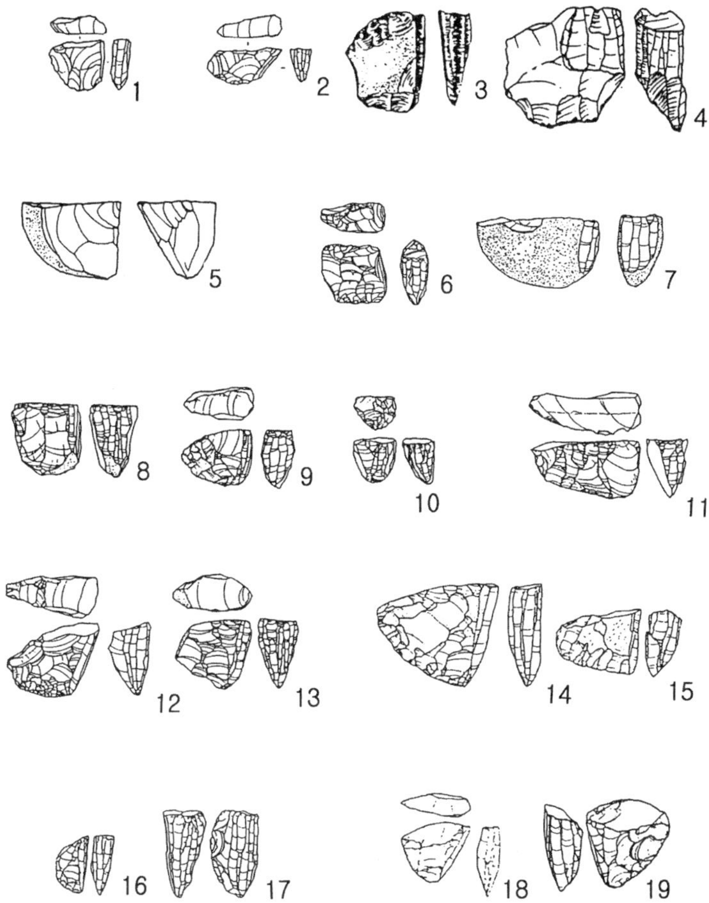

도면6. 동북아시아 좀돌날몸돌 출토유물 몇 예
1만달리, 2석장리, 3사수리, 4송전리, 5죽산리, 6임불리, 7畦原
8上下田, 9恩原, 10矢出川, 11荒野, 12角二山, 13美利阿, 14白滝
15다코에, 16우스티노프카, 17우스치카프타, 18虎頭梁, 19薛關

II. 한반도 신석기시대 옥기문화의 계보

Ⅱ. 한반도 신석기시대 옥기문화의 계보

1. 머리말

玉器제품은 신석기시대부터 장신구로 많이 이용하기 시작하였으며, 목걸이, 귀걸이, 팔찌, 반지, 垂飾 등 다양한 용도로 사용되고 있다. 신석기시대에는 재질에 있어서 주로 점판암, 활석, 대리석 등이 있으며, 비취나 흰색 옥돌, 벽옥도 일부 사용되고 있다. 이러한 옥기가 주변국에 비해서는 수량이 적은 편이지만, 근래에 한반도의 각지에서 발견되고 있다. 최근에는 석제이긴 하지만 여수 안도패총에서 玦狀耳飾이 출토되었고, 통영 연대도, 부산 범방, 부산 동삼동, 울진 후포리, 고성 문암리유적 등에서 옥기가 확인되고 있다. 그러나 유적간의 비교분석을 하기에는 수량이 적으며, 동아시아적인 시점에서 파악하기에도 자료가 부족한 실정이다.

필자는 2004년 중국 내몽고 자치구의 赤峰市에서 열린 紅山文化와 관련한 국제학술회의에 참여하여 한반도와 홍산문화와의 관련성을 발표한 적이 있다.[1] 또한 국제학술회의 후에는 興隆洼遺蹟, 紅山遺蹟 등의 견학과 아울러, 赤峰大學 博物館, 敖漢旗博物館, 赤峰博物館, 林西博物館에서 많은 옥기를 실견할 수 있었다. 또한 근래에는 遼寧省博物館에 전시되어 있는 옥기를 견학할 기회를 갖게 되었으며, 이를 계기로 옥기에 대해 관심을 갖게 되었다. 본고에서는 적은 유적이나마 한반도 내의 옥기출토 유적을 살펴보고, 중국의 遼河流域, 長江流域, 極東地域에 이르기까지의 양상을 개괄적으로 다루어 한반도와 중국과의 관련성을 파악해 보고자 한다.

---

1) 李相均, 「中國 紅山文化期에 있어서 韓半島 新石器文化의 樣相」, 『紅山文化國際學術大會發表要旨』, 中國社會科學院考古研究所, 赤峰大學, 2004.

2. 신석기시대 한반도의 옥기문화

1) 출토유적

(1) 선봉 서포항

함북 선봉군 굴포리 서포항동에 있는 이 유적은 구석기시대의 2개 문화층과 신석기시대의 5개 문화층, 그리고 청동기시대의 2개 문화층이 확인되었다. 각 문화층의 주거지 내부에서는 토기를 비롯하여 각종 석기, 골각기, 장신구 등이 다양하게 출토되고 있다. 신석기 문화층에서는 勾玉, 環玉이, 퇴적층에서는 雙連璧이 출토되었다. 특히 쌍연벽은 출토가 청동기시대 아래의 퇴적층이기는 하나, 중국 동북지역에서는 신석기시대 유적에서 출토예가 많은 유물이다.(도면1-1)[2)]

(2) 웅기 송평동

함북 경흥군 웅기읍 송평동에 있는 패총유적이며, 신석기시대와 청동기시대의 토기편, 그리고 4구의 인골이 출토되었다. 출토유물은 돌도끼, 바늘, 흑요석제의 석창, 뼈바늘, 조개팔찌, 勾玉, 管玉 등이 출토되었다. 토기는 빗살문양토기와 무문토기가 함께 나오며, 하층에서는 화덕자리도 확인되었다.(도면1-2)[3)]

(3) 나진 초도

나진시 유현동 대초도에 있는 유적이며, 대부분의 청동기 유물에 빗살문양토기가 공반한 점으로 보아 신석기시대 만기부터 형성된 것으로 보인다. 출토유물은 청동기를 비롯하여 괭이, 갈돌, 돌도끼, 화살촉 등의 석기와 뼈바늘, 송곳, 비녀, 낚시바늘, 조개로 만든 장신구가 있으며, 교

---

2) 김용간·서국태, 「서포항 원시유적 발굴보고」, 『고고민속논문집』4, 1972.
3) 藤田亮策, 「雄基松坪洞石器時代遺蹟の發掘」, 『青丘學叢 』2, 1930.

란되어 시대가 정확하지는 않지만 管玉이 출토되었다.(도면1-3)[4)]

(4) 청진 농포리

함북 청진 농포리에 있는 신석기시대 패총유적이며, 3개소의 지점이 조사되었다. 유물은 토기, 석기, 골각기 등이 출토되었다. 토기는 번개문양의 토기가 많으며, 석기로는 도끼, 갈돌, 숫돌, 공이 등과 많은 양의 흑요석기가 있다. 골각기는 찌르개가 대부분이며, 작살, 삿바늘 등이 있다. 옥제품은 부정형의 장식품 1점이 출토되었다.(도면1-4)[5)]

(5) 의주 미송리

평북 의주군 의주읍 미송리에 있는 동굴유적으로, 인골을 비롯한 토기, 석기 등이 발견되었다. 2개 문화층의 하층에서는 빗살문양토기를 비롯한 신석기시대 토기와 약간의 석기유물들이 나왔고 상층에서는 청동기시대의 유물들이 나왔다. 신석기시대층에서는 勾玉 1점이 출토되었다. 구옥은 흰 옥돌로 만들었으며, 길이 1.6㎝, 직경 3.5㎝, 두께 3㎜ 정도이다.(도면1-5)[6)]

(6) 평양 금탄리

평양 금탄리에 있는 신석기, 청동기시대 유적이다. 제1, 2문화층이 신석기시대, 팽이토기 문화층이 청동기시대로 보고되어 있으나, 층위를 명확하게 밝혀내지는 못하였다. 유물은 제2문화층에서 석기와 토기 등 매우 많은 유물들이 출토되었으며, 5호주거지 퇴적층에서 勾玉이 출토되었다.(도면1-6)[7)]

---

4) 도유호, 『나진 초도 원시유적 발굴보고』,1956.
5) 고고학연구실, 「청진 농포리 원시유적 발굴」, 『문화유산 』, 1957-4.
6) 김용간, 「미송리 동굴유적 발굴 중간보고 1,2」, 『문화유산 』, 61-1,2.
김용간, 「미송리 동굴유적 발굴보고」, 『고고학자료집』3, 1963.
7) 김용간, 『금탄리 원시유적 발굴 보고』, 1964.

(7) 온천 궁산

온천군 운하리 궁산마을에 있는 신석기시대 패총유적이며, 유구는 주거지 5기와 수혈유구 6기가 조사되었다. 출토유물은 다양하여 석기, 뼈도구, 토기, 장식품, 자연유물 등이 고루 나오고 있다. 장식품으로는 벽옥제의 管玉, 새뼈로 만든 뼈구슬, 감람색 옥석류로 만든 玉斧가 있다. 관옥은 3호구덩이에서 출토되었으며, 길이 2.2㎝, 단면 직경 1㎝, 구멍직경 0.3㎝, 옥부는 길이 3㎝, 폭 1㎝, 두께 0.6㎝ 정도이다.(도면1-7)[8]

(8) 고성 문암리

고성군 죽왕면 문암리 일대 구릉 남쪽 사면 말단부의 사구지형에 위치하고 있다. 2002년 발굴조사에서 제Ⅶ층에 해당하는 02-3호 토광에서 완형의 玦狀耳飾이 2점이 출토되었다. 토광의 규모는 150×60㎝ 정도의 말각방형이며, 내부에서는 토기와 마제석기 2점이 공반되고 있다. 결상이식은 토광의 장축벽에서 30㎝ 정도의 안쪽에서 출토되었으며, 형태는 횡장원형과 원형이 있다. 전자는 종경 3.4㎝, 횡경 4㎝, 폭 0.8㎝, 중심구멍 1.2㎝, 후자는 직경 4.2㎝, 폭 0.6㎝, 중심구멍 1㎝ 정도이다.(도면1-8)[9]

(9) 춘천 교동

춘천시 교동 봉의산에서 발견된 신석기시대 동굴 유적이며, 봉의산 동쪽 완경사면 해발 약 150m 지점에 위치한다. 동굴 안에서는 인골 3구가 각각 발을 중앙으로 향한 모습으로 출토되었다. 이 유적은 산사면을 인공으로 파 들어가 집터로 쓰다가 무덤으로 이용된 것으로 추정된다. 유물은 대형 돌도끼 1점, 돌끌 5점, 돌칼 2점, 화살촉 7점, 대형의 管玉 1점, 토기 5점, 수정조각 1점, 백마노편 1점 등을 비롯하여 많은 유물이 나왔다.(도면1-9)[10]

---

8) 도유호·황기덕, 『궁산 원시유적 발굴보고』, 과학원출판사, 1957.
9) 박윤정, 「'02고성문암리 선사유적 발굴조사」, 『한국신석기연구』5, 2003.

(10) 파주 주월리

파주 주월리유적은 주월리의 임진강안 우측의 충적대지상에 위치한다. 원삼국시대의 주거지 9기를 포함한 17기의 유구가 조사된 곳이나, 이곳에서 빗살문양토기편과 함께 3개의 연옥제 옥장신구가 채집되었다. 색조는 백색을 띠며, 형태는 管玉形, 環形, 부정형의 方形이다. 이중 환형옥기는 동물머리 모양을 형상화 한 직경 5.2㎝ 정도이며, 모양이 확실하지는 않지만 중국 홍산문화의 龍形玉器와 유사하며, 부정형의 方形玉器는 鳥形玉器와 유사하다.(도면1-10)[11]

(11) 울진 후포리

울진군 후포면 후포리에 있는 신석기시대 무덤 유적으로 동·남쪽이 단애인 해발 45m의 등대산 정상부에 있다. 인골과 부장품이 출토된 유구는 7개의 화강암에 의해 돌려진 4.5×3.5m의 장타원형이다. 인골은 최소 40구 이상이며, 남녀 비슷한 비율의 20대 인골로 판명되었다. 부장품은 도끼류가 대부분으로 180여점에 이른다. 石製垂飾 2점은 평면형태가 유선형의 주걱형이며, 구멍이 뚫려있다. 管玉은 2점이 출토되었다.(도면1-11)[12]

(12) 부산 동삼동

부산시 영도구 동삼동의 조도가 바라다 보이는 해안가에 소재한다. 1999년 부산시립박물관에서 패총 주변의 정화사업을 위해 조사하던 중 玦狀耳飾 1점이 출토되었다. 전체 층위는 7개의 층위이나, 결상이식은 신석기시대 중기에 해당되는 5층에서 출토되었다. 결상이식은 결여되어 절반 정도가 남아 있으며, 형태는 횡장원형으로 직경 2.7㎝, 두께 1.2㎝ 정도의 크기이다. 단면은 편평한 편이며, 절단면 선단이 점차 가늘어진 모습이다.

---

10) 김원룡, 「춘천 교동 혈거유적과 유물」, 『역사학보』20, 1963.
11) 경기도박물관, 『파주 주월리유적』, 1999.
12) 국립경주박물관, 『울진 후포리유적』, 1991.

1999년 조사에서는 삽입형 귀걸이인 耳栓도 출토되었다.(도면1-12)[13]

(13) 부산 범방

부산시 강서구 범방동에 있는 신석기시대 패총이며, 낙동강 하구의 삼각주 서쪽에 위치한다. 이곳에서 나타난 유구로는 무덤 1기, 원형의 화덕자리 1기, 원형의 집석유구 7기 등이 있다. 신석기시대의 전 기간에 걸친 토기와 석기, 골각기 등이 다량으로 출토되었다. 무덤은 토광묘로 추정되며, 여자 아이의 인골이 출토되었다. 이 토광묘에서 골각기 1점과 주걱형 연옥제 垂飾 1점이 확인되었다.(도면1-13)[14]

(14) 통영 연대도

통영군 산양면 연곡리 연대도에 있는 신석기시대 패총으로, 태풍에 의해 바다에 접해있던 밭에 단애부가 생기면서 유적이 노출되었다. 발굴구역의 가 지구에서는 신석기시대 이른 시기의 유물포함층과 집단 무덤이 발견되었다. 이곳에서는 많은 양의 부장품과 함께 15기의 무덤이 조사되었고, 주거지와 같은 생활공간과는 구별되는 매장구역이 정해져 있었을 것으로 보인다. 이중 14호 무덤에서는 마노제 管玉 1점과 옥제 관옥이 출토되었다.(도면1-14)[15]

(15) 여수 안도

여수시 남면 안도리에 위치한 패총으로 신석기시대의 무덤 4기, 주거지 2기, 집석수혈유구 6기 패각수혈 3기, 집석유구 2기 등의 유구와 500여점 이상의 유물이 조사되었다. 무덤은 토광묘이며, 토광 위에 적석을 한 것도 있다. 무덤은 2기의 인골이 합장된 경우도 있으며, 투박조개 팔

---

13) 하인수, 『동삼동패총』, 부산시립박물관, 1999.
하인수, 「신석기시대의 장신구」, 『박물관소식』창간호, 2002.
14) 하인수, 『범방패총 1』, 부산시립박물관, 1993.
15) 한영희, 임학종, 『연대도 1』, 국립진주박물관, 1994.

찌 5개를 차고 있는 인골도 있다. 이 안도패총에서는 玦狀耳飾 1점이 출토되어 흑요석, 石匙, 조개팔찌 등과 함께 일본 九州지역과의 문화 교류상을 밝히는데 중요한 유적으로 평가되고 있다.(도면1-15)[16)]

(16) 부안 계화도

부안군 계화도 산상유적은 계화도의 중앙 정상부인 표고 246m의 산정상의 봉수대가 있는 곳이며, 이곳에서 빗살문양토기편과 석기들이 나왔다. 토기의 기형은 환저편, 완형, 발형편 등이 보이며, 문양은 남해안의 영선동식과 유사한 것들이 많다. 석기는 돌칼, 돌도끼, 돌끌, 숫돌, 공이, 玉斧 등이 출토되었다.(도면1-16)[17)]

(17) 안면도 고남리

충남 안면도 고남리에 있는 패총으로 신석기, 청동기시대의 다양한 유구, 유물들이 출토되었다. 모두 8차에 걸쳐 조사가 이루어졌으며, 유구는 야외노지, 적석유구, 유물은 토기, 석기, 골각기와 농경관련 유물이 다양하게 출토되었다. 장신구로는 6차 조사시에 신석기시대층에서 管玉과 勾玉이 출토되었다. 관옥은 길이 2㎝, 직경 1.3㎝이며, 구멍은 관통되지 않은 것이다. 구옥은 길이 4.5㎝, 두께 0.6㎝, 중심구멍 0.4㎝이다(도면1-17)[18)]

2) 한반도의 옥기양상

한반도에서 옥은 신석기시대의 빠른 단계에 출현하여 청동기시대 이후에까지 이어지고 있으며, 각종 장신구로 활용되고 있다. 한반도에서

16) 윤온식, 「안도패총」, 『박물관신문』429호, 2007.
17) 전영래, 「부안 계화도 산상유적 신석기시대 유물」, 『전북유적조사보고』10, 1979.
18) 김병모, 소상영, 『안면도 고남리 패총 5,6차 발굴보고서』, 한양대학교 박물관, 1996.

출토된 옥기의 종류는 玦狀耳飾, 勾玉, 環玉, 管玉, 垂飾, 玉斧 등이다.

결상이식은 고성 문암리, 부산 동삼동패총, 여수 안도패총에서 출토되었다. 신석기시대에 결상이식은 중국과는 달리 주로 해안가나 도서지역에서 출토되고 있으며, 문암리유적의 결합낚시바늘, 동삼동, 안도패총의 조개팔찌, 흑요석에 의한 교류 흔적 등을 감안한다면 그들은 어업을 통한 문물교류의 중심에 있던 자로 추정된다. 기원문제에 있어서 中山淸隆는 동해를 둘러싼 교류의 산물로 日本 繩文 前期의 玦狀耳飾과 유사한 것으로 보고 있으나,[19] 鄧聰과 같이 中國 遼河流域으로 연결하려는 견해도 있다.[20]

구옥은 선봉 서포항, 웅기 송평동, 청진 농포리, 의주 미송리, 평양 금탄리, 안면도 고남리패총에서 출토되고 있어, 주로 북한지역에서 많이 보이고 있는 양상이다. 재질은 비취제나 흰색 옥돌도 보이지만, 점판암제, 활석제 등을 사용하고 있다.

환옥은 선봉 서포항, 파주 주월리에서 출토되었다. 선봉 서포항에서 출토된 환옥은 3점이며, 퇴적층에서는 쌍연벽 1점이 출토되었다. 특히 쌍연벽은 청동기시대 아래층이기는 하나 中國 遼河流域의 紅山文化는 물론 중국동북지역의 遼寧省, 吉林省, 黑龍江省에서도 출토예가 있다. 파주 주월리에서 출토된 옥기 중에 環形에 가까운 옥기는 확실한 형태는 아니지만 용 모양에 유사하며, 또 하나의 부정형 方形은 새 모양의 형태에 유사하다. 이러한 형태는 중국 遼河流域의 紅山文化에 일반적으로 보이는 龍形, 鳥形玉器의 영향을 받은 것으로 추정된다. 다만 아쉬운 점은 문화층에서 조사되지 않은 채집품이어서 한반도에서 시기편년의 정확한 위치를 알 수 없다는 점이다.

관옥은 북한지역의 웅기 송평동, 나진 초도, 온천 궁산, 남한지역의 춘

---

19) 中山淸隆, 「朝鮮半島出土の玦狀耳飾について」, 『玉文化』創刊號, 2004.
20) 鄧聰,「東アジアの玦飾の起源と擴散」, 『環日本海の玉文化の始原と展開』, 敬和學園大學 人文社會科學硏究所, 2004.

천 교동, 파주 주월리, 울진 후포리, 통영 연대도, 안면도 고남리패총 등 한반도 전역에서 출토되고 있는 양상이다. 관옥의 크기는 작은 것이 길이 1㎝이고, 긴 것은 10㎝ 이상의 것도 있다. 처음에는 새 뼈로 만들었으나 후에는 벽옥제 등으로 만들었다. 궁산패총에서 벽옥제의 관옥이 출토되었고, 춘천 교동유적에서는 백마노로 만든 관옥이 발견되기도 하였다.

수식은 춘천 교동, 울진 후포리, 부산 범방, 통영 연대도패총에서 출토되었다. 목걸이의 장식품으로 보이며, 중국과 일본을 포함한 동아시아의 넓은 지역에서 확인되고 있다.

이 외에도 장신구의 용도는 아니지만 옥부가 온천 궁산, 부안 계화도에서 출토되기도 하였다. 한반도 서해안에서 출토한 옥부는 기원에 있어서 전영래는 중국의 遼寧省과 러시아의 연해주 지역에까지 확대해 보는 견해가 있다.[21]

3. 중국의 옥기문화

1) 遼河流域

遼河流域에서의 옥기문화는 興隆洼文化가 대표적이다. 중국에서 빠른 시기의 취락이자, 최초의 옥기가 출토되었으며, 관련된 유적들은 주로 西遼河와 大凌河유역에 분포하고 있다. 시기는 중국 동북지방에서 발견된 이른 시기인 8,000~7,000년전이다. 주거는 장방형, 혹은 방형의 반지하식이며, 대부분 20㎡ 정도로 주위에 도랑을 두르고 있다. 주거의 현저한 특징은 바닥면을 파서 묻은 토광형식의 屋內墓가 알려져 있다. 출토된 토기는 筒形罐이 가장 많고, 盆, 碗, 杯 등이 있으며, 석기는 細石器, 打製石器, 磨製石器가 공존한다.[22]

21) 전영래, 「부안 계화도 산상유적 신석기시대 유물」, 『전북유적조사보고』10, 1979.

이 시기의 옥기는 玦狀耳飾, 匕形器, 彎條形器, 管, 斧, 錛, 鑿 등이 있으며, 장신구는 玦狀耳飾과 匕形器의 조합이 중심을 이룬다. 결상이식은 주로 묘지에서 출토되며, 양 귀에 1쌍씩 있는 경우가 많다. 결상이식은 원환과 원통형 2종류가 있으며, 전자는 단면이 장방형, 삼각형, 원형, 타원형으로 분류된다. 興隆窪遺蹟에서 결상이식을 장착한 M117 옥내묘의 인골이 대표적이며, 시기적으로 가장 빠른 시기에 해당한다.(도면2)[23] 이러한 옥내묘는 興隆窪文化 보다도 시기가 떨어지는 내몽고 赤峰市 興隆溝遺蹟, 遼寧省 阜新縣 查海遺蹟에서 조사되기도 하였다. 查海遺蹟에서는 용 문양의 석제와 도기, 옥기가 조사되었으며, 특히 옥기는 玉匕, 玉斧, 玉管, 玉珠 등이 출토되었다.(도면3)[24] 興隆窪遺蹟의 옥기는 白音長汗, 洪格力圖, 查海遺蹟과도 관련되는 것으로 보이며,(도면4) 趙寶溝文化에 영향을 미치는 것으로 판단된다.

遼河의 紅山文化는 7,000~5,000년전의 신석기문화로 토기의 채도문과 옥기가 번성하던 시기이다. 내몽고 赤峰市 동북쪽 교외 紅山에서 유래된 홍산문화는 원시 농업, 유목, 어업, 수렵 등 다양한 경제활동을 영위하였다. 홍산문화의 특징은 정교한 옥기의 사용, 石墓 계통의 돌을 사용한 무덤, 그 외에도 진흙 女神像이 다수 출토되고 있다. 특히 각종 옥기들이 다량으로 발굴되었으며, 그 종류는 玉彫龍이 가장 많고, 구름무늬 玉牌, 玉璧, 雙聯玉璧, 三聯玉璧, 玉琮形器, 玉鐸, 玉瑗, 玉臂飾, 玉龜 등이 있다.(도면6) 홍산문화의 옥기는 紅山後, 三星他拉村, 三官甸子, 牛河梁 등의 유적에서도 출토되고 있다.[25]

---

22) 劉國祥, 『東北文物考古論集』, 科學出版社, 2004.
中國社會科學院考古研究所, 「內蒙古敖漢旗興隆窪遺址發掘簡報」, 『考古』1985-10.

23) 劉國祥, 「興隆窪文化の玉玦および關聯問題の研究」, 『環日本海の玉文化の始原と展開』, 敬和學園大學 人文社會科學研究所, 2004.

24) 方殿春, 「阜新查海遺蹟の發掘と初步的分析」, 『地域相研究』22, 1994.

25) 于明, 『紅山文化』,中國檔案出版社, 2002.

2) 長江流域

彭頭山文化는 長江 중, 하류역을 중심으로 한 8,000~7,000년전의 시기에 해당한다. 湖南省에 위치한 彭頭山遺蹟에서는 지상식과 반움집의 주거지가 조사되었으며, 무덤은 18기가 발견되었다. 대부분 2차장이며, 무덤 안에 토기 등의 부장품이 확인되었다. 彭頭山遺蹟에서의 옥기는 墜飾과 管玉 2종류가 있으며, M37 인골 좌측에서는 5개의 관옥이 출토되었다. 棒狀墜飾은 주걱형태와 비슷하며, 평탄한 편이다.[26)]

河姆渡文化는 浙江省 余姚縣 河姆渡遺蹟을 중심으로 한 문화이다. 1973~1978년에 발굴되었으며, 주로 杭州灣 이남의 寧紹平原과 舟山群島 등에서 나타나고 있다. 유적의 각층에서는 다량의 나무구조물이 출토되었으며, 4층에서는 약 100㎡ 이상의 장방형 주거지가 확인되었다. 早期의 후엽에는 지상가옥이 출현한다. 조기문화의 토기는 주로 黑陶이며, 頸部雙耳大口罐, 釜, 盤, 大圈足豆 등도 출토되고 있다. 河姆渡遺蹟에서는 32점의 결상이식이 출토되었다. 제4층에서 출토한 6점의 결상이식은 같은 층의 유기물질의 탄소연대측정에서 6,700년전의 연대가 측정되었다. 이 외에도 璜, 管玉, 珠, 墜 등의 옥 장신구가 출토되었다.(도면7)[27)]

馬家浜文化는 浙江省 嘉興縣 馬家浜遺蹟을 표식으로 주로 太湖지방을 중심으로 분포하며, 시기는 6,500~5,500년전이다. 토기는 주로 붉은색을 입힌 홍도가 많으며, 釜, 罐, 鼎, 圈足豆 등이 있다. 석기로는 자귀, 도끼 등이 대표적이다. 무덤은 부신장이 대부분이며, 부장품은 많지 않다.[28)] 馬家浜文化의 옥기, 특히 결상이식이 인골과 공반된 유적은 金壇三星村遺蹟 M636 인골, 塔山遺蹟 M17, M26 인골, 圩墩遺蹟 M53 인골이 있다. (도면7) 金壇三星村遺蹟 M636 인골은 앙와신전장의 여성이며, 오른쪽 귀에 玦狀耳飾, 왼쪽 귀에 骨環 장식이 발견되었다. 塔山遺蹟의 인골은 河

---

26) 湖南省文物考古研究所, 「湖南省新石器時代早期遺址調査報告」, 『考古』1989-10.
27) 浙江省博物館, 「河姆渡遺址第1期發掘報告」, 『考古學報』1978-1.
28) 浙江省文物管理委員會, 「浙江嘉興馬家浜新石器時代遺址的發掘」, 『考古』1961-7.

姆渡文化 제2층에 비정되고 있다. 이중 M17 인골은 M26 인골 보다 시기가 빠른 부류이며, 둘 다 앙와신전장의 성년여성이다. 圩墩遺蹟은 63구의 인골 중 5구에서 결상이식이 확인되었으며, M53 인골만이 양쪽 귀에 장착을 하고 있다. 이 외에도 江蘇省의 祁頭山遺蹟의 토광묘에서 결상이식 11점, 璜 4점이 출토되었다.[29)]

長江 중류역의 湖南省에서는 大溪文化 前期(6,500~5,500년전)에 옥기가 출현하고 있다. 大溪文化 1기의 丁家崗遺蹟 M26 인골에서는 璜 2점이 출토되었고, 大溪文化 2기의 城頭山遺蹟의 토광과 포함층에서 璜과 玦狀耳飾이 각각 2점씩 출토하였다. 이는 長江 중류역에서는 가장 빠른 시기(6,000년전)에 해당하며, 長江 하류와의 교류에 의한 것으로 보고 있다.

3) 極東地域

러시아의 沿海州와 中國의 黑龍江省에도 옥기와 관련된 유적이 존재한다. 黑龍江省의 옥기는 7,500~7,000년전까지 거슬러 올라가며, 小南山遺蹟이 대표적이다. 小南山遺蹟의 출토유물은 중국 동북지역의 新開流下層遺蹟의 유물과 유사한 점이 있다. 小南山遺蹟에서의 옥기는 M1 그리드에서 玉環 45점, 玉玦 11점, 匕形器, 珠, 斧 등이 출토되고 있다.(도면5)[30)] 따라서 7,500~7,000년전의 玉玦과 匕形器 등의 옥기는 중국 동북지방에 넓게 분포하고 있는 것으로 추정된다.

연해주지역의 Chertovy Vorota 동굴에서는 4,855±45BP의 연대를 보이는 시기에 玦狀耳飾, 匕形器, 彎條形器, 管玉 등이 출토되었으며, 黑龍江省의 小南山遺蹟에서 출토한 양상과 유사하다.(도면7)[31)] 결상이식은 보이즈만 유적에서도 출토되고 있다. 玦狀耳飾, 匕形器, 彎條形器, 棒狀垂

---

29) 孫國平, 「河姆渡,馬家浜文化における玉玦についての考察」, 『環日本海の玉文化の始原と展開』, 敬和學園大學 人文社會科學硏究所, 2004.

30) 劉國祥, 「興隆窪文化の玉玦および關聯問題の硏究」, 『環日本海の玉文化の始原と展開』, 敬和學園大學 人文社會科學硏究所, 2004.

31) 川崎保, 「極東の玉文化」, 『季刊考古學』89, 2004.

飾, 管玉, 玉珠 등의 옥기는 중국 遼河流域의 興隆窪文化에도 잘 나타나는 유물이며, 極東地域의 조기 신석기시대에 보편적으로 보이고 있다. 또한 지리적으로 가까운 일본 북부지역의 福井縣 桑野遺蹟의 玦狀耳飾, 管玉, 주걱형 垂飾, 石川縣 三引遺蹟의 원반상 장식품과 유사한 것으로 보고되고 있다.

4. 옥기문화의 기원과 전개

1) 북방기원설

옥기문화와 관련하여 기원과 전개문제는 학자마다 견해차를 보이고 있기는 하지만, 북방기원설이 지배적이다. 특히 중국 동북지역에서 옥기문화의 내용이 축적되고 옥기의 형태, 구조, 제작기법의 연구가 진행되면서 기원문제가 대두되기 시작하였다. 옥기의 기원문제를 적극적으로 논한 것은 일본인 연구자들이다. 藤田은 玦狀耳飾의 예를 들어 구석기시대 후기에 대륙북방지역이나 중국 동북지역의 장신구 문화에 원류를 구하고, 아시아의 동북지역이 장신구 문화의 발생지였음을 주장하고 있다.[32] 홍콩의 연구자 鄧聰은 玦狀耳飾의 북방기원설을 적극적으로 논하고 있으며, 중국 동북지방의 興隆窪, 興隆溝 등의 유적을 기원지로 꼽았다. 그 근거로 興隆窪文化 1기에 출현한 결상이식, 옥기의 셋트 관계, 동아시아 북반이 비녹로 결상이식 체계, 絲切技法 등을 들었다. 絲切技法은 遼河流域의 興隆窪文化 제1기 유적에 존재하는데, 長江流域의 河姆渡文化, 馬家浜文化에도 존재하고, 이러한 기법은 日本 福井縣 桑野遺蹟에서도 확인되고 있음을 지적하였다.[33]

---

32) 藤田富士夫, 「環日本海の玦飾の始原に關する研究」, 『環日本海の玉文化の始原と展開』, 敬和學園大學 人文社會科學研究所, 2004.

33) 鄧聰, 「東アジアの玦飾の起源と擴散」, 『環日本海の玉文化の始原と展開』, 敬和學園大學 人文社會科學研究所, 2004.

2) 강남기원설

長江流域의 강남기원설은 河姆渡遺蹟에서 결상이식이 출토되고 있음을 근거로 하는 것이다. 물론 결상이식은 중국 遼河流域의 興隆窪文化에도 존재하지만 河姆渡遺蹟에서도 출토되고 있는 것이다. 河姆渡遺蹟 제4층의 玉器 조합은 동북의 興隆窪文化와 밀접한 관계가 있다. 제4층에서 출토한 결상이식은 중국 遼河流域의 영향을 받은 것으로 판단된다. 玉珠, 管玉, 玦狀耳飾, 彎條形器 등은 遼河流域의 興隆窪遺蹟에서도 출토되는 공통의 장신구이다. 결상이식은 東北에서 燕山을 넘어 남하하여 長江 하류역에 달하였으며, 이 지역의 결상이식은 東北玉器의 영향 하에 남하한 것으로 판단되고 있다. 그러나 황하유역에서는 仰韶文化, 龍山文化에 이르기까지 많은 옥기가 발견되지만 결상이식은 좀처럼 출토되지 않는다. 그만큼 황하유역에서는 세력이 강한 문화였음을 알 수 있다

또한 耳栓이 河姆渡遺蹟이나 大溪遺蹟에서 출토되는데, 이 귀걸이의 장신구는 남방문화의 소산으로 알려지고 있다. 이 耳栓은 한반도 남해안의 동삼동패총에서도 발견되고 있으며, 일본의 九州地方에서도 많은 양이 출토되고 있다.

3) 한반도 옥기문화의 계보

동아시아에 있어서 옥기문화는 遼河流域의 興隆窪文化를 중심으로 한 유적에서 가장 빠르게 나타나고 있다. 鄧聰이 밝힌바와 같이 遼河流域에서는 8,000~7,000년전에 내몽고의 興隆窪, 白音長汗, 查海遺蹟 등에서 玦狀耳飾, 匕形器을 비롯한 각종 옥기가 출토되었으며, 極東地域의 黑龍江省에서는 7,500~7,000년전에 小南山遺蹟에서 玉環, 玉玦, 匕形器, 珠, 斧玦 등이 확인되고 있다.(도면7) 玦狀耳飾과 匕形器 등의 옥기는 이미 이 시기에 중국 동북지방에 넓게 분포하고 있었으며, 7,000년전 이후에는 日本列島, 九州지역에까지 확산되고 있다. 중국의 長江流域에서는

7,000~6,000년전에 결상이식이 출현하고 있으며, 遼河流域보다는 시기가 늦게 나타난다. 따라서 동아시아에서의 옥기문화는 중국 遼河流域의 동북지방을 중심으로 방사상으로 확대되어 가는 양상을 보이고 있다.[34] 한반도에서의 옥기제품도 7,000년전 이후 어느 시점엔가는 도달했을 것으로 추정되며, 신석기시대의 비교적 빠른 시기에 해당한다. 고성 문암리 유적에서 출토된 결상이식 2점이 그 예에 속할 수 있으며, 적어도 한반도에서의 옥기문화 기원은 신석기시대 조기, 전기의 시점에서는 중국 遼河流域, 중국 동북지역의 영향 하에 성립된 것으로 추정할 수 있다. 이와 같은 양상은 環玉에서도 파악된다. 파주 주월리에서 출토된 옥기 중에 환형에 가까운 옥기는 용 모양에 유사하며, 또 하나의 부정형 方形은 새 모양의 형태에 유사한데, 이러한 형태는 중국 遼河流域의 홍산문화에 일반적으로 보이는 것들이다.

그러나 管玉에 있어서는 遼河流域과 黃河流域, 長江流域 등이 거의 동시기에 출현하고 있다. 8,000~7,000년전 長江流域의 彭頭山遺蹟, 黃河流域의 老官臺遺蹟, 淮河流域의 賈湖遺蹟 등에서 발견되고 있어, 관옥과 결상이식의 전파는 동시에 진행되고 있지 않음을 알 수 있다. 한반도에 있어서 비교적 빠른 시기의 관옥은 온천 궁산, 통영 연대도패총 등에서 확인되었다. 물론 이 유적에서는 결상이식이 공반되지 않는 양상이다. 그러나 주변의 일본열도에서는 결상이식과 관옥이 공존하고 있어, 한반도에서의 공존 가능성도 제기되고 있다.

棒狀垂飾은 중국에서는 동북부유적에서 많이 보이는 匕形器, 長江流域의 彭頭山遺蹟의 棒狀墜飾, 일본에서는 箆狀垂飾으로 불리는 것과 유사한 것들이다. 垂飾은 규모와 형태에 있어서도 다르게 나타나며, 크게 평탄형과 완곡형으로 분류할 수 있다. 동아시아지역에서 중국 동북부 興隆洼遺蹟, 黑龍江省의 小南山遺蹟, 沿海州의 Chertovy Vorota 동굴, 長江流

34) 鄧聰, 「東アジアの玦飾の起源と擴散」, 『環日本海の玉文化の始原と展開』, 敬和學園大學 人文社會科學硏究所, 2004.

域의 彭頭山遺蹟, 江蘇省의 丁沙地遺蹟 등에 폭 넓게 퍼져 있으며, 한반도에서도 춘천 교동, 울진 후포리, 부산 범방, 통영 연대도패총에서 출토예가 있다.

사실상 동아시아에 있어서 옥기제품은 형태가 유사한 점이 많아 계보를 연결하기에는 어려움이 있다. 형태나 구조의 차이가 있어서 많은 검증이 필요한 시점에 있으며, 출토유적의 공백도 메워져야 할 것이다. 그러나 현 시점에 있어서의 신석기시대 한반도 옥기문화의 계보는 크게 2계통으로 나누어 볼 수 있다.

한반도에서의 옥기문화의 시작의 하나는 남북기원설이다. 고성 문암리 유적의 결상이식의 출토 예는 한반도에서 빠른 시기에 해당하며, 중국 遼河流域의 興隆窪文化에서 영향을 받은 것으로 판단된다. 물론 遼河流域과 한반도와의 사이에 중국 동북지역의 查海遺蹟이 자리하고 있고, 黑龍江省의 小南山遺蹟, 沿海州의 Chertovy Vorota 동굴유적과도 방사상으로 연결되고 있다. 수직기원설은 신석기시대의 빠른 단계에 끝나는 것이 아니고 지속적으로 이어지는 것으로 판단된다. 遼河流域의 興隆窪文化 이후 紅山文化로 이어지는 옥기제품의 유사한 양상이 파주 주월리 유적의 환옥에서 확인되고 있으며, 또한 청동기시대 초기로 보이는 쌍연벽이 선봉 서포항 유적에서 출토되었다.

또 하나는 옥기문화가 유입된 이후 동아시아 각 지역에 확산된 玉제품이 근린지역과 교류하는 동서교류설이다. 중국 長江 下流域을 중심으로 한 지역에서는 신석기시대의 빠른 시기에 결상이식의 유입에 이어 管玉, 棒狀垂飾 등이 제작된다. 또한 통영 연대도패총이나 여수 안도패총에서와 같이 결상이식, 봉상수식이 일본 九州와의 교류적인 유물로 출토되는 경우도 있어 수평적인 교류가 행해졌음을 알 수 있다. 장신구로서 다른 예는 長江流域의 河姆渡, 大溪遺蹟에서 삽입형 귀걸이인 耳栓이 출토되고 있다. 이 이전은 부산 동삼동유적에서도 출토되고 있고, 일본의 九州에서도 많은 수가 출토되고 있다. 일본 九州에서는 층위적으로 아까호야 하층에서부터 출토되고 있어 결상이식보다 빠르게 나타난다. 결상이식이든 이전이든 현 단계에서 시기의 선후관계가 확실히 알 수는 없지만 중국의 長江流域, 한반도 남해안, 일본의 九州로 연결되는 수평적인 교류는 지속되었던 것으로 판단된다.

5. 맺음말

중국 동북지역은 옥기문화의 기원과 발전에 있어서 중요한 지역으로 평가되며, 내몽고 동남부와 遼寧省, 吉林省, 黑龍江省, 沿海州에 이르기까지 밀접한 교류관계가 지속되고 있다. 물론 한반도와 일본열도와도 동일한 현상이라 할 수 있다.

동아시아에 있어서 옥기문화의 기원은 크게 북방기원설과 강남기원설로 대별되고 있으며, 대개는 북방기원의 일원론이 우세하다. 그러나 한반도에 있어서 옥기문화의 기원과 계보문제는 시기적, 지역적으로 다르게 나타난 것으로 추정되며, 수직기원설과 수평교류설의 2계통이 예상되고 있다. 수직기원설은 신석기시대 빠른 시기에 遼河流域의 興隆洼文化의 옥기를 기점으로 중국 동북지역과 極東地域을 거쳐 동해안으로 유입되는 루트이며, 수평교류설은 옥기문화가 정착된 이후 해안지역을 중심으로 중국의 長江流域과 일본의 九州지역을 연계한 교류이다.

그러나 한반도에 있어서 옥기문화의 기원문제는 중국과 일본에 비해서 유적의 수가 많지 않고, 연구의 성과가 별로 없어 자료의 축적이 더 이루어져야 비교연구가 더욱 수월할 것이며, 한반도 신석기시대 옥기문화의 계보 문제는 동아시아적 관점에서 파악해야 할 필요가 있을 것이다.

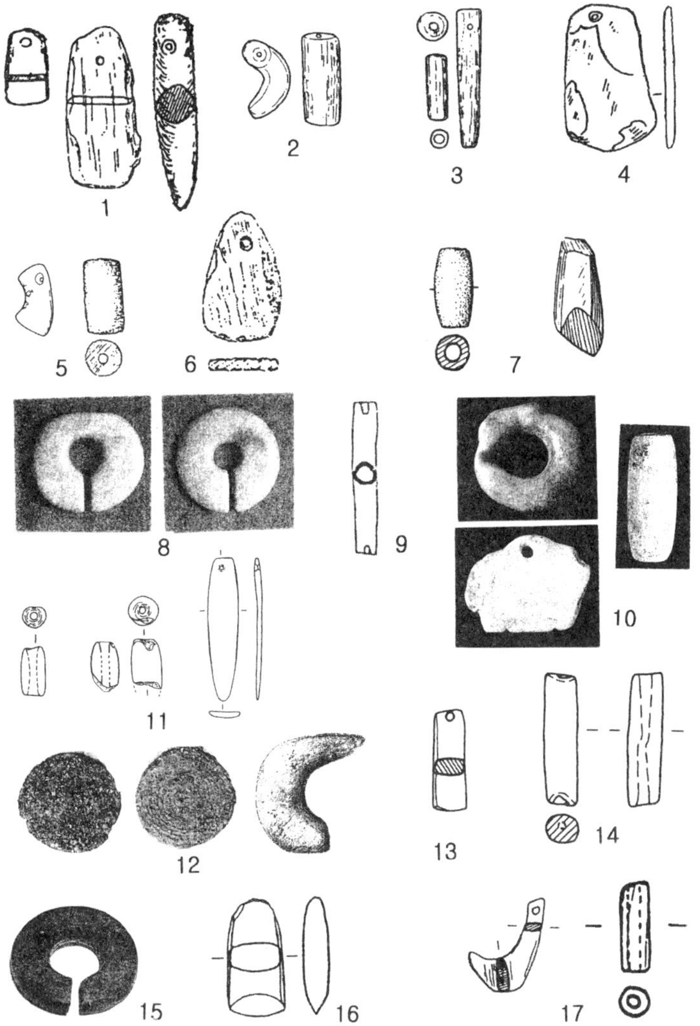

圖面1. 新石器時代 韓半島出土의 玉器
1 先鋒 西浦項, 2 雄基 松坪洞, 3 羅津 草島, 4 淸津 農圃里, 5 義州 美松里
6 平壤 金灘里, 7 溫泉 弓山, 8 高城 文岩里, 9 春川 校洞, 10 坡州 舟月里
11 蔚珍 厚浦里, 12 釜山 東三洞, 13 釜山 凡方, 14 統營 煙臺島, 15 麗水 安島
16 扶安 界火島, 17 安眠島 古南里

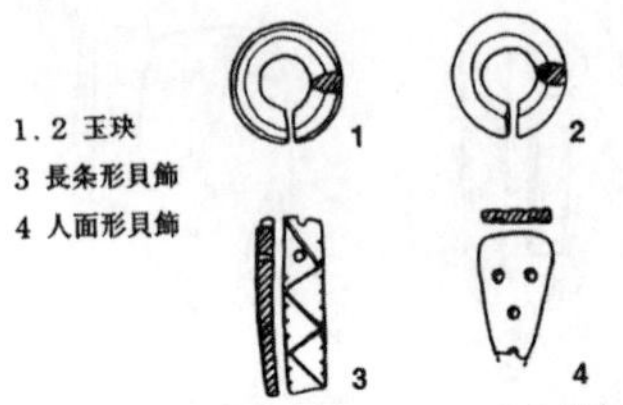

圖面2. 興隆窪遺蹟 M117 出土遺物

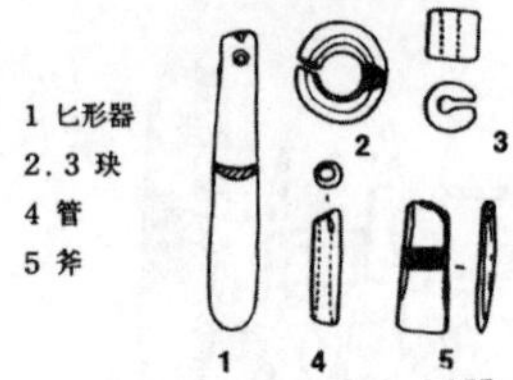

圖面3. 査海遺蹟 出土 玉器

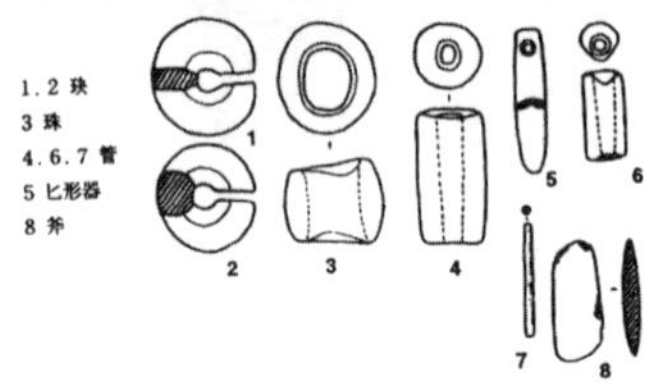

圖面4. 洪格力圖遺蹟 出土玉器

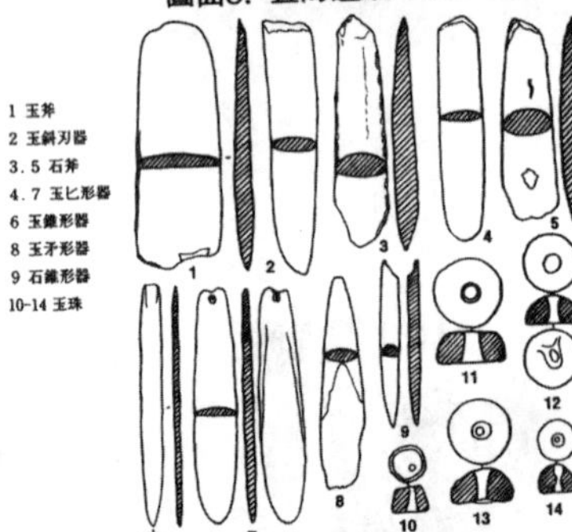

圖面5. 小南山遺蹟 出土 玉器, 石器

圖面6. 紅山文化期 出土 玉器

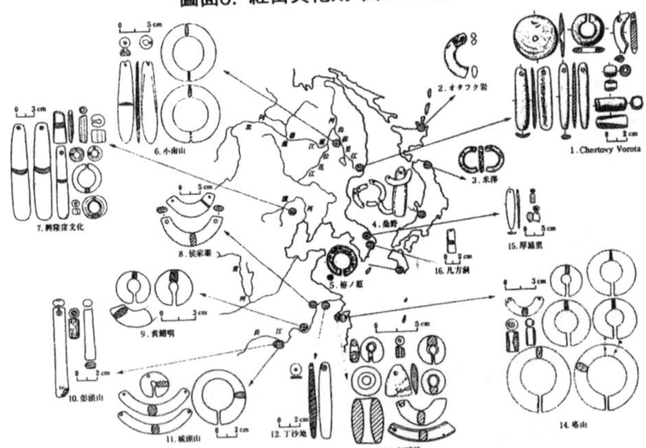

圖面7. 東아시아 早期 玦狀耳飾 및 玉器의 組合(鄧聰2004참조)

Ⅲ. 신석기시대 일본열도의 통나무배로 본 한반도 통나무배 연구의 예찰

Ⅲ. 신석기시대 일본열도의 통나무배로 본 한반도 통나무배 연구의 예찰

1. 머리말

걷는 것만이 이동의 수단이었던 시대에 통나무배의 등장은 행동반경을 넓히는 계기가 되었다. 통나무배는 세계의 각 지역에 넓게 분포하고 있으며, 어업, 운반 등 여러 목적으로 사용되었다. 신석기인들도 통나무배를 사용하여 원거리의 航海가 가능하였고, 日本列島, 韓半島, 中國의 沿岸을 거쳐 동남아시아 지역에까지 넘나들었다. 특히 사면이 바다인 일본열도에 있어서 내해, 외해의 항해 기술은 필수적인 것이었으며, 어업은 물론이고, 이동, 운송, 교역 등 다양한 용도로 통나무배를 사용하여 생업에 있어서 획기적인 전기를 마련하였다. 이러한 여건은 삼면이 바다인 한반도에 있어서도 동일하였을 것이다. 신석기인들은 海流, 潮流, 날씨 등을 읽어 통나무배를 조종할 능력이 예상외로 높았던 것으로 보인다. 바다로의 항해는 우연에 의한 것이 아니고, 계획성을 가지고 실행되었으며, 각 집단은 형질적, 문화적 고립을 막기 위해 항해 기술을 발달시킬 필요가 있었던 것이다.

그간 일본지역에서 주로 출토되어 왔던 통나무배[1]가 2005년 한반도의 창녕 비봉리패총에서도 2기가 발견되어 일본열도에서와 마찬가지로 沿岸은 물론, 遠距離를 항해했던 증거물이 확보되었다. 한반도에서도 추후에 조사의 성과에 따라 통나무배의 자료가 증가할 것으로 예상되고 있다.

1) 일본에서는 丸木舟라는 명칭으로 사용되고 있다.

일본열도에서는 繩文時代의 통나무배만 하여도 124기, 유적의 수는 68개소에 달하고 있으며,(도면1) 이와 관련한 심포지움, 특별전 등이 열려 통나무배에 대한 관심이 고조되기도 하였다. 따라서 본고에서는 지금까지 일본열도에서 발견된 繩文時代 각 지방의 통나무배 출토현황을 보고, 형식과 특징에 대하여 살펴보고자 한다. 아울러 한반도에서의 통나무배 관련 자료를 파악해 보고, 日本의 통나무배와 견주어 한반도 통나무배의 연구를 예찰해 보고자 한다.

2. 日本 繩文時代 출토 통나무배

1) 北海道・東北地方

(1) 北海道

北海道 石狩町 紅葉山 49號 遺蹟에서 통나무배의 船首가 출토되었다. 통나무배는 세로로 절반 나누어 제작하였으며, 길이 45㎝, 폭 22㎝, 두께 4㎝ 정도이다. 이곳에서는 길이 1.6m, 폭 7㎝, 두께 2.7㎝의 노 1점도 출토되었다.(사진1) 시기는 繩文時代 中期에 해당한다.(표1)[2]

(2) 青森県・福島県

青森県 野辺地町 向田遺蹟에서 繩文 前期末에서 中期初에 해당하는 통나무배의 파편이 출토되었다. 목재는 엄나무가 사용되었다. 福島縣 新地町 雙子遺蹟에서는 소나무로 제작한 2기의 통나무배가 출토되었다. 잔존규모는 크지 않으며, 시기는 繩文 後期에 해당한다.(표1)

---

2) 표1에서 표12까지 繩文時代 출토 통나무배의 일람표는『丸木舟の時代』滋賀県文化財保護協会, 2007의 원안을 참고하여 수정, 가필하였고, 사진 부분을 인용하였음을 밝혀둔다.

〈표1〉 北海道 · 東北地方 출토 통나무배

소재지	유적	시기	길이,㎝	폭,㎝	깊이,㎝	목재	비고
北海道 石狩町	紅葉山49號	中期	45	22			노 출토
青森県野辺地町	向田	前期末-中期初	35	32		엄나무	
福島県 新地町	雙子	後期	243	63		소나무	
福島県 新地町	雙子	後期	370	30		소나무	

2) 関東地方

(1) 茨城県 · 栃木県

茨城県 龍ケ崎市 牛久沼八間堰의 하류인 谷田川 지하 1.5m의 모래층에서 통나무배가 발견되었다.(사진2) 약4,000년전의 縄文 後期에 해당하며, 재질은 소나무이다. 배의 선단과 말단의 일부가 결실되었다. 배의 측면은 위로 갈수록 내측에 굽어져 있으며, 상단에서 폭이 좁아지고 있다. 배의 바닥이 편평한 것으로 보아 하천이나 늪지에서 운반이나 어로에 사용된 것으로 추정된다. 栃木県에서는 西山田遺蹟에서 길이 7m, 폭 75㎝, 깊이 15㎝의 제작도중의 통나무배가 발견되었다.(도면2-1) 목재는 느릅나무屬이다.(표2)

〈표2〉 茨城県 · 栃木県 출토 통나무배

소재지	유적	시기	길이,㎝	폭,㎝	깊이,㎝	목재	비고
茨城県 龍ケ崎市	谷田川	後期	630	65		소나무	
栃木県 大平町	西山田		700	75	15	느릅나무	미완성

(2) 埼玉県

埼玉県에서 출토된 통나무배는 16기 이상이며, 상당수가 아직도 매장되어 있다. 가장 많이 발견된 膝子遺蹟에서는 6기가 발견되었으며, 주로 縄文 後期에 해당한다. 이중 1호 통나무배는 거의 완형으로 출토되었고, 길이도 7m나 되는 큰 규모이다.(도면2-2) 형태는 鰹節形이며, 사용된 목재는 밤나무이다. 伊奈屋敷跡의 泥炭層에서는 縄文 後期~晩期의 것으로 보이는 3기의 통나무배가 출토되었다.(도면2-3) 이중 상태가 좋은 2호 통나무배는 길이는 4.85m 이며, 형태는 鰹節形이다.(사진3) 양 단부가 약간 결손되어 있으며, 수종은 비자나무이다. 草加市 金明町 綾瀬川流域의 바닥에서는 길이 6.1m、폭 66cm의 鰹節形의 비자나무로 만든 통나무배가 출토되었다. 3개소에 横帶가 만들어져 있는 것이 특징이다.(도면2-4, 사진4) 현재는 草加市立歴史民俗資料館에 전시되어 있으며, 연대측정 결과, 5,300년 전의 縄文 前期의 것으로 판명되었다. 이외에도 壽能, 老袋, 蓮沼, 大道東, 四本竹, 赤山陳屋跡 등에서 통나무배가 출토되었다.(표3)

〈표3〉 埼玉県 출토 통나무배

소재지	유적/호	시기	길이,cm	폭,cm	깊이,cm	목재	비고
埼玉市	膝子/1	後期-晩期	700	50	25	밤나무	鰹節形
埼玉市	膝子/2	後期-晩期				밤나무	
埼玉市	膝子/3	後期				밤나무	
埼玉市	膝子/4	後期				밤나무	
埼玉市	膝子/5	後期				밤나무	
埼玉市	膝子/6	後期				밤나무	
伊奈町	伊奈屋敷跡/1	後期-晩期	370	60	8	느티나무	
伊奈町	伊奈屋敷跡/2	後期-晩期	485	55	20	비자나무	양단약간결손
伊奈町	伊奈屋敷跡/3	後期-晩期				비자나무	
草加市	綾瀬川流域	前期	606	66	45	밤나무	鰹節形, 横帶
埼玉市	壽能	中期後半	235	45		물푸레나무	파편출토
川越市	老袋	後期	549	54	35	비자나무	
川越市	蓮沼	後期					
埼玉市	大道東	中期前半	450	80		푸조나무	
埼玉市	四本竹						파편출토
川口市	赤山陳屋跡	後期-晩期					

(3) 千葉県

千葉県에서 출토된 통나무배는 37기이며, 출토된 유적의 수는 23개소 정도로 일본에서는 가장 많은 출토량을 보이고 있다. 千葉県 내에서는 주로 多古町과 八日市場市에서 발견되고 있다. 多古町 지역은 中城下泥炭, 栗山川流域, 고부께沼, 南借當, 島, 船月丸山地先遺蹟이 있다. 이들 유적은

砂丘의 대지 先端에서 내려가는 지점으로 통나무배는 대부분이 坂田池와 栗山川水系에서 발견되고 있다. 이 지역 통나무배의 규모는 대개 4~5m 정도이며, 대부분은 繩文 後期의 것들이다. 多古町 고부께沼에서 출토된 통나무배는 보존상태 좋고, 중앙부의 단면은 초승달형태이다. 양단의 단면은 원형에 가깝고, 단부의 중심에는 원목의 심이 명확히 보인다.(도면2-5) 八日市場市에서는 矢摺泥炭, 宮田下泥炭, 宮田下, 多古田低地, 七間堀, 舊新田下沼, 大鏡, 長割堀, 安田, 龜田泥炭遺蹟이 있으며, 주로 저지대의 泥炭層이나 늪지에서 발견되고 있다. 통나무배의 규모는 대개 4~5m 정도의 繩文 後期의 것이며, 일부 晩期의 것도 있다.(도면2-6) 大鏡遺蹟과 舊新田下沼遺蹟은 總武本線과 九十九里浜海岸線 사이의 저지에 해당하며, 과거에 潟湖가 있던 지역이다. 용수로 개량공사의 일환으로 조사가 이루어져 많은 통나무배가 출토되었다. 이 지역의 통나무배 중에는 大鏡遺蹟 3호 통나무배와 같이 內底部에 橫帶가 존재하는 예가 있다.(도면2-7) 千葉市 畑町 東京大学 検見川総合運動場 자리의 検見川遺蹟에서 1947년 여름에 草炭을 채굴하던 중 4m 정도의 지하에서 거의 완전한 형태의 통나무배와 노가 발견되었고, 1948년에는 2기의 통나무배가 추가로 발굴 되었다.(도면2-8) 이 발견은 통나무배 연구의 원점이 되었으며, 그 후 조사에 의해 2기의 통나무배와 6자루의 노가 수습되었다. 측정된 통나무배의 연대는 3075±180BP로 繩文 後期에 해당한다. 1948년 丸山町의 加茂遺蹟에서도 繩文土器를 공반하는 지하 4m가 넘는 泥炭層에서 전복되어 있는 통나무배 1기와 노를 수습하였다.(도면2-9) 보존상태가 좋지 않아 250여 조각을 따로따로 수습하여 복원하였다. 이 지층의 繩文土器는 前期에 해당하는 諸磯式土器이며, 日本에서 처음으로 통나무배의 시기가 파악된 遺蹟이다. 橫芝町의 高谷川B遺蹟은 저습지에 해당하며, 繩文 後期의 加曾利B式土器와 함께 건축용재, 판자, 통나무배 등이 출토되었다. 통나무배는 鰹節形에 단면은 반원을 이루고 있다.(도면2-10) 이외에도 千葉県 내에서는 高谷川G, 古川, 保品, 橫須賀遺蹟에서 통나무배가 출토되었다.(표4)

〈표4〉 千葉県 출토 통나무배

소재지	유적/호	시기	길이,cm	폭,cm	깊이,cm	목재	비고
多古町	中城下泥炭	後期-晩期	400	70		비자나무	
多古町	栗山川流域	中期	745	70	15	푸조나무	내면 그을림
多古町	고부께沼	後期?	513	50	25		鰹節形
多古町	南借當/1		490	78	39	밤나무	
多古町	南借當/2					밤나무	
多古町	島	後期	482	50			
多古町	船月丸山地先	後期	450	70		비자나무	
多古町	船月丸山地先	後期	530	50			
八日市場市	矢摺泥炭	後期	317	45	18	밤나무	절반 결손
八日市場市	宮田下泥炭	後期	399	43		밤나무	船首일부결손
八日市場市	宮田下	後期	500	45			
八日市場市	多古田低地	後期-晩期	400				船首 출토
八日市場市	七間堀						
八日市場市	七間堀						
八日市場市	舊新田下沼	後期	416	40		비자나무	
八日市場市	舊新田下沼		345	58	20	비자나무	
八日市場市	舊新田下沼					비자나무	
八日市場市	舊新田下沼					비자나무	
八日市場市	大鏡/1		417	45	25		完形, 鰹節形, 横帶
八日市場市	大鏡/2		600				
八日市場市	大鏡/3		347	42	21		鰹節形, 横帶
八日市場市	大鏡/4						
八日市場市	大鏡/5						
八日市場市	長割堀		421	45	20	비자나무	鰹節形, 横帶
八日市場市	安田	晩期					
八日市場市	龜田泥炭		55	22	44	비자나무	
千葉市畑町	検見川/1	後期	620	43		비자나무	鰹節形
千葉市畑町	検見川/2	後期	580	48	44	비자나무	完形, 鰹節形 단면 반원형
千葉市畑町	検見川/3	後期	348	52		비자나무	
千葉市畑町	検見川	後期				비자나무	
千葉市畑町	検見川	後期				비자나무	
横芝町	高谷川B	後期	459	70	33	비자나무	鰹節形 加曾利B式土器
横芝町	高谷川G		250	43	22	비자나무	
横芝町	古川	後期					
丸山町	加茂	前期	510	70	15	푸조나무	諸磁式土器
八千代市	保品	晩期?	654	50		비자나무	完形
松戸市	横須賀	後期	557	45		비자나무	

(4) 東京都 · 神奈川県

東京都에서는 3개소의 유적에서 5기의 통나무배가 출토되었다. 東北新幹線 건설공사에 따른 上中里의 中里遺蹟에서 거의 완전한 鰹節形의 통나무배가 출토되었다.(사진5) 통나무배의 시기는 4,700년전의 縄文 中期初에 해당한다. 통나무배의 표면에 불에 그을린 흔적이 있는 것으로 보아, 불을 사용하여 태우면서 석기로 깍아낸 것으로 추정된다. 東村山市 下宅部遺蹟의 水場遺構에서 발견된 대형 가공목재는 길이 6.6m 이며, 縄文 後期의 통나무배임이 밝혀졌다.(사진6) 느티나무를 가공하여 만든 이 통나무배는 완성에 까지는 이르지 못하였다. 물가에 나무를 결구하여 작업장으로 사용한 水場遺構는 목재 가공장으로 추정되고 있다. 이외에도 袋低地遺蹟에서는 3기의 통나무배가 파편으로 출토되었다.

神奈川県에서는 横須賀市 久里浜의 伝福寺遺蹟에서 縄文土器 · 石器 · 녹각제 낚시바늘과 함께 지하 4m의 砂地에서 통나무배가 출토되었다. 또한 나무, 뿌리, 과실, 종자 등의 식물화석이 공반되었다. 통나무배는 縄文時代 前期에서 中期 初에 이르는 약5,000년전의 연대를 나타내며, 재질은 푸조나무이다. 地形的으로 보면 久里浜湾内에서 사용된 것으로 추정된다.(표5)

〈표5〉 東京都 · 神奈川県 출토 통나무배

소재지	유적	시기	길이,cm	폭,cm	깊이,cm	목재	비고
東京都 北區	中里	中期初	579	72	42	푸조나무	鰹節形
東京都 東村山市	下宅部	後期	660			느티나무	미완성
東京都 北區	袋低地	後期				물푸레나무	파편
東京都 北區	袋低地	後期				물푸레나무	파편
東京都 北區	袋低地	後期				느티나무	파편
神奈川県 横須賀	伝福寺	前期−中期初	295	40		푸조나무	

3) 中部地方

(1) 新潟県 · 静岡県 · 愛知県 · 岐阜県

福井県 이외의 중부지방에서는 新潟県의 青田遺蹟, 静岡県의 太谷川遺蹟, 愛知県의 佐織村遺蹟에서 縄文 晩期에 해당하는 통나무배가 출토되었다. 太谷川遺蹟의 통나무배는 거의 완형이며, 佐織村遺蹟의 통나무배는 복수의 목재를 연결하여 제작하였다. 岐阜県의 末福遺蹟에서는 거의 완형의 통나무배 2기가 출토되었다. 시기는 縄文 後期에 해당한다.(표6)

〈표6〉 新潟県 · 静岡県 · 愛知県 · 岐阜県 출토 통나무배

소재지	유적/호	시기	길이,cm	폭,cm	깊이,cm	목재	비고
新潟県 加治川村	青田	晩期	700	80	13	칠엽수	
静岡県 静岡市	太谷川	晩期	670	60			거의 완형
愛知県 佐織村	佐織村	晩期					複材
岐阜県 谷汲村	末福/1	後期	259	45	18	녹나무	완형, 鰹節形
岐阜県 谷汲村	末福/2	後期	350	43	23		거의 완형

(2) 福井県

福井県 三方町内에서는 鳥浜貝塚에서 2기, 유리遺蹟에서 4기의 통나무배가 출토되었다. 鳥浜貝塚은 縄文時代의 저습지 유적으로, 三方湖의 남쪽 2개의 하천이 합류하는 지점에서 발견되었다.(도면3-1) 1호 통나무배는 6,300년전 縄文 前期의 것이며, 2호 통나무배는 後期의 것이다. 이외에도 노, 장식된 활, 석부의 자루, 옻칠된 빗 등이 출토되었다. 석제품으로는 화살촉, 마제석부, 타제석부, 골각기류는 작살, 바늘, 장식품 등이 있다. 유리遺蹟은 鳥浜貝塚의 서쪽 인근에 있는 저습지 유적이다. 이 유적에서는 後期에서 해당하는 통나무배가 출토되었으며, 사용된 목재는 삼목이다.(도면3-2,3)(표7)

〈표7〉 福井県 출토 통나무배

소재지	유적/호	시기	길이,cm	폭,cm	깊이,cm	목재	비고
三方町	鳥浜/1	前期	608	63	26	삼목	鰹節形, 완형
三方町	鳥浜/2	後期	347	48		삼목	船首 결손, 横帶
三方町	유리/1	後期前半	522	56	10	삼목	鰹節形, 완형, 横帶
三方町	유리/2	後期	490	48	8	삼목	鰹節形, 거의 완형
三方町	유리/3	後期	580	30		삼목	舷側 결손
三方町	유리/4	晩期	587	45		삼목	舷側 결손, 鰹節形

4) 近畿地方

(1) 滋賀県

滋賀県에서의 통나무배 출토는 대부분이 琵琶湖와 그 주변이며, 4곳의 유적에서 28기가 발견되었다. 그 중에서도 彦根市에서 米原市에 걸쳐 있는 松原内湖, 入江内湖遺蹟에서 16기의 통나무배가 발견되었다. 松原内湖遺蹟에서는 11기가 조사되었으며, 完形은 3기에 달한다.(도면3-4~6, 사진7,8) 유적에서의 유물은 縄文 後期의 토기와 함께 石鏃, 石斧, 石錘, 石匙, 装身具, 노, 빗, 목제품 등이 출토되었다. 入江内湖遺蹟에서는 縄文 中期末~後期初에 속하는 4기의 통나무배, 멧돼지 이빨로 만든 낚시바늘 등이 출토되었다.(도면3-7,8, 도면4-1,2, 사진9~11) 그 이후의 조사에서도 縄文 前期前半에 (5,700~5,500年前) 해당하는 옻칠된 목제용기와 통나무배 1기가 추가로 출토되었다. 추가로 출토된 5호 통나무배의 평면형태는 V자형에 가깝고, 안쪽은 半圓形을 이루고 있다.(사진12) 출토된 유물에서 縄文時代 琵琶湖畔에 거주하던 사람들의 어로와 통나무배에 의한 교류의 양상을 파악할 수 있다. 近江八幡市 水茎内湖遺蹟은 琵琶湖 동남부에 위치하며, 간척공사에 의해 발견되었다. 주변의 구릉에서는 縄文 後期의 취락지가 조사되었고, 통나무배는 그 밑의 湖岸에 해당하는 지역에서 출토되었다. 통나무배는 1차 조사에서 2기,(사진13) 2차 조사에서는 縄文 後期에 해당하는 鰹節形의 통나무배 5기가 조사되었다.(도면

4-3,4, 사진14,15) 2차 조사에서는 1호, 2호 통나무배가 사용 중이었던 것으로 추정되었고, 5호 통나무배는 폐기된 것이었다. 출토된 7기의 층위는 같으며, 배안과 주변에서 彦崎K2式土器가 출토된 것으로 보아 시기는 繩文 後期에 해당한다. 湖北町 尾上浜遺蹟의 모래층에서는 통나무배가 完形으로 출토되었다.(도면4-5) 석부로 가공한 흔적이 있으며, 주변에서 출토된 토기로 보면 後期에 해당된다.(사진16) 이밖에도 近江八幡市 長命寺湖底에서는 晚期 後半의 통나무배 4기와 노,(도면4-6, 사진17) 大津市 錦織遺蹟에서는 晚期의 통나무배가 출토되었다. 安土町 竜ヶ崎A遺蹟에서는 노 4개가 출토되었다.(사진18)(표8)

〈표8〉 滋賀県 출토 통나무배

소재지	유적/호	시기	길이,cm	폭,cm	깊이,cm	목재	비고
彦根市	松原内湖/1	後期	500	45	7	삼목	거의 완형
彦根市	松原内湖/2	晚期	490	50	18	삼목	거의 완형
彦根市	松原内湖/3	後期-晚期	335	36	5	삼목	절반 결손
彦根市	松原内湖/4	晚期	587	48	16	전나무	거의 완형
彦根市	松原内湖/5	後期	161	37	4	노송나무	후반부 출토
彦根市	松原内湖/6	後期-晚期	187	41	11	북가시나무	전반부 출토
彦根市	松原内湖/7	後期-晚期	174	38	11		板狀
彦根市	松原内湖/8	後期	300	30			파편
彦根市	松原内湖/9	後期-晚期					파편
彦根市	松原内湖/10	後期-晚期					파편
彦根市	松原内湖/11	後期-晚期	548	45			鰹節形, 완형
米原市	入江内湖/1	中期-後期	400	50	20	전나무	鰹節形
米原市	入江内湖/2	中期	527	51	21	전나무	鰹節形, 완형
米原市	入江内湖/3	中期	359	48	10	삼목	鰹節形
米原市	入江内湖/4	後期初	570	50	20	전나무	鰹節形, 완형
米原市	入江内湖/5	前期前半	547	50	30	노송나무	鰹節形, 완형
近江八幡市	水茎内湖1/1	後期	700				
近江八幡市	水茎内湖1/2	後期	690	56			
近江八幡市	水茎内湖2/1	後期	790	75	30		横帶,그을림
近江八幡市	水茎内湖2/2	後期	835	59	15		横帶,그을림
近江八幡市	水茎内湖2/3	後期	560	45	13		船首,舷側결손
近江八幡市	水茎内湖2/4	後期	560	54			横帶있음
近江八幡市	水茎内湖2/5	後期	175				

소재지	유적/호	시기	길이,㎝	폭,㎝	깊이,㎝	목재	비고
近江八幡市	長命寺湖底/1	晩期後半	620	60	15	삼목	
近江八幡市	長命寺湖底/2	晩期後半	600				横帶있음
近江八幡市	長命寺湖底/3						
近江八幡市	長命寺湖底/4						
湖北町	尾上浜	後期	515	55	30	전나무屬	거의 완형
大津市	錦織	晩期				떡깔나무	

(2) 京都府 · 兵庫県

京都府에서 통나무배가 출토된 유적은 浦入遺蹟, 大波下遺蹟, 森本遺蹟, 東土川西遺蹟, 和東川床遺蹟을 들 수 있다. 舞鶴市의 浦入遺蹟은 関西電力 舞鶴発電所 건설로 인하여 1995~1998년에 걸쳐 조사되었다. 兵庫県 佃遺蹟에서는 繩文 前期에 해당하는 통나무배가 출토되었다.(도면4-7, 사진19) 浦入遺蹟은 舞鶴湾의 外海와의 출입지점에 위치하고 있으며, 통나무배는 繩文 前期의 지층에서 출토되었다. 직경 2m의 삼목을 쪼개어 불에 달군 돌로 태우면서 석부로 파낸 흔적이 역력히 남아 있다. 繩文 前期에 外洋으로의 항해가 가능하였을 것이며, 유적의 주변에서는 잔교의 구멍, 닻으로 사용한 큰 돌이 발견되고 있어서 당시의 선착장으로 추정되고 있다. 舞鶴市 大波下遺蹟에서는 外洋을 항해할 정도 크기의 통나무배가 출토되었으며, 시기는 5,300년전 繩文 中期의 것이다.(사진20)(표9)

〈표9〉 京都府 · 兵庫県 출토 통나무배

소재지	유적	시기	길이,㎝	폭,㎝	깊이,㎝	목재	비고
京都府 舞鶴市	浦入	前期	500	100		삼목	그을림 흔적
京都府 舞鶴市	大波下	中期					
京都府 向日市	森本	後期					
京都府 向日市	東土川西	晩期	370				
京都府	和東川床	後期	370				
兵庫県 東浦町	佃	前期				녹나무	

5) 山陰地方

(1) 鳥取県

鳥取県에서는 桂見遺蹟, 東桂見遺蹟, 栗谷遺蹟, 島遺蹟, 井出跨遺蹟에서 통나무배가 출토되었다. 桂見遺蹟은 鳥取市 湖山池 남동연안의 저습지에 있으며, 유물은 통나무를 비롯하여 토기, 흑요석, 석기, 목제 용기 등 귀중한 도구류가 출토되었다. 이 유적에서 출토된 통나무배는 3,000~4,000년전에 사용된 것으로 추정된다. 1호 통나무배는 거의 완전한 형태이며, 鰹節形이다.(도면5-1, 사진21) 7m가 넘는 크기로 縄文時代의 통나무배로는 최대급에 속한다. 이 통나무배는 세로로 쪼갠 원목을 파내었으며, 흙의 압력으로 약간 눌려져 있다. 2호 통나무배는 先端이 약간 결실되었으나, 完形에 가깝다. 2기의 통나무배는 1호가 外洋, 2호가 潟湖에서 사용된 것으로 보인다.(표10)

〈표10〉 鳥取県 출토 통나무배

소재지	유적/호	시기	길이,cm	폭,cm	깊이,cm	목재	비고
鳥取市	桂見/1	後期中葉	724	74	35	삼목	완형, 鰹節形
鳥取市	桂見/2	後期中葉	641	70	10	삼목	거의 완형
鳥取市	東桂見	後期	105	50		삼목	
福部村	栗谷	後期	300	90			
北條市	島	後期	66	55	20		파편
淀江町	井出跨	後期-晩期	124	14			파편

(2) 島根県

島根県 내에서는 島大構内遺蹟, 沖手遺蹟, 三田谷遺蹟, 佐太講武貝塚에서 5기의 통나무배가 출토되었다. 島根大学 構内遺蹟 1차 조사에서 縄文前期의 泥炭層에서 길이 약6m, 폭 60㎝ 정도의 통나무배와 노 2개 등이 출토되었다.(도면5-2,3, 사진22) 3차 조사에서는 완전한 형태의 노 2개가 출토되었다. 통나무배는 두께가 2~3㎝ 정도로 대단히 얇고, 수종은 삼목이다. 沖手遺蹟은 益田市 久城町에 소재하고 있으며, 통나무배는 彌生時

代 水路 확인층의 아래층에서 2기가 출토되었다.(사진23) 1호 통나무배는 완전한 형태이며, 길이 5.3m, 폭 55㎝ 정도이다. 先端은 뾰족하며, 後端은 角形으로 가공되어 있다. 재료는 녹나무科이다. 2호 통나무배는 부패, 결손이 심하게 진행되었으며, 잔존길이 3.1m, 폭 36㎝, 재료는 멀구슬나무이다. 통나무배의 연대는 3,400~3,100년전으로 繩文 後期~晩期初頭에 해당한다. 佐太講武貝塚은 주변에 과거에 潟湖가 있었던 것으로 추정되며, 前期의 유물이 주류를 이루나, 中期, 晩期의 토기도 출토된다. 통나무배는 晩期에 해당되며, 일본에서는 드물게 소나무의 목재가 이용되었다.(표11)

〈표11〉 島根県 출토 통나무배

소재지	유적/호	시기	길이,㎝	폭,㎝	깊이,㎝	목재	비고
松江市	島大構内	早期末－前期初	600	60		삼목	노 출토
益田市	沖手/1	後期－晩期初	530	55		녹나무科	鰹節形
益田市	沖手/2	後期－晩期初	310	36		멀구슬나무	
出雲市	三田谷,	後期	540	46	14	삼목	
鹿島町	佐太講武	晩期	115			소나무	파편

6) 九州地方

九州地方에서는 長崎県 西彼杵郡 多良見町에 있는 伊木力遺蹟에서는 繩文 前期中葉에 해당하는 통나무배가 출토되었다.(도면5-4, 사진24) 해변 가까이에 있는 습지에서 발견된 통나무배는 船底部만 남아 있는 상태이며, 잔존길이 6.5m, 최대폭 76㎝, 두께 2.5~5.5㎝ 정도이다. 좀조개에 의한 부식이 심하여 구멍이 많이 뚫려 있으며, 파손되어 방치된 것으로 추정된다. 통나무배의 북서쪽 端部에 불에 그을린 흔적이 남아 있다. 통나무배의 재료는 멀구슬나무가 사용되었으며, 통나무배 제작은 木芯部 부근을 도려내는 방법을 사용하였다. 繩文時代의 통나무배로서는 九州에서 처음으로 발견되었으며, 韓半島와 九州에 있어서 교류의 물적증거로

제시되어 왔다. 沖縄県 前原遺蹟에서도 엄나무로 만든 통나무배가 출토되었다.(표12)

〈표12〉 九州地方 출토 통나무배

소재지	유적	시기	길이,㎝	폭,㎝	깊이,㎝	목재	비고
長崎県	伊木力	前期中葉	650	76		멀구슬나무	그을림 있음
沖縄県	前原					엄나무	

3. 繩文時代 통나무배의 형태와 특징

1) 통나무배의 형태분류

지금까지 조사되거나 발견된 繩文時代의 통나무배는 124기에 달하며, 출토된 유적의 수는 약 68개소에 이른다. 繩文時代의 통나무배 출토지역은 關東地方이 60여기로 가장 많으며, 특히 千葉県에서는 37기에 달하고 있다. 千葉県에서는 北東部의 栗山川 中流域에서 많이 출토되었고, 그 주변에는 패총유적이 많이 존재하고 있다. 다음으로는 滋賀県의 琵琶湖 주변에서 27기가 출토되었으며, 福井県에서 島根県에 이르는 日本 서부 해안지역에서도 비교적 많이 출토되었다.

日本에서의 통나무배는 早期 末頃부터 제작되고 있으며, 前期에도 10개소의 유적에서 출토되고 있다. 그러나 통나무배가 본격적으로 보급되기 시작한 것은 中期부터이며, 後·晩期에 이르러 집중적으로 나타난다. 繩文 後期부터 통나무배가 물자의 운반으로서의 역할이 점점 더 커지고 있음을 알 수 있다.

통나무배의 출토상태는 水域의 영향이 미치는 저습지유적의 한정된 환경에서 단편적으로 출토되기 때문에 보존상태가 좋지 않고, 또한 土壓에 의해서 부수어지거나 變形되는 경우가 많다. 또한 목질이 약해져 있고, 규모가 커서 취급하기 어렵다. 따라서 完形으로 출토되는 경우는 많지 않고, 통나무배 본래의 규모를 파악하기 힘들다. 출토된 통나무배 중에 가장 규모가 큰 것은 滋賀県 水茎内湖遺蹟에서 출토된 8.3m 정도이다. 7m가 넘는 통나무배는 7기, 6m 이상의 통나무배는 10여기 이상 확인되고 있다. 그러나 完形의 경우가 아닌 것이 많아 지역별, 시기별로 정확한 형태분류나 특징을 살펴보기 어렵다.

평면 형태에서 본 통나무배의 형태분류는 清水에 의해 割竹形, 鰹節形,[3] 箱形, 折衷形의 4종류로 구분되고 있다.(清水, 1975)(도면6) 割竹形은 통나무를 반으로 나누어 전후의 端을 잘라서 파내어 제작하며, 鰹節形은 통나무를 통째로 사용하여 전후의 端을 깍아서 뾰족하게 제작한다. 箱形은 통나무를 파내어 장방형의 상자 모양같이 제작하며, 折衷形은 割竹形과 鰹節形을 절충한 형태이다. 통나무배의 단면형태는 半圓形, 凹字形, 半圓特殊形의 3종류로 구분하고 있다.(도면7) 도면에서 확인되는 통나무배의 형태와 단면을 가지고 몇 예를 분류해 보았다.(표13)

〈표13〉 縄文時代 주요 통나무배의 형태분류

소재지	유적/호	시기	형태	비고
北海道	紅葉山 49號	中期	1A	
埼玉県 埼玉市	膝子/1	後期–晩期	2A	
埼玉県 草加市	綾瀬川流域	前期	2A	横帶
千葉県 多古町	고부께沼	後期?	2A	
千葉県 八日市場市	大鏡/3		2A·B	横帶
千葉県 畑町	検見川/2	後期	2A	
千葉県 横芝町	高谷川B	後期	2A	加曾利B式土器
東京都 北區	中里	中期初	2A	
福井県 三方町	鳥浜/1	前期	2A	
福井県 三方町	유리/1	後期	2A	
福井県 三方町	유리/2	後期	2A	

3) 鰹節(かつおぶし)는 가다랑어를 쪼개어 쪄서 말린 포 종류이며, 일본에서는 국물을 내는데 양념으로 쓰이고 있다. 말려서 단단하고 형태가 배모양과 유사하여 통나무배의 형태분류에 鰹節形이라는 명칭을 사용하고 있다.

소재지	유적/호	시기	형태	비고
滋賀県 米原市	入江内湖/1	中期-後期	2A	
滋賀県 米原市	入江内湖/2	中期	2A	
滋賀県 米原市	入江内湖/4	後期初	2A	
滋賀県 米原市	入江内湖/5	前期 前半	2A	
滋賀県 彦根市	松原内湖/11	後期-晩期	2A	
鳥取県 鳥取市	桂見/1	後期 中葉	2A	
島根県 益田市	沖手/1	後期-晩期初	4A	

北海道 紅葉山 49號 遺蹟의 경우, 割竹形의 형태에 半圓形의 단면을 가진 1A 유형에 속한다. 千葉県 大鏡遺蹟 3호배의 경우에는 鰹節形이며, 단면은 중앙부가 각진 상태의 凹字形이다. 그러나 중앙에서 양단으로 갈수록 半圓形을 이루고 있다. 따라서 형태분류는 2A·B 유형으로 볼 수 있다. 島根県 沖手遺蹟 1호배의 경우에는 折衷形에 해당하여 4A 유형으로 분류된다.

日本에서는 평면 형태에서 割竹形, 鰹節形, 折衷形이 사용되고 있는데, 그 중에서도 鰹節形이 압도적으로 많다. 이른바 2A 유형이 縄文時代의 통나무배를 대표하고 있다고 볼 수 있다. 2A 유형은 지역적으로 보면 日本 전역에서 고르게 분포하는 양상을 보인다. 시기적으로도 縄文 前期부터 晩期까지 전 시기에 걸쳐 사용되고 있으며, 그 중에서도 後期의 통나무배가 가장 많다. 割竹形의 통나무배는 縄文時代에는 사용빈도가 낮으며, 北海道 紅葉山 49號 遺蹟 정도가 알려져 있다. 折衷形이나 箱形은 늦은 시기에 보이기 시작하여, 彌生時代 이후에 사용되고 있다.

통나무배의 형태변천은 지역이나 자연환경에 따라 약간은 차이를 보이기도 한다. 예를 들면 福井県 若狭灣 지역과 같이 外海에 면한 縄文前期의 鳥浜貝塚과 浦入遺蹟에서 출토된 통나무배의 경우, 단면형태가 半圓形을 보이고 있으나, 後期와 晩期로 갈수록 배의 바닥이 편평해져 凹字形을 이룬다. 배의 바닥면 두께도 後期까지는 4㎝ 정도로 얇지만, 晩期에는 두께가 8㎝ 정도로 두꺼워지며, 중량도 무거워지는 것으로 보고되고 있다.(網谷, 2007) 따라서 이 지역에서는 통나무배의 단면형이 半圓形에서 凹字形으로, 輕量形에서 重量形으로 변천한 것으로 보인다. 그러나 琵琶湖와 그 주변의 경우는 통나무배의 단면이 繩文 전 시기에 걸쳐 半圓形이 유지되며, 凹字形으로 변하지 않는다. 琵琶湖 주변에서 출토된 통나무배는 內湖와 河川을 연결하는 용도였을 것으로 보이며, 통나무배의 규모도 외해에 진출할 때 사용되는 규모보다 적다.

2) 통나무배의 특징

통나무배는 제작 도중의 미완성된 통나무배, 사용 중인 통나무배, 폐기된 통나무배 등 다양한 양상을 보이고 있다. 미완성 통나무배는 栃木県 西山田遺蹟, 東京都 下宅部遺蹟에서 출토되었으며, 폐기된 통나무배는 滋賀県 水茎內湖 2次 遺蹟의 5호 통나무배를 들 수 있다. 繩文時代의 통나무배는 대개 割竹形, 鰹節形과 같이 원목을 갈라서 파내는 단순한 구조의 單材方式이지만, 여기에는 항해의 안전성과 승선의 이용공간에 제약이 따르고 있다. 따라서 單材의 통나무배 앞뒤로 연결하여 항해성과 선폭의 확장을 꾀한 複材方式의 통나무배로 발전해 간다. 통나무배의 대부분은 單材방식이나 시기가 지나 後期, 晩期에 이르면 기존 통나무배의 舷側에 板材를 붙이는 複材방식의 통나무배가 제작된다. 複數의 목재를 연결하여 만든 예로 岐阜県 佐織村遺蹟의 통나무배를 들 수 있다. 舷側에 板材를 붙이는 방법은 구멍을 뚫어서 끈으로 연결하거나, 아니면 옻칠이나 아스팔트 같은 재료를 이용해서 접합하는 경우가 있을 것이다. 그러나 현 자료로는 구멍을 뚫었던 통나무배의 흔적은 조사되고 있지 않아 후자의 가능성이 더 높다.[4)]

통나무배의 가공에는 다양한 기술이 존재하겠지만, 가공할 공간을 불

4) 鳥浜貝塚에서는 繩文 前期에 이미 옻칠이 된 목제품이 발견되었고, 三內丸山遺蹟 등 여러 遺蹟에서도 접착제의 용도로 아스팔트를 사용하고 있다. 다만 통나무배의 舷側板의 연결에 사용하였는지에 대한 구체적인 연구사례는 아직 없다.

로 태우면서 石斧를 이용하여 파내는 방법이 있다. 통나무배의 내부에 당연히 그을린 흔적이 발견되는데, 千葉県 栗山川流域, 東京都 中里遺蹟, 滋賀県 水茎内湖遺蹟, 京都府 浦入遺蹟, 長崎県 伊木力遺蹟 등의 통나무배에서 확인되고 있다. 특히 浦入遺蹟의 통나무배는 직경 2m 정도의 삼목을 쪼개어 불에 달군 돌로 태우면서 石斧로 파낸 흔적이 역력히 보이고 있다.

통나무배 중에는 内底部의 前後에 중심선과 直交하는 폭이 좁은 横帶가 존재하는 경우가 있다. 横帶흔적은 關東地方 남부지역의 埼玉県 草加市 綾瀬川流域, 千葉県 新田下沼, 大鏡, 長割堀遺蹟과 琵琶湖와 그 주변 外海의 福井県 鳥浜貝塚, 유리遺蹟, 滋賀県 水茎内湖遺蹟, 滋賀県 長命寺湖底遺蹟 등에서 출토되고 있다. 시기는 繩文 後期, 晩期에 해당된다. 綾瀬川流域 출토 통나무배는 横帶가 3개소에서 확인된 鰹節形이다.(도면 2-4) 大鏡遺蹟 3호 통나무배의 경우는 양단이 뾰족하게 튀어나와 있고, 内底部 前後의 2개소에 명확하게 横帶가 남아 있다.(도면2-7) 배의 단면은 중앙이 각진 凹字形이며, 양단부에 이르면 半圓形에 가깝다. 琵琶湖 주변 水茎内湖遺蹟에서 출토된 7기 통나무배는 鰹節形의 형태이며, 단면형은 半圓形을 보이고 있다. 이중 横帶는 3기에서 확인되고 있다. 이러한 横帶가 있는 통나무배는 대개 鰹節形을 이루는 경우가 많다.[5)]

출토된 통나무배의 재료는 삼목, 밤나무, 소나무, 멀구슬나무, 녹나무, 떡깔나무, 북가시나무, 전나무, 푸조나무, 느티나무, 칠엽수, 노송나무, 물푸레나무, 비자나무, 느릅나무 등 다양한 수종을 보이고 있다. 이 중에서 가장 많이 사용되는 수종은 삼목과 비자나무이다. 지역별로 보면, 関東地方에서는 비자나무, 밤나무가 많이 사용되며, 특히 千葉県에서는 비자나무가 주류를 이룬다. 中部地方 福井県 三方町의 鳥浜貝塚과 유리遺蹟에서는 삼목이 사용되고 있으며, 琵琶湖 주변에서는 삼목과 전나무가 사

5) 横帶의 역할에 대해서는 분명하지 않으나 노를 젓는 사람이 발에 힘을 주기위한 용도, 혹은 사람이 앉아서 노를 젓는 자리 등의 용도로 해석되고 있다.

용되었다. 山陰地方에서는 삼목이 사용되는 유적이 많다. 소나무, 멀구슬나무, 떡깔나무, 북가시나무, 칠엽수, 노송나무, 느릅나무 등은 통나무배 재료로 사용하는 빈도가 낮다. 멀구슬나무는 長崎県 伊木力遺蹟과 島根県 沖手遺蹟에서만 사용되었다. 韓半島 昌寧 飛鳳里貝塚에서는 통나무배 재료로 소나무를 사용하고 있는데, 日本의 유적에서는 福島縣 雙子遺蹟, 島根県 佐太講武遺蹟에서만 사용하고 있어, 출토된 124기의 통나무배 숫자에 비하면 日本에서 소나무의 사용빈도는 높지 않음을 알 수 있다.

통나무배의 航海에 있어서, 노(櫂)는 물살을 가르면서 생기는 저항을 이용하여 배를 나아가게 하는 추진구이다. 처음에는 승선한 인원이 손에 노를 들고 직접 물살을 가르면서 사용하였으나, 古代에 이르러서는 배의 양측에 고리나 지탱하는 시설을 장착하여 사용하게 되었다. 日本列島에서 출토된 통나무배에는 노를 兩舷側에 고정시키거나 돛대를 설치한 흔적이 발견되지 않고 있기 때문에, 양손으로 자유롭게 들고 저어가는 패달형식의 노를 사용하였을 것이다.(사진18) 노는 北海道 紅葉山 49號 遺蹟, 千葉県 検見川遺蹟, 千葉県 加茂遺蹟, 福井県 鳥浜貝塚, 滋賀県 入江内湖遺蹟, 滋賀県 長命寺湖底, 滋賀県 竜ヶ崎A遺蹟, 島根県 島大構内遺蹟 등에서 출토되었으며, 특히 検見川遺蹟에서는 6자루의 노가 출토되었다. 재료는 繩文時代 前半에는 느티나무가 많고, 後半에는 산뽕나무가 주로 사용되고 있다.

통나무배를 연구하는데 있어서도 당시의 사회적, 정신적 측면에서의 접근이 필요하다. 이를테면 통나무배는 개인 소유인가, 아니면 마을단위의 소유인가, 또는 통나무배를 만드는 공인집단이 있었는가 등의 문제도 연구되어야 할 것이다. 아직 日本에서도 이에 대한 구체적인 연구는 진행되고 있지 않으나 민족학적인 측면에서의 비교연구도 가능할 것이다.[6)]

---

6) 민족학적으로 보면 뉴질랜드에서는 통나무배의 전통적인 기술, 지식, 의례 등을 숙지한 집단에 의해서 만들어지며, 통나무배는 수장이나 공동체의 재산으로 계승되기도 한다. 또한 솔로몬제도에서는 통나무배를 보관하는 건물이 의례의 장소가 되기도 한다.

4. 한반도 통나무배 연구의 예찰

1) 통나무배와 관련된 유구, 유물

한반도에서 先史時代에 해상교역을 위해 사용된 운송수단은 통나무배이다. 신석기시대의 배는 동삼동패총에서 출토된 배모양토기의 예가 있으며, 울주 반구대 암각화에서도 4기의 배 그림이 확인되었다. 서포항유적에서는 고래뼈로 만든 노가 출토되었고, 실물로는 창녕 비봉리패총에서 2기의 통나무배가 출토된 바 있다.

동삼동패총에서는 배모양토기편이 3점 출토되었다.(도면8-2~4, 사진25) 2는 船首, 船尾가 결실되어 있으며, 단면은 半圓形을 이루고 있다. 잔존길이 12.3㎝, 폭 6.3㎝, 높이 4.2㎝ 정도이다. 3은 배모양토기의 船首 혹은 船尾에 해당한다. 4는 船首, 船尾부분으로 단면 半圓形이며, 잔존길이 8.9㎝, 폭 4.5㎝, 높이 3.5㎝ 정도이다. 이들 3편의 토기는 제작기법이나 색조 등에서 보면, 동일한 배모양토기편으로 추정되고 있다. 3개의 토기편을 합치면 배의 몸통, 船首, 船尾부분이 전부 존재하는 것으로 파악된다. 이 토기는 신석기시대 당시의 통나무배를 표현하여 제작한 것으로 보이며, 兩舷이 남아 있어 배의 구조를 어느 정도 짐작할 수 있다. 잔존상태에서 보면, 單材方式의 통나무배이며, 단면형태는 半圓形에 해당한다. 이러한 구조는 비봉리패총 출토의 통나무배와도 유사한 모습을 보이고 있다.

노는 서포항유적 4기층에서 출토되었다. 고래뼈로 제작하였으며, 잔존길이는 31㎝ 정도이다. 단부로 갈수록 넓어지고 있으며, 단부에는 날을 세웠다.(도면8-1) 노는 대개 목재를 사용하고 있으나, 뼈로 제작한 특이한 예는 日本에서도 발견되지 않는다.

울주 반구대 암각화의 1호 배는 그림 길이가 10㎝, 승선인원 5명, 배는 비교적 편평하나 船首와 船尾가 치솟은 형상, 2호 배는 그림 길이가

18.5㎝, 승선인원 19명, 船首와 船尾가 치솟아 있으며 고래를 끌고 가는 형상, 3호 배는 그림 길이가 19㎝, 승선인원 11명, 배는 활처럼 휘었으며 船首와 船尾가 치솟은 형상, 4호 배는 그림 길이가 15㎝, 승선인원 7명, 船首와 船尾가 완만한 형상을 보이고 있다.(도면8-5~8) 승선인원이 5명에서 많게는 19명까지 승선할 수 있어, 배의 규모가 다양하게 존재했음을 알 수 있다. 그림으로 보아서는 船首와 船尾가 솟아 있으며, 배 밑이 활처럼 휘어 있는 양상이다. 돛대나 노의 구조는 표현되어 있지 않다. 1호 배와 4호 배는 인원에 있어서 각각 5명, 7명이 승선하고 있으며, 아마도 10m 미만의 통나무배를 연상할 수 있을 것이다. 지금까지 발견된 繩文時代 통나무배 중에서 가장 긴 것은 滋賀県 水茎内湖遺蹟에서 출토된 8.3m 정도이다. 8m 정도이면 승선인원이 5명 전후가 될 수 있으며, 반구대의 1호, 4호배와 비교해 볼 수 있다. 그러나 반구대의 2호 배는 19명이 승선하고 있어, 일반적으로 신석기시대에 사용하였던 배의 규모에 비해 훨씬 크다고 볼 수 있다. 승선인원이 19명이면 배의 규모는 적어도 20m가 넘었을 것이다. 日本列島에서 繩文時代 통나무배가 10m 미만인 것을 감안하면, 신석기시대에 고래잡이 대형 전용선이 따로 준비되어 있을 수도 있겠지만, 반구대 암각화의 배 그림의 승선인원으로 보아서는 신석기시대의 배와는 거리가 멀어 보인다.[7] 이 정도의 규모이면 통나무배 제작에 複材方式이 사용되었을 것으로 추정된다.

2) 비봉리패총의 통나무배로 보는 예찰

한반도에서는 처음으로 경남 창녕 비봉리패총에서 2005년에 통나무배 2기가 조사되었다.(표14) 비봉리패총의 제5패층 아래의 신석기시대 早期前半에 해당하는 Ⅹ문화층에서 출토된 1호 통나무배는 비교적 출토상태

---

7) 반구대 암각화에 새겨진 사슴과 동삼동패총 출토 토기에 그려진 사슴의 형상이 유사하고, 동삼동패총에서 고래잡이의 흔적들이 조사되고 있어, 근래에는 반구대 암각화의 조성시기를 청동기시대에서 신석기시대로 올려보고 있다.

가 양호한 편이며, 현 해수면보다 2.1m 정도 낮은 곳에서 발견되었다. 兩舷側, 船首, 船尾 등이 없고 船底部만 남아 있는 상태이며, 잔존길이 310㎝, 두께 2~5㎝, 최대폭 62㎝이다. 단면은 U자형으로 통나무를 파내어 만들었으며, 船尾部의 상태를 감안하면 4m가 넘는 통나무배로 추정된다. 군데군데 불에 그을려 가공한 흔적이 발견되고 있으며, 재질은 수령 200년의 소나무로 밝혀졌다. AMS연대측정 결과, 약 7,700년전의 것이며, 남해안과의 교류에 비교 자료로 자주 인용되는 九州의 伊木力遺蹟 출토의 통나무배보다 앞선 것으로 보고되고 있다.(도면8-9, 사진26)

비봉리 2호 통나무배는 신석기시대 前期 前半에 해당하는 Ⅵ문화층에서 발견되었으며, 측면의 일부분만 남아 있어 전체적인 배의 크기는 알 수 없다. 잔존길이 64㎝, 두께 1.2~1.7㎝, 잔존폭 22㎝이다. 단면은 U자형으로 통나무를 파내어 만들었으며, 내부와 외부에 石斧에 의한 가공흔적이 확인되고 있다. 재질은 소나무를 사용하였다.(도면8-10, 사진27)

〈표14〉 飛鳳里貝塚 출토 통나무배

소재지	유적/호	시기	길이,cm	폭,cm	두께,cm	목재	비고
慶南 昌寧	飛鳳里/1	早期 前半	310	62	2-5	소나무	그을림 있음
慶南 昌寧	飛鳳里/2	前期 前半	64	22	1.2-1.7	소나무	그을림 있음

비봉리패총 출토의 통나무배는 1호배가 신석기 早期前半, 2호배가 前期前半의 시기를 나타내고 있어, 日本列島에서 출토된 시기보다 빠르다. 日本列島에서 출토된 통나무배와 비교하여 본다면 繩文 早期와 前期에 해당하는 유적이 될 수 있을 것이다. 지금까지 繩文 早期와 前期의 통나무배가 출토된 유적은 青森県 向田遺蹟, 埼玉県 綾瀬川流域, 千葉県 加茂遺蹟, 神奈川県 伝福寺遺蹟, 福井県 鳥浜貝塚, 京都府 浦入遺蹟, 島根県 島根大学構内遺蹟, 滋賀県 入江内湖, 兵庫県 佃遺蹟, 長崎県 伊木力遺蹟 등 10개소의 유적을 들 수 있다. 이 유적들은 주로 關東地方의 남부지역과 滋賀県의 琵琶湖 주변, 그리고 福井県 若狹灣 지역에 위치하고

있어, 크게 2개 지역에 분포한다.

비봉리 출토 통나무배는 完形이 아니어서 단언하기 어려우나 잔존상태에서 보면, 鰹節形일 가능성이 높다. 단면이 半圓形을 이루고 있고, 4m가 넘을 것으로 추정되는 길이 등을 감안하면 日本列島 통나무배 형태분류의 2A 유형과 유사하다. 2A 유형이 繩文時代 통나무배를 대표하고 있고, 시기도 前期부터 나타나고 있다. 이러한 유적은 埼玉県 綾瀬川流域, 福井県 鳥浜貝塚 1호배, 滋賀県 入江内湖 5호배를 들 수 있으며, 비봉리의 통나무배도 이와 같은 유형으로 추정된다.8)

日本의 통나무배 중에는 内底部의 横帶가 존재하는 경우가 많이 있다. 한반도에서 통나무배가 지속적으로 발견된다면 横帶가있는 통나무배도 발견될 가능성이 높다.

비봉리의 통나무배는 日本지역의 통나무배와 마찬가지로 원목을 파내어 만드는 단순한 구조의 單材方式을 이용하고 있다. 통나무배의 가공은 파내는 공간을 불로 태우면서 石斧로 찍어내는 방법이 사용되고 있다. 통나무배의 곳곳에 불에 그을린 흔적이 남아 있고, 2호배의 경우에는 내부와 외부에 폭 2㎝ 이상의 석부 가공흔적이 보이고 있다. 日本列島의 통나무배에서도 그을린 흔적이 발견되는데, 京都府 浦入遺蹟, 長崎県 伊木力遺蹟의 통나무배에서 확인되고 있다. 특히 浦入遺蹟의 통나무배는 불에 달군 돌로 태우면서 石斧로 파낸 흔적이 확인되고 있어, 비봉리와 같은 가공방법임을 알 수 있다.

비봉리 통나무배의 재료는 수령 200년 정도의 소나무를 사용하고 있다. 日本의 통나무배에서는 15종의 수목이 사용되고 있으며, 그 중에서 삼목과 비자나무가 가장 많이 사용된다. 소나무는 福島縣 雙子遺蹟, 島根県 佐太講武遺蹟에서만 사용하고 있으며, 124기의 통나무배가 출토된 것을 감안하면, 소나무의 사용빈도는 극히 낮은 편이다.

8) 이원식(2003)은 한반도의 통나무배를 5단계로 구분하고 있으며, 이 구분에 비교하여 보면 비봉리 출토의 통나무배는 1단계의 외쪽배에 해당된다고 할 수 있다.

韓半島와 九州에 있어서 교류의 물적증거로 제시되어온 長崎県 伊木力遺蹟 출토의 통나무배와 비교해 보면, 잔존길이에 있어서 6.5m로 비봉리 통나무배보다 규모가 한층 크다. 또한 통나무배의 북서쪽 端部에 불에 그을린 흔적이 남아 있어, 통나무배를 제작, 가공하는데 있어서 비봉리와 같은 방법이 사용되었을 것으로 추정된다. 통나무배의 재료는 멀구슬나무가 사용되었는데, 日本 내에서도 2개소의 유적 밖에 없어 사용빈도가 극히 낮다.

이상과 같이 한반도에서 실물의 통나무배가 발견된 예는 飛鳳里貝塚이 처음이다. 그러나 신석기시대 前期에 즈음한 시기에 海進으로 인하여 내륙의 깊숙한 곳까지 바닷물이 들어간 지역에서는 통나무배가 출토될 가능성이 높다. 日本에서도 통나무배가 발견된 지역은 어김없이 繩文 海進의 영향 하에 있던 지역이나 湖岸지역에 해당하기 때문이다. 이 지역에 농수로 사업이나 농지정리 사업의 일환으로 땅을 정리하면서 통나무배가 발견되고 있는 것이다. 한반도에서도 海進의 영향이 있던 지역의 저습지에 대해서는 충분한 조사와 관리가 필요할 것으로 판단된다.

5. 통나무배의 제작방법

원초적인 배는 자연의 浮體를 이용한 뗏목과 통나무배이다. 뗏목의 소재는 파피루스, 갈대, 皮袋, 목재 등인데, 이러한 소재를 가공하지 않고 엮거나 조립하여 사용하고 있다. 그러나 이들은 재료의 내구성이 떨어지며, 계절마다 수리가 가해져야 지속적으로 사용할 수 있다. 이에 대해 통나무배는 재목의 선정에서부터 시작하여 벌채, 가공 등 몇 단계의 과정을 거쳐 건조된다. 통나무배는 원초적인 배이긴 하지만, 뗏목에 비하면 발달되고, 내구성이 뛰어난 배라고 할 수 있다. 통나무배는 원목을 갈라서 파내어 空洞으로 한 단순한 구조의 單材方式이지만, 항해의 안전

성과 승선의 이용공간 등에는 제약이 따르고 있다. 따라서 單材方式의 통나무배 앞뒤로 연결하여 항해성과 선폭의 확장을 꾀한 複材 방식의 통나무배로 발전해 간다.[9)]

통나무배를 만드는 조건은 배이기 때문에 어느 정도 양의 물건을 운반하고, 사람이 2~3인 탈 수 있어야 한다. 또한 장시간 항해를 하기 위해서는 물이나 식량을 실을 공간이 필요하고, 게다가 다소의 파도에도 뒤집히지 않을 정도의 성능이 요구된다.

통나무배의 제작과 관련해서 석부의 형태변화에는 명확한 연동성이 없다. 수목을 벌채하는 도구나 석부가 갖추어지는 繩文 早期부터 통나무배가 제작되어지는 것으로 판단된다. 현재 日本에서 형태상 통나무배의 제작공구로 추정되는 도구는 繩文 早期에 보이고 있는 丸鑿型石斧이다.[10)] 통나무배의 제작은 벌채에서부터 배의 형태를 만들 때까지 많은 준비와 노동이 가해진다. 통나무배를 제작하려면 준비하는 과정에서 제작까지의 많은 준비가 소요된다. 통나무를 제작하는 장소까지 운반하는 거리, 통나무의 크기, 통나무의 직선상태, 통나무의 생육상황 등을 고려하지 않으면 안된다.

제작공정은 벌채한 뒤에 통나무배로 사용할 부분을 남겨 나머지 부분은 가지치기와 재단을 하고, 나무의 껍질을 벗겨 외면을 성형하는 등 초기가공을 진행한다. 그 후에 곧바로 통나무배를 제작하는 것이 아니라 숙성을 시키는 작업이 필요하다. 통나무는 자체에 수액을 함유하고 있기 때문에 장기간 방치하여 어느 정도 건조가 진행된 상태에서 제작하기도

---

9) 안정성을 꾀하기 위한 방법으로 기존 통나무배의 舷側에 板材를 붙여서 파도의 영향을 경감하기도 하며, 유럽, 인도, 시베리아 등지에서와 같이 2척의 통나무배를 연결하여 사용하기도 한다. 또한 필리핀, 인도네시아, 호주, 뉴질랜드 등에서는 통나무배의 양측에 橫木을 만들어 그 끝에 浮體를 달아 균형을 유지하는 방법도 존재한다. (야후 백과사전)

10) 원통형 자연석의 端部에 만든 刃部가 둥근 끌모양의 형태인 마제석기이며, 용도는 목재벌채, 가공에 사용된 것으로 보인다. 이러한 원통형의 마제석부는 필리핀, 沖縄, 南九州, 伊豆諸島, 小笠原諸島, 마리아나諸島에서도 발견되고 있어 해양문화와 관련이 깊다고 볼 수 있다.

하며, 혹은 물속이나 뻘 속에 묻어서 보관하였다가 일정 기간이 지나면 사용하기도 한다.[11)]

통나무를 內面 가공하기 전에 上下를 정해야 하는데, 목재 年輪의 폭을 가지고 정하는 경우가 일반적이다. 대개 나무 나이테의 간격이 좁은 부분을 저부로 하는 것이 원칙이나 지역에 따라서 다르기도 하다.

그 다음 사람이 들어가서 노를 젓고, 물자를 담을 수 있는 공간을 깎아내는 외형 조정작업이 필요하다. 통나무배의 內面加工에는 끌과 망치를 이용해서 파내는 방법과 불에 달군 돌로 태우면서 숯이 되면 石斧를 이용하여 파내는 방법이 있다.(網谷, 2007) 후자의 경우는 당연히 그을린 흔적이 발견되는데, 千葉県 栗山川流域, 東京都 中里遺蹟, 滋賀県 水茎内湖遺蹟, 京都府 浦入遺蹟, 長崎県 伊木力遺蹟의 통나무배에서 확인되고 있다. 특히 浦入遺蹟의 통나무배는 직경 2m 정도의 삼목을 쪼개어 불에 달군 돌로 태우면서 石斧로 파낸 흔적이 역력히 보이고 있다. 내면을 가공한 후에는 외면을 가공하여 균일한 두께가 되도록 마무리한다.

그 후에는 통나무배를 가열하여 폭을 넓히는데, 이 방법은 세계적으로도 가장 많이 사용되고 있으며, 繩文時代에도 일부 적용되었을 것으로 보고 있다. 가열처리는 증기에 의한 변형가공인데, 통나무배의 안정성과 적재량을 증대시키기 위해 필요한 방법이다. 통나무배 안에 물을 넣고, 그 안에 불에 달군 돌을 많이 넣어 물을 끓게 한다. 그러면 거기에서 나오는 증기로 인하여 船體가 부드럽게 되면서 벌어지게 된다.[12)](網谷, 2007) 증기에 의한 변형가공 기술은 주로 繩文 後期 이후에 사용되고 있다. 통나무배의 폭을 넓히는 또 하나의 방법은 통나무배의 내측에 강제

---

11) 繩文時代의 목기제작에 있어서도 집중적으로 반제품을 만들어서 물속에 저장해 두었다가 필요하면 꺼내어 완성품을 만드는 방법이 활용되고 있는 만큼 통나무배 제작에도 같은 방범이 적용되었을 것으로 추정된다.(網谷, 2007)

12) 통나무배 안의 공간에 물을 일정 부분 채우고, 배의 바깥 부분에서 열을 가해, 横木을 끼워서 벌어지게 하는 방법도 있다. 千葉県 矢摺泥炭遺蹟에서 출토된 後期의 통나무배에 이러한 기술이 적용된 것으로 보고되고 있다.

적으로 橫木을 끼워 넣고 고정시켜 나무가 U字형으로 벌어지게 하는 것이다. 통나무배의 출토상황이 좋다면 橫木을 끼웠던 흔적을 확인할 수 있을 것이다. 繩文時代의 통나무배 중에 단면형이 箱形이거나, 四角形일 경우에는 이와 같은 방법이 사용되지 않았을 것이며, 단면형이 半圓形일 경우에 유용하게 사용될 수 있다.

제작공정의 최종 마무리는 통나무배의 외면을 불로 그을리는 방법, 연마하는 방법, 기름을 바르는 방법 등을 사용한다. 浦入遺蹟에서와 같이, 外海를 운행하였던 통나무배에는 외면을 불로 그을리는 방법이 사용되기도 한다.

근래에는 통나무배를 직접 제작하여 항해를 해봄으로서 신석기인들이 통나무배를 만드는데 소요된 시간, 노동력 등을 파악하고, 또한 항해 속도 등을 실험해 보는 연구도 진행되고 있다.[13] 통나무배를 복원 제작하여 항해 실험을 한 결과에 의하면, 外洋의 항해에도 견딜 수 있는 구조였던 것으로 보인다. 처음에는 沿岸을 다니다가 점차 外海로 나아가 海流에 타고 항해를 숙지해 갔을 것으로 판단된다.

6. 맺음말

본고에서는 日本列島에서 출토된 繩文時代 통나무배의 각 지역별 출토현황과 배의 형태와 특징에 대해서 살펴보았다. 그리고 이를 토대로 昌寧 飛鳳里 출토의 통나무배를 중심으로 예찰해 보았다.

13) 滋賀県 尾上浜遺蹟에서 출토된 完形의 통나무배를 모델로 통나무배를 제작 실험한 바 있다. 길이 556㎝, 폭 55㎝, 높이 35㎝의 크기이며, 무게는 170kg, 승선인원 2인, 목재는 삼목을 사용하였다. 통나무배를 1~2개월에 완성시키기 위해서는 3~4명의 인원이 필요한 것으로 추정하였다. 복원한 통나무배를 가지고 남성 2인이 5㎞의 거리를 실험적으로 항해하였는데, 소요시간은 1시간 40분이었으며, 적재량은 승선인원의 무게를 빼고 100kg 정도를 운반할 수 있는 것으로 파악되었다.(小竹森, 2007)

繩文時代의 통나무배는 124기에 달하며, 출토된 유적의 수는 약 68개소에 이른다. 통나무배는 早期 말부터 제작되기 시작하여 본격적으로 보급되기 시작한 것은 中期부터이고, 後期, 晩期에 이르러 집중적으로 나타나고 있다. 평면 형태에 있어서는 割竹形, 鰹節形, 折衷形이 사용되고 있으며, 그 중에서도 鰹節形이 가장 많고, 단면은 半圓形이 주류를 이룬다. 이른바 繩文時代 통나무배를 대표하는 2A 유형에 속한다. 시기적으로도 前期부터 晩期까지 전 시기에 걸쳐 사용되고 있다. 繩文時代의 통나무배는 제작 도중의 미완성된 통나무배, 사용 중인 통나무배, 폐기된 통나무배 등 다양한 양상을 보이고 있다. 대개 통나무를 갈라서 파내는 단순한 구조의 單材方式이지만, 시기가 지나 後期, 晩期에는 통나무배의 舷側에 板材를 붙이는 複材方式의 통나무배가 제작되기도 한다. 통나무배 제작은 가공할 공간을 불로 태우면서 石斧를 이용하여 파내는 방법이 있으며, 內底部에 폭이 좁은 橫帶가 존재하는 경우가 있다. 繩文時代 통나무배의 재료는 15종의 수종이 있어 다양하지만, 가장 많이 사용되는 수종은 삼목과 비자나무이다.

한반도에서 신석기시대의 배와 관련된 유구와 유물은 동삼동패총 출토의 배모양토기, 울주 반구대 암각화의 4기의 배 그림, 서포항유적의 고래뼈로 만든 노, 비봉리패총의 통나무배 2기가 있다. 비봉리 1호 통나무배는 신석기시대 早期前半, 2호 통나무배가 前期前半의 시기를 나타내고 있어, 日本에서 출토된 통나무배의 시기보다 빠르다고 할 수 있다. 비봉리 출토 통나무배는 鰹節形일 가능성이 높으며, 日本列島 통나무배 형태분류의 2A 유형과 유사하다. 비봉리의 통나무배는 일본지역과 마찬가지로 원목을 파내어 만드는 單材方式을 이용하고 있다. 가공에 있어서는, 통나무배의 군데군데 불에 그을린 흔적과 石斧로 인한 가공흔적이 보이고 있는 것으로 보아, 불로 태우면서 石斧로 찍어내는 방법이 사용된 것으로 추정된다. 비봉리 통나무배의 재료는 소나무를 사용하고 있으며, 삼목과 비자나무가 많이 사용되는 日本에서는 소나무의 사용빈도가 극히 낮다.

통나무배는 日本 내에서도 그 대상을 취급하는데 있어서 보존처리 된 이외의 자료는 실견할 수 없는 등의 제약이 따라 연구성과의 진척이 더디게 나타난다. 따라서 본고에서도 도면과 사진에 의지하고, 보고서나 논문을 인용하여 나름대로 정리할 수밖에 없었음을 자인한다. 이러한 상황에서 한반도에서 발견된 2기의 통나무배로 제작공정, 형태변화, 지역차 등을 파악하기에는 더더욱 어려운 실정이다.

지금까지 日本列島에서 발견된 통나무배의 연구상황을 근거로 하여, 앞으로 한반도에서 출토되는 통나무배의 기초 데이터를 충실히 만들어야 할 것으로 판단되며, 본고가 그 기초적 자료에 조금이나마 보탬이 되기를 기원해 본다.

■ 참고문헌

국립김해박물관, 『비봉리』, 2007.

국립중앙박물관, 『동삼동』Ⅰ, 2005.

김원룡, 「울주 반구대 암각화에 대하여」, 『한국고고학보』9, 1980.

서국태, 『조선의 신석기시대』, 사회과학출판사, 1986.

안재철, 「우리나라 고대 선박」, 『고대 문물교류와 경기도』, 제32회 한국상고사학회 발표요지, 2004.

이상균, 『한반도 신석기문화의 신동향』, 학연문화사, 2005.

이원식, 『한국의 배』, 대원사, 2003.

KBS 역사스페셜, 「신석기인들 바다를 건너다」, 2005.

小竹森直子, 「縄文丸木舟の復元」, 『丸木舟の時代』, 滋賀県文化財保護協会, 2007.

國立科學館, 『日本人はるかな旅展』, 2001.

京都府調査報告書 29冊, 『浦入遺蹟群』, 2001.

中川正人, 「よみがえる縄文時代の丸木舟」, 『丸木舟の時代』, 滋賀県文化財保護協会, 2007.
同志社大学考古学研究室,『伊木力遺蹟』, 1990.
戸沢充編,『縄文時代研究事典』, 東京堂出版, 1994.
出口晶子,『丸木舟』, 法政大学出版局, 2001.
三方町文化財調査報告書 14集,『ユリ遺蹟』, 1996.
水野正好, 「湖國最初の丸木舟發掘」, 『丸木舟の時代』, 滋賀県文化財保護協会, 2007.
琵琶湖開發事業文化財調査報告書 7集,『尾上浜遺蹟』, 2003.
琵琶湖流域下水道處理東北部淨化センタ建設に伴う松原内湖遺蹟調査報告書Ⅰ.
島根大学文化財調査研究報告 2册,『島根大学 構内遺蹟 3次調査』, 1998.
鳥取市教育委員會,『桂見遺蹟』, 1978.
清水潤三,「日本古代の船」,『船』, 社會思想社, 1975.
市原市教育委員會,「古代船がたどった海の道」,『市民グラフいちはら』, 97号, 1999.
米原町教育委員會, 「入江内湖遺蹟」, 『滋賀埋文ニュース』, 第291号, 2004.
網谷克彦, 「縄文時代丸木舟研究のために」, 『丸木舟の時代』, 滋賀県文化財保護協会, 2007.
福井県教育委員會,『鳥浜貝塚-1980~1985年度調査のまとめ』, 1987.

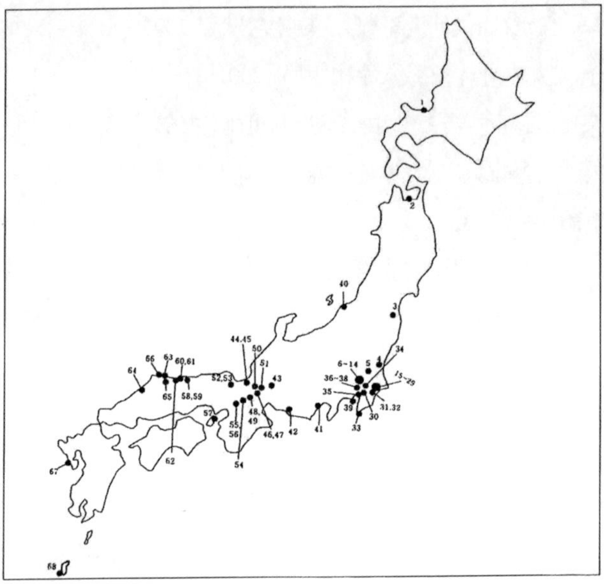

圖面1. 繩文時代 통나무배 出土遺蹟

1.北海道 紅葉山49號, 2.青森縣 向田, 3.福島縣 雙子, 4.茨城縣 谷田川, 5.櫪木縣 西山田
6.埼玉縣 膝子, 7.埼玉縣 伊奈屋敷跡, 8.埼玉縣 綾瀨川流域, 9.埼玉縣 壽能, 10.埼玉縣 老袋
11.埼玉縣 蓮沼, 12.埼玉縣 大道東, 13.埼玉縣 四本竹, 14.埼玉縣 赤山陳屋跡
15.千葉縣 中城下泥炭, 16.千葉縣 栗山川流域, 17.千葉縣 고부께沼, 18.千葉縣 南借當
19.千葉縣 島, 20.千葉縣 船月丸山地先, 21.千葉縣 矢摺泥炭, 22.千葉縣 宮田下泥炭
23.千葉縣 多古田低地, 24.千葉縣 七間堀, 25.千葉縣 舊新田下沼, 26.千葉縣 大鏡
27.千葉縣 長割堀, 28.千葉縣 安田, 29.千葉縣 龜田泥炭, 30.千葉縣 檢見川
31.千葉縣 高谷川, 32.千葉縣 古川, 33.千葉縣 加茂, 34.千葉縣 保品, 35.千葉縣 橫須賀
36.東京都 中里, 37.東京都 下宅部, 38.東京都 袋低地, 39.神奈川縣 伝福寺
40.新潟縣 青田, 41.靜岡縣 太谷川, 42.愛知縣 佐織村, 43.岐阜縣 末福, 44.福井縣 鳥浜
45.福井縣 유리, 46.滋賀縣 松原內湖, 47.滋賀縣 入江內湖, 48.滋賀縣 水莖內湖
49.滋賀縣 長命寺湖底, 50.滋賀縣 尾上浜, 51.滋賀縣 錦織, 52.京都府 浦入
53.京都府 大波下, 54.京都府 森本, 55.京都府 東土川西, 56.京都府 和東川床
57.兵庫縣 佃, 58.鳥取縣 桂見, 59.鳥取縣 東桂見, 60.鳥取縣 栗谷, 61.鳥取縣 島
62.鳥取縣 井出跨, 63.島根縣 島大構內, 64.島根縣 沖手, 65.島根縣 三田谷
66.島根縣 佐太講武, 67.長崎縣 伊木力, 68.沖繩縣 前原

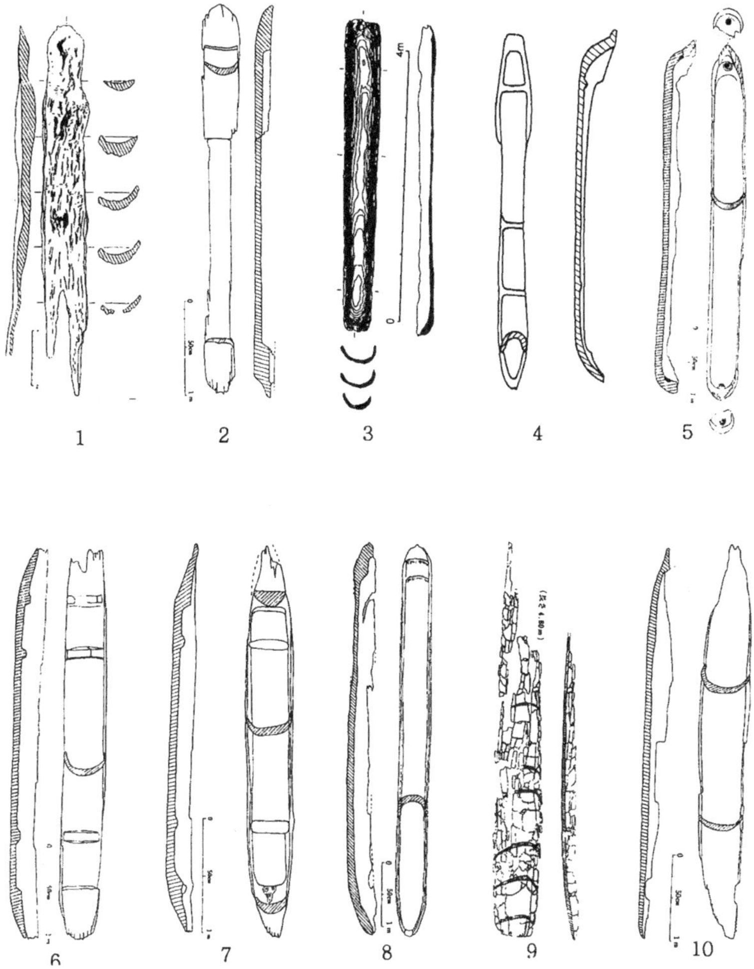

圖面2. 1.西山田, 2.膝子, 3.伊奈屋敷跡, 4.綾瀨川流域, 5.고부께沼, 6.長割堀, 7.大鏡3號, 8.檢見川2號, 9.加茂, 10.高谷川B

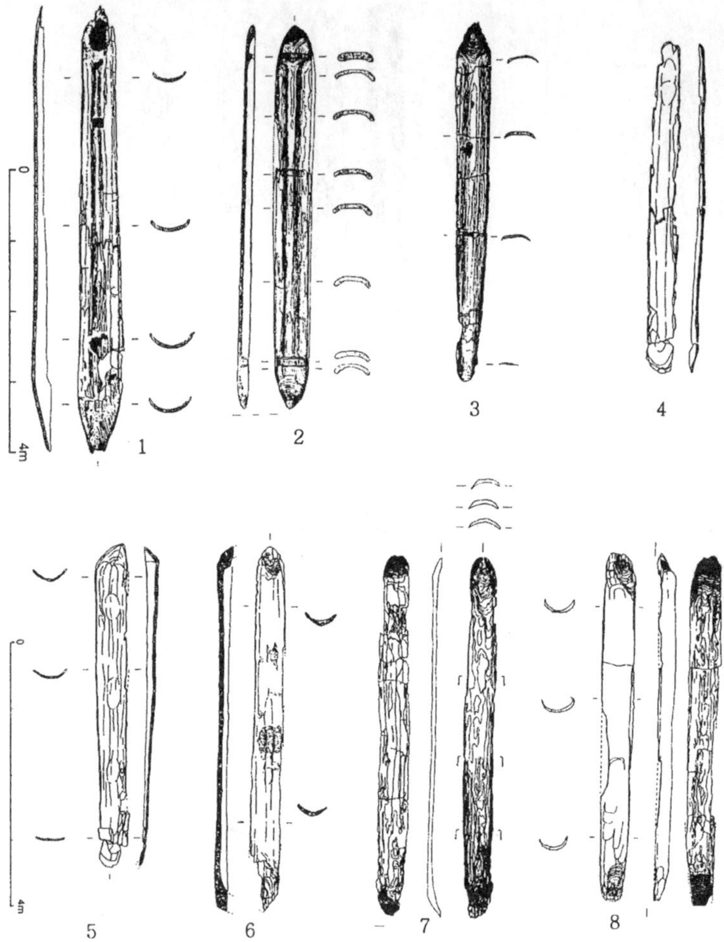

圖面3. 1.鳥浜1號, 2.유리1호, 3.유리3호, 4.松原內湖1號, 5.松原內湖4號, 6.松原內湖11號, 7.入江內湖1號, 8.入江內湖2號

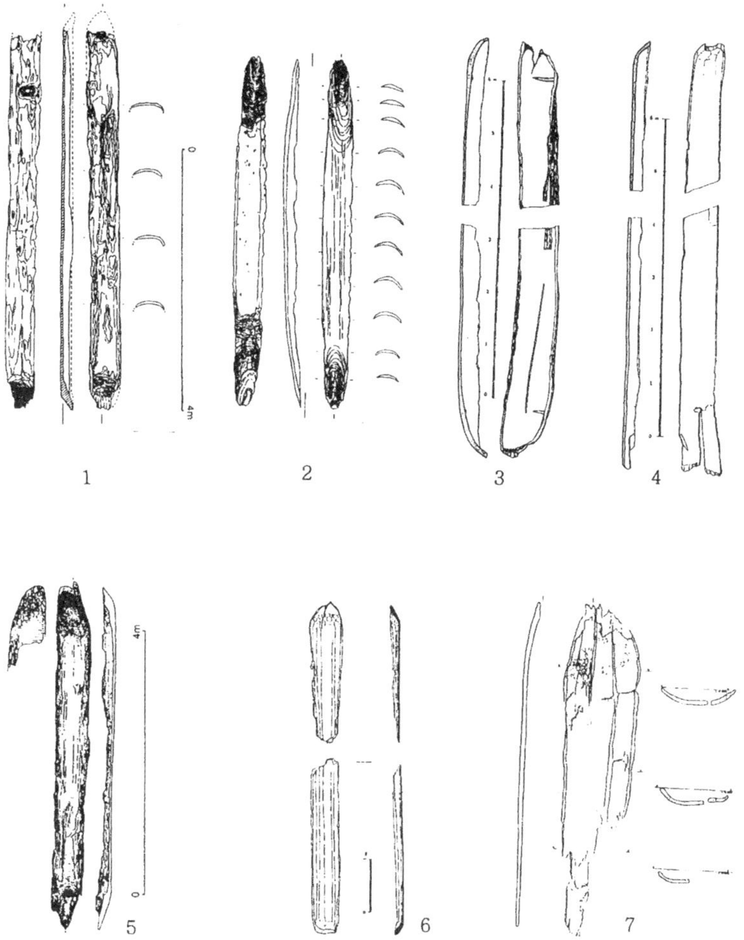

圖面4. 1.入江內湖4號, 2.入江內湖5號, 3.水莖內湖2次1號,
4.水莖內湖2次2號, 5.尾上浜, 6.長命寺湖底, 7.浦入

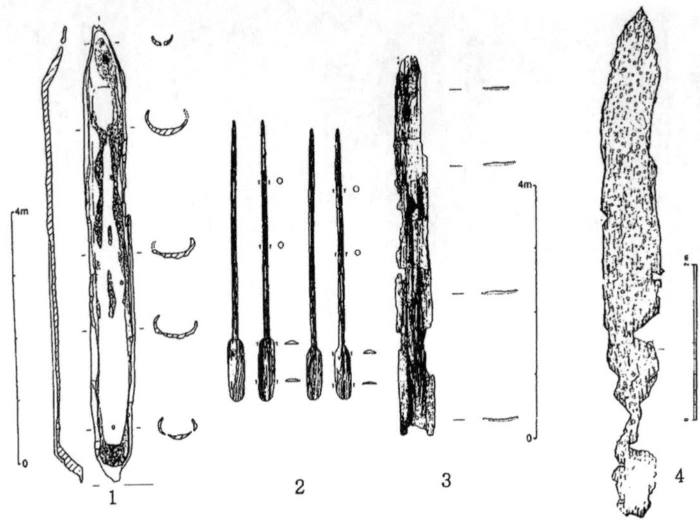

圖面5. 1.桂見, 2.島大構內 노, 3.島大構內, 4.伊木力

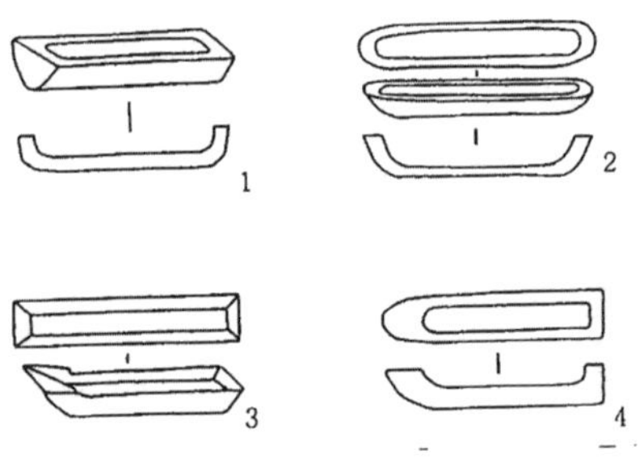

圖面6. 1.割竹形, 2.鰹節形, 3.箱形, 4. 折衷形

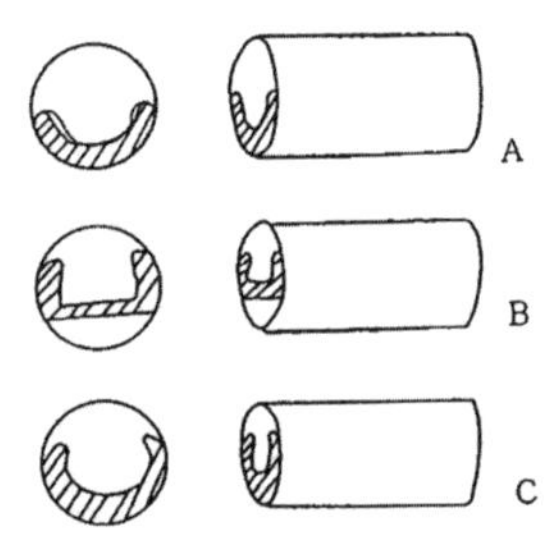

(淸水潤 : 原圖,. 1975)

圖面7. A.半圓形, B.凹字形, C.半圓特殊形

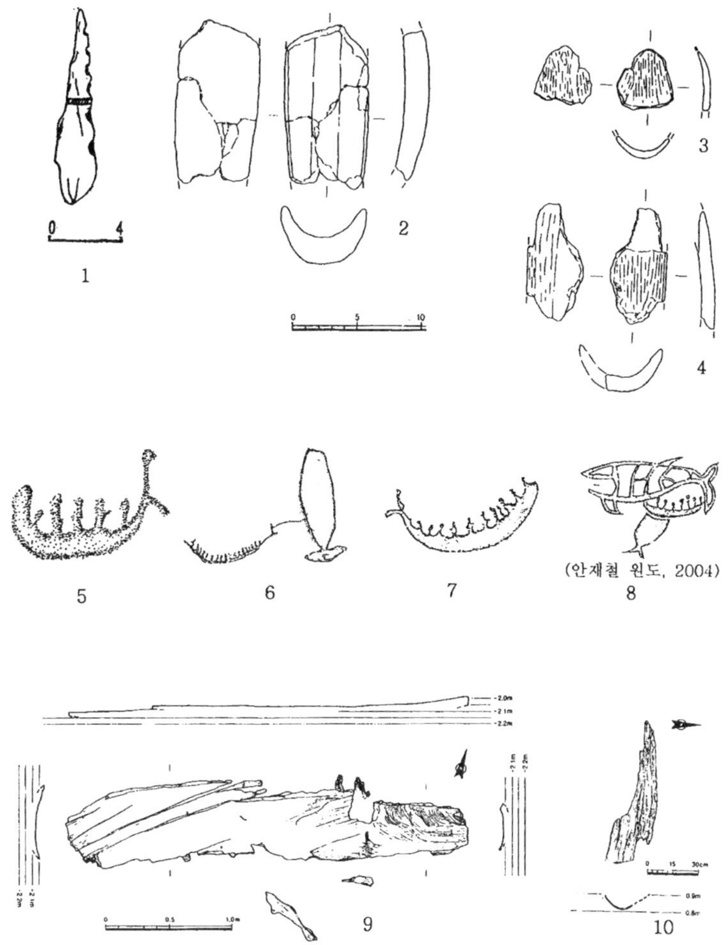

圖面8. 1.서포항, 2-4.동삼동, 5.반구대1호, 6.반구대2호, 7.반구대3호,
8.반구대4호, 9.비봉리1호, 10.비봉리2호

사진1. 北海道 紅葉山 49號 遺蹟 노

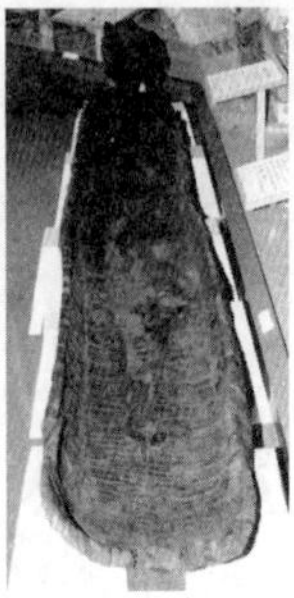

사진2. 茨城県 谷田川遺蹟

사진3. 埼玉県 伊奈屋敷跡 2호

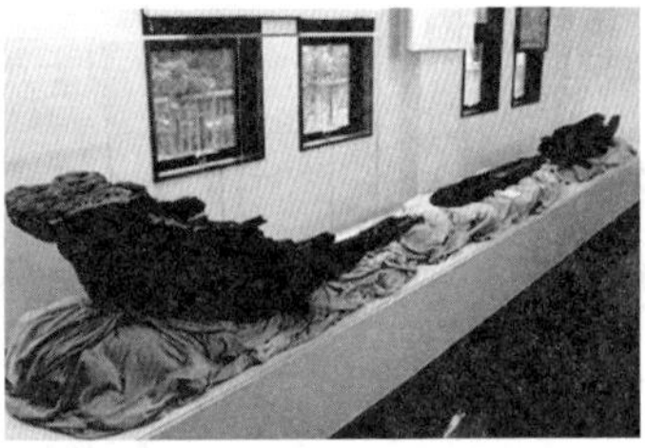

사진4. 埼玉県 綾瀬川流域

사진5. 東京都 中里遺蹟

사진6. 東京都 下宅部遺蹟

사진7. 滋賀県 松原内湖遺蹟 1호

사진8. 滋賀県 松原内湖遺蹟 11호

사진9. 滋賀県 入江内湖遺蹟 1호

사진10. 滋賀県 入江内湖遺蹟 2호

사진11. 滋賀県 入江内湖遺蹟 4호

사진12. 滋賀県 入江内湖遺蹟 5호

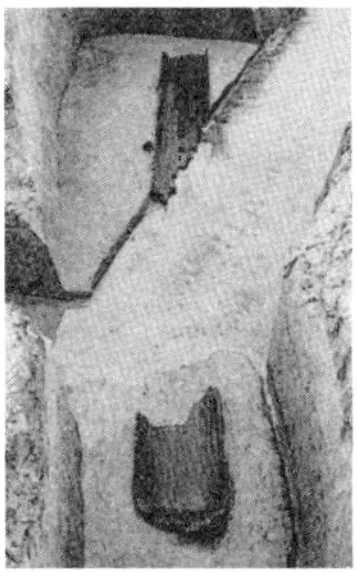

사진13. 滋賀県 水茎内湖遺蹟 1차 2호

사진14. 滋賀県 水茎内湖遺蹟 2차 1호

사진15. 滋賀県 水茎内湖遺蹟 2차 4호

사진16. 滋賀県 尾上浜遺蹟

사진17. 滋賀県 長命寺湖底

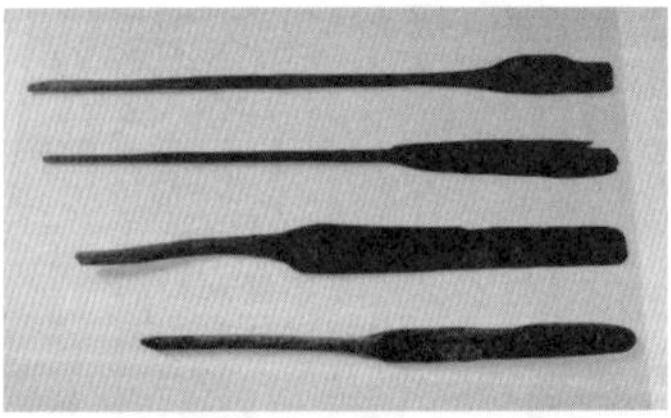

사진18. 滋賀県 竜ケ崎A遺蹟 노

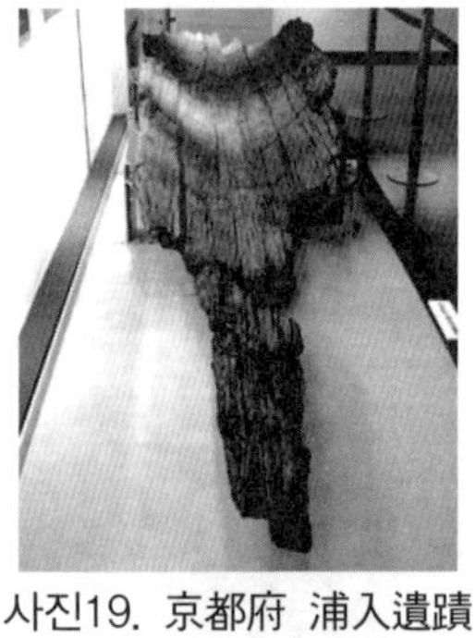

사진19. 京都府 浦入遺蹟

사진20. 京都府 大波下遺蹟

사진21. 鳥取県 桂見遺蹟 1호

사진22. 島根県 島根大学構内遺蹟 노

사진23. 島根県 沖手遺蹟

사진24. 長崎県 伊木力遺蹟

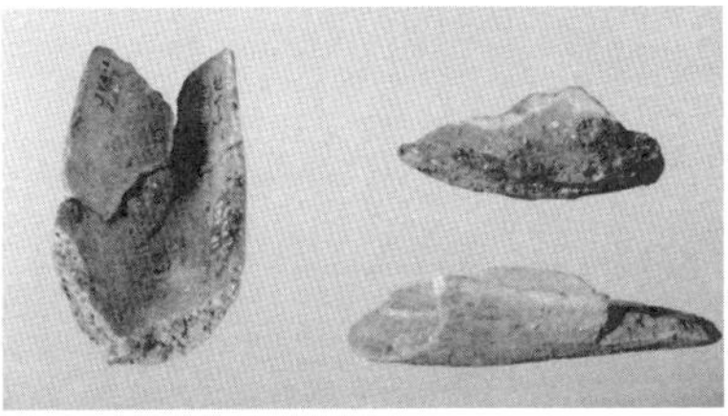

사진25. 東三洞貝塚 배모양토기

사진27. 飛鳳里貝塚 2호

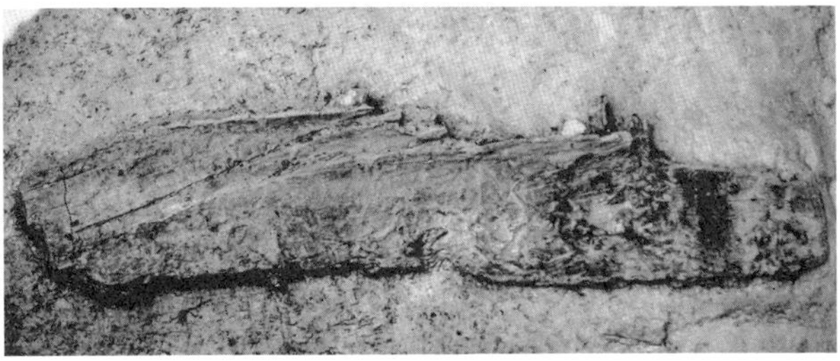

사진26. 飛鳳里貝塚 1호

Ⅳ. 한반도 신석기 문물의 생산과 유통

Ⅳ. 한반도 신석기 문물의 생산과 유통

1. 머리말

신석기인들의 생산활동은 자연환경과 밀접한 관련을 가지며, 유적 주변의 자연환경이 생산과 생업의 형태를 결정하게 된다. 신석기인들이 행한 생산활동은 狩獵, 漁撈, 採集, 農耕活動 등 다양하게 전개되고 있으며, 이 과정에서 다양한 文物이 창출되고 있다. 신석기인들은 주변의 넓은 지역에까지도 영역을 넓혀 생활하고 있었으며, 더불어 문물도 폭 넓게 이동하고 있다.

생산과 유통을 포함한 環境, 生業, 交易 등의 연구는 모두 연관되어 있어서 신석기시대의 각 시기의 흐름과 분리시켜 생각할 수 없다. 토기, 석기의 유행과 변화의 공통성, 신석기시대의 어로와 농경문제와의 관련성, 산지가 확인된 문물의 출토상황 등 전반적인 문화의 흐름 속에서 신석기문화의 양상이 파악되어야 한다. 신석기유적에 있어서 생산과 유통[1]에 관련된 문제를 고고학적으로 밝히는 데에는 지극히 어려운 문제이며, 현재까지 조사된 예도 많지 않다.

따라서 본고에서는 자료가 부족하지만 신석기시대의 주거공간에서 본 유물의 생산문제, 야외노지에서의 식료가공 및 생산유구, 흑요석, 옥기, 조개팔찌, 결합낚시바늘 등의 몇 유구와 유물의 예를 통하여 생산과 유통문제를 언급해 보고자 한다.

---

1) 신석기시대에는 청동기시대 이후와는 달리 용어에 있어서 생산보다는 제작과 가공, 유통보다는 교역이라는 표현이 더 적절할 수도 있다.

2. 생산과 유통의 양상

생산은 인류가 자연을 대상으로 한 활동에 의해 改變, 加工하여 물질을 획득하는 것을 말하며, 물질이 생산되고 분배되는 과정에 있어서 타지역으로의 문물이 이동되는 것이 유통이다. 신석기시대에는 전체의 시기별 흐름 속에서 생산과 유통이 이루어졌음을 상기할 필요가 있으며, 생산과 유통문제의 연구도 그 범주 안에서 다루어야 할 것이다.

인간집단에 있어서 생산과 유통의 출발점은 모든 사회, 문화의 생활기반인 취락지역이다. 취락은 인간의 단위집단이 일정 장소를 점유하고, 그 지역에 일정기간 정착하면서 일정한 사회규제를 기반으로 공동생활을 영위하는 곳이다. 그 과정에서 그 지역의 특징적인 文物을 가지고 공통의 목적으로 생산, 제작이 이루어지며, 나아가 유통, 교역에까지 확대되어가는 것이다.

토기나 석기 등의 유물제작은 주거내부 혹은 주거 주변에서 제작되어지며, 때로는 채집된 식물의 가공이 주거의 주변지역에서 이루어지기도 한다. 이렇게 얻어지는 생산물은 대개 취락 내에서 자체적으로 소비되는 경우가 많으나, 경우에 따라서는 생활영역을 넘어 다른 지역의 취락지역이나 주변의 교역지에까지 확대되어 가고 있다.(도면1)

생활영역의 형성에 있어서 공유되었던 식료나 석재 등의 자원이 어느 한쪽에 편중된다면, 그 불균형을 해소하는 수단으로서 자연적으로 새로운 지역간의 교류나 교역이 발달하게 된다. 예를 들어 그 지역에서 구할 수 없지만 생업활동에 있어서 유용하게 사용될 수 있는 (흑요석, 조개팔찌 등)재료는 교역에 의해서만 소유가 가능하다, 생활영역이 근접해 있는 어느 취락이, 다른 취락이 보유하지 않은 문물을 구입하여 교환하고 부가가치를 창출하는 고도의 사회적인 시스템이 성립되는 것이다. 생산된 문물이 근거리는 물론 바다를 건너서 광범위한 지역에까지 유통되는 것도 이러한 연유에 기인한 것이다.

지금까지 신석기시대의 유통, 교역의 양상은 생산지가 한정된 유물에 주목하여 지역간의 유통, 교역을 연구대상으로 하여왔다. 이러한 특징적인 문물의 움직임만을 강조하다보면 아무래도 특정 자원이 있는 생산지에서 공급지로 단일방향으로 일방통행 되는 지역관계가 강조될 가능성이 크다. 따라서 특별한 자원을 소유하지 않은 지역의 교역활동에 대해서도 관심을 가질 필요가 있다. 특정의 문물을 가지지 않는 지역간의 교류양상을 연구하기 위해서는 각 지역의 유적에 있어서 입수나 제작이 쉬우면서도 편중되어 존재하는 자료에 주목하여 분석할 필요가 있다.(橋口 1998) 일반적으로 유통과 교역은 내륙지역에 있어서는 생산지를 특정할 수 있는 유물에 주목하여 동심원적인 분포와 유통이 이루어졌을 것으로 생각된다. 그러나 현 시점에서는 특정지역에서 한 유적만을 가지고 전체적인 양상으로 확대, 해석하는 경우가 있을 수 있다. 또한 해양을 통한 유통, 교역에 있어서는 단순한 모식화로는 당시의 복잡, 다양한 사회적 상황을 반영한 지역간 교류의 실태를 규명해가는 것이 어려운 작업일 수도 있다.

3. 유구에서 본 생산과 유통

1) 주거공간에서 본 유물생산 문제

취락지역은 주거를 포함해서 제사유구, 작업장, 공공시설, 저장시설, 묘지 등 각종 시설의 배치에 의해서 이루어진다. 이러한 다양한 시설의 종류나 배치의 방법은 지역별, 시기별로 다르고, 주거를 유지하고 운영하는 사람들의 유대관계에 의해서, 그들이 필요로 하는 사회적 기능을 聚落과 住居의 구성에 반영하고 있는 것이다.

취락공간의 예를 보면, 김천 송죽리유적에서는 주거지와 저장구멍, 토기요지로 추정된 유구, 야외노지, 석기제작장, 적석유구 등이 확인되는데, 석기제작장 부근이 중심을 이루고 있다. 이 공간을 둘러싸고 3호, 4호, 5호, 6호, 7호의 대형주거지와 저장구멍, 야외노지 등이 배치되고 있다. 석기제작장을 둘러싼 대형주거지 중에는 공공시설로 이용된 주거지가 있었을 것이며, 마을 사람들이 모여서 공동으로 행하는 축제나 의례장소로 사용하였을 것이다. 따라서 송죽리유적에서의 유물 제작과 생산은 석기제작장을 중심으로 당시 신석기인들의 유대관계나 사회적 규범에 의해 이루어진 것으로 판단된다.(도면2)

합천 봉계리유적의 신석기시대 주거지는 3호, 15호, 18호, 4호, 9호, 10호, 6호 주거지가 거의 環狀으로 돌려져 있으며, 그 안쪽으로는 사방 5m 정도의 범위에서 야외노지 2개소와 서쪽으로 장방형의 기둥구멍이 확인되고 있다. 여기에서 장방형의 기둥구멍은 공공시설이나 집회장소의 역할을 한 것으로 보이며,[2) 야외노지는 공동취사나 공동축제, 의례장소일 가능성이 높다. 또한 유적 내에서 저장 및 작업장 등 부속시설로 보이는 8호는 7호 주거지에, 12호는 6호 주거지에, 14호는 3호 주거지에, 18호는 4호와 15호 주거지에 각각 부속되어 있어, 주거지와 부속시설과의 셋트관계가 형성되고 있다. 이것은 주거의 기능과 용도면에서 서로 분담하는 역할을 하였을 것으로 보인다.(도면3)

진주 남강변에 위치한 상촌리 B유적에서는 주로 신석기 中期와 後期의 주거지와 제사유구, 화장시설 등의 유구를 갖춘 취락구조가 조사되었다. 광장을 둘러싸고 있는 6호, 11호, 14호, 15호, 17호 주거지에서 骨片과 유물이 출토되고 있어서, 상촌리 中期 단계의 취락에서는 중앙광장에

---

2) 신석기시대 주거공간은 환상의 형태를 하고 있고, 주거의 밀집지역에는 대형주거지 등의 공공장소가 존재하고 있다. 송죽리유적에서는 주거공간이 환상의 형태이고, 그 안에 석기제작장과 야외노지가 위치하고 있으며, 상촌리B유적에서도 방형의 기둥구멍이 확인되고, 10m가 넘는 대형주거지(17호)에서는 골편, 여러 곡물이 출토되는 것으로 보아 공공건물이었을 가능성이 제기되고 있다. 그런 의미에서 환상형태의 안에 있는 봉계리 주거지의 야외노지와 장방형의 기둥구멍도 공공시설이나 집회장소의 가능성이 있다고 판단된다.

서 마을의 상·장례를 비롯하여 각종 의례행위 및 축제가 마을 단위의 공동으로 행해졌으며, 아울러 마을 단위로 사용하는 각종 유물도 공동 생산하였던 것으로 보인다.(도면4)

이와 같이 신석기시대 주거의 밀집지역에는 공공장소가 존재하고 있다. 저장시설이나 토기제작장은 주거 밀집지역에서 벗어나 있지만, 석기를 제작하는 작업공간은 주거 내부에도 존재하고, 중앙광장의 중심에 위치하기도 한다. 당시의 신석기인들은 주거 내에서 가족 단위의 독립성을 유지하면서도 중앙광장을 둘러싸는 형태로 단합하는 사회적인 규범을 보이고 있다.

주거 내부에서는 수면이나 취사 이외에도 작업장, 의례 등 여러 기능이 복합적으로 이루어지고 있다. 신석기시대에는 기본적으로 주거지 1기에 1칸의 구조를 보이고 있으며, 당연히 그 내부에서 남녀의 공간적 사용범위가 정해져 있었을 것이다. 또한 주거의 크기에 의해 여러 가지의 기능이 분담되어 이루어졌을 것이다.

서북부지역의 증산 용덕리 주거지에서는 서남벽에서 손도끼, 석포, 석착, 갈돌, 갈판 등이 출토되어, 이곳이 제작과 생산을 위한 작업공간으로 여겨지고 있다. 그 외에도 토기 4개체분이 출토된 취사공간과 동북과 서북모서리에서는 석부, 지석, 갈판, 갈돌, 토기 등 생활용구가 출토되고 있다.(도면5)

동북부지역의 선봉 서포항 8호 주거지는 노지 남쪽 타원형태의 넓은 범위에서 각종 토기와 더불어 뱀, 망아지의 조각품, 개머리 등이 출토되어 공공시설이나 의례행위와 관련된 작업이 행해진 곳으로 보이며, 또한 그 좌측으로는 괭이, 도끼, 송곳, 그물추, 짐승뼈, 작업대로 사용되었을 넓은 판석 등이 출토되어 일반 생활용구를 제작하였던 장소로 추정된다. 공공시설로 보이는 이 주거지는 노지를 중심으로 생활공간과 작업공간으로 분할되며, 작업공간에서는 일상 생활용구와 의례용구를 분업적으로 제작한 것으로 보인다.(도면6)

양양 오산리 4호 주거지는 노지를 중심으로 북서쪽에서는 결합낚시바늘, 석부, 작업대, 석도, 석창 등이 출토된 것으로 보아 작업공간으로 파악되고 있다.(도면7) 또한 지경리 4호 주거지는 노지를 중심으로 서쪽부위에서 다량의 토기편과 갈돌, 갈판, 탄화된 많은 도토리가 나와 취사공간으로 보이며, 동쪽부위에서는 고석과 석촉, 어망추 등이 출토된 것으로 보아 작업공간이었음을 짐작할 수 있다.

진주 상촌리A 1호 주거지에서는 북쪽에서 석창이 14점과 지석, 고석 등이 출토된 것으로 보아 작업공간으로 보이며, 토기편과 갈판이 노지의 서쪽 내지는 서북쪽에 위치하는 점에서 이곳이 취사공간으로 추정되고 있다.(도면8), (이상균 2003c)

2) 야외노지에서의 식료가공 및 생산

(1) 군산 노래섬, 가도패총

군산 노래섬 라지구 A패총에서는 19기의 야외노지가 조사되었다. 이 유구는 섬 주변의 자갈돌을 이용한 것과 섬 내부에 보이는 할석을 이용한 것이 있다. 야외노지는 한변이 60㎝ 미만인 소형이 많으며, 굴광을 하지 않고 돌을 한 두벌 깐 것으로 원형에 가까운 것들이다.(도면9) 배치는 등고선 방향과 나란히 있으며, 점토층 위에 축조된 것과 패각층 위에 축조된 것과는 약간의 시간차가 있는 듯하다. 야외노지는 불의 영향으로 돌이 탈색되거나 균열된 것이 많으며, 유물은 토기와 어망추 외에 민어와 참돔의 어류유체가 검출되었다. 가도패총의 야외노지는 6기이며, 모두 割石이나 川石을 이용하여 만든 것으로 규모는 80~200㎝까지 다양하다. 형태는 평면 원형으로 한 두벌 정도 깔려 있으며, 재와 소토가 쌓여있다. 야외노지는 바다와 인접한 지역에 있고 패총의 범위와도 중복된 점으로 보아 어패류의 처리와 관련되거나 간단한 조리를 위해 사용된 것들로 추정되고 있다.

노래섬과 가도패총의 석기는 석촉, 굴지구, 석부, 석도, 갈돌, 갈판, 어망추, 지석, 고석, 대석, 원반석기, 박편석기 등 다양하게 출토되고 있다. 석기의 조성면에서 보면 식료의 획득과 처리를 위한 석기가 중심을 이루고 있다. 특히 이중의 石刀는 길고 예리한 날을 가진 산성맥암의 재질이며, 다량으로 발견되었다.(도면10) 이 석재는 날을 가공하는 것이 아니라 절리면의 날이 형성되기 쉬운 부분을 이용하여 비교적 쉬운 방법으로 예리한 날을 얻을 수 있는 석재이다. 인근의 섬에는 원산지가 없고 외부에서 가져온 석재로 판단된다. 유적에서 출토된 석도는 마모된 상태의 것이 많으며, 날의 각도나 형태로 보아 어류나 동물을 해체하는 도구로 사용되었을 것으로 판단된다. 이러한 도구는 서남해안의 대경도, 안도, 개도 등에서도 보이며, 석재에서 떼어낸 날카로운 부분을 그대로 이용한 것이다.(이상균 2003a)

노래섬이나 가도에서 보이는 다양한 석기는 장기간에 걸쳐 한 지점에서 어패류 채취 및 처리 등 다양한 활동이 이루어졌음을 보여주며, 노래섬 등에서 출토된 많은 양의 어골은 어류의 식료가공을 위한 생산집단이 존재했을 가능성을 시사하고 있다.[3] 이들 노래섬이나 가도에서 어로구와 함께 출토된 동물유체는 민어, 참돔, 복어과 등의 어종이 확인되어 활발한 어로활동이 행해졌음을 알 수 있다. 또한 어류유체 중에는 대부분 머리부분이 남아 있고, 몸체의 개체 수는 극히 적은 양이다. 포획된 어로는 유적에서 머리 부분만을 잘라서 버리고 나머지는 식량으로서 운반해 간 양상을 보이고 있다. 당연히 유통의 경로가 추적되어야하나 현 자료로는 파악하기 어렵다.

야외노지는 우리나라 신석기시대 유적에서 비교적 많이 조사되고 있다. 패총과 관련이 있는 노지, 취사를 위한 노지, 음식 加工을 위한 노

3) 우리나라의 경우, 보고서 등지에 정량적인 데이터가 없어 구체적인 설명이 어려운 상태이나, 일본의 연어잡이와 관련된 유적의 예에서 보면, 머리 부분만을 잘라서 버리고 식량으로서 운반해 간 경우와 연어의 추골만 발견되는 유적의 경우가 보고되고 있어 식료가공을 위한 생산집단이 존재했음을 알 수 있다.

지, 난방과 조명을 위한 노지 등 여러 용도로 사용되었으며, 굽고, 찌고, 끓이는 기능으로 사용되었을 것이다. 이러한 방식의 조리기법은 오랜 기간 동안 저장을 할 수 없기 때문에 곧바로 소비로 이어진다. 식료의 획득이 어느 시기에 집중적으로 이루어지는 기간에는 그것을 장기간 보존하기위해 저장이 필수적이었을 것이다. 노래섬과 가도패총의 어패류는 건조 혹은 끓이거나 쪄서 소금을 이용하여 저장해야 하며, 이를 위한 인위적 가공이 야외노지에서 이루어졌을 것으로 추정된다.

(2) 영종도 송산유적

영종도 송산유적은 해안가의 砂丘에 위치하며, 21기의 야외노지가 조사되었다.(도면11) 야외노지는 자갈이나 할석을 깔아 만든 원형이며, 주변에서는 빗살문양토기, 석기 등이 출토되었다. 송산유적이 있는 영종도에는 는들, 삼목도유적이 있으며, 인근 섬에도 남북동, 을왕동유적이 존재하고 있다. 특히 송산유적과 거의 동일한 형태의 야외노지가 발견되는 용유도 남북동유적에서는 82기의 야외노지가 조사되었고, 패각이나 해상동물과 관련된 지방산이 검출되어 어패류의 조리와 가공이 중점적으로 이루어졌음을 알 수 있다. 그러나 남북동유적이 보고되기 이전에 이미 송산유적의 야외노지군이 제염유구일 가능성이 제기된 바 있어, 야외노지가 제염유구인가에 대한 가능성과 그 문제점을 예견해 보고자 한다.[4)]

한반도 서해안을 중심으로 한 도서, 해안지역에서는 어패류의 처리를 위한 유구와 유물이 존재한다. 서해안의 유적에서는 해안가 모래층에 야외노지가 많이 보이고 있는데, 김석훈(2003)은 이미 영종도 송산유적의 야외노지를 제염과 관련한 유구로 보고하고 있다. 서해안 지역의 야외노지는 대개 원형과 타원형이 중심을 이루며, 수십기가 군집되어 있는 양

---

4) 획득한 식량의 부패를 막고 음식의 보존을 위해 소금은 반드시 필요하며, 신석기시대에 이미 소금이 교역품으로 유통되고 있다. 우리나라에서는 아직 소금의 유통과 관련한 제염유구에 대한 인식이 부족하며, 제염과 관련한 유통문제도 연구주제로 다루지 못하고 있다.

상이다. 야외노지가 제염유구임을 입증하려면 몇 가지 조건을 갖추어야 한다. 먼저 입지조건은 해안가의 저지대에 위치하여야 하며, 제염에 있어서 해수의 염도를 높이기 위해 저장해두는 潮溜施設과 採鹹作業, 염도를 높인 해수를 토기에 넣고 煮沸농축하는 煎熬作業을 위한 흔적들, 제염을 위한 작업공간, 제염토기 등이 존재하여야 한다.

입지에 있어서는 근래의 국토개발에 입각하여 도서해안 지역의 조사가 많이 진행되고 있으며, 해안 저지대의 사구에서 야외노지를 포함한 유구들이 조사되고 있어 입지에 있어서는 충족되고 있다. 그러나 바닷물에서 소금을 얻을 때의 採鹹에서 煎熬에 이르는 작업단계에 맞는 시설이 존재해야 되는데, 우리나라에서는 아직까지 구체적으로 검증된 유구가 없다.

일본의 제염유구인 二月田遺蹟의 경우, 採鹹작업의 흔적으로 안경형태로 연결되는 직경 1m 정도의 3개 구덩이가 검출되었는데, 불을 사용한 흔적이 없어서 鹽水를 저장해 두는 潮溜의 기능을 했을 것으로 추정하고 있다. 煎熬작업의 경우, 煎熬를 위한 화덕자리, 파손된 토기, 화덕자리 내부의 소토, 재층, 폐기장 등으로 되어 있다. 前浦遺蹟에서는 얕은 U자상의 溝에 둘러싸여 불에 탄 단단한 면을 갖는 화덕자리와 직경 4.5m 정도의 원형의 수혈상 제염작업지, 바로 옆에 단구경사면에서 제염토기를 다량으로 포함한 두꺼운 재의 퇴적층이 확인되어 이러한 유구는 煎熬 단계에 공반하는 것으로 판단되고 있다. 그리고 또 하나는 규모 4×2m의 타원형의 평지식 제염작업지가 확인되고 있어 작업공간이 존재하고 있음을 알 수 있다.(寺門 1994) 이러한 상황에서 본다면 한반도 서해안의 야외노지를 제염유구로 사용했다고 확증하기에는 아직 주저되고 있는 상황이다. 야외노지가 어패류의 처리를 위한 유구인지, 아니면 제염유구로도 사용했는지에 대한 다각적인 검토가 필요한 실정이다.

소금을 생산하려면 煎熬 단계에 반드시 제염토기로 불리는 용기가 필요하다. 일본의 경우는 대개 원저, 혹은 첨저기형, 소평저의 단순한 기형을 가진 무문의 심발형 粗製土器가 대부분이다. 제염토기는 일반적인 토기와는 다른 비장식적인 면을 갖고 있다. 출토상태는 다량으로, 혹은 집중적으로 보이고 있으며, 대개 제염유구에 근접하거나 제염유구를 덮고 있는 상태로 발견되고 있다. 2차적 가열에 의해 토기표면이 갈라지거나 떨어져 나간 경우도 많다.(寺門 1994) 제염토기는 煎熬과정에 사용된 용기임이 입증되어야 한다. 토기표면에 Nacl 성분이 검출되었다고 해서 제염토기로 판단해서는 안된다. 토기면의 剝離나 器膜의 상태, 회백색 물질의 토기면 부착 등 토기에 나타나는 모든 현상을 해명해야 하는데, 우리나라에서는 아직 그 단계에 이르지 못하고 있다.[5] 토기면에 부착되어 있는 析出物은 토기 뿐만이 아니고 토기가 포함되어 있는 포함층 중에도 회백색의 덩어리 상태 혹은 土砂에 섞여서 분포하는가도 확인되어야 한다.

일본에서의 제염유구는 關東, 東北地方에 많이 집중하며, 패총을 동반하는 경우와 그렇지 않은 유적이 있다. 유적의 입지나 제염토기의 다소성 만을 가지고 집단의 유무를 판단하기는 쉽지 않으나 소금을 매개로 한 제염 전업집단과 소비집단의 존재를 생각하고 거기에 물물교환을 기조로 하는 교역관계를 예상할 수 있다. 구 해안선지역에 입지하는 패총을 공반하는 유적과 공반하지 않는 유적에서 보이는 제염토기의 유무, 그리고 내륙부 지역의 토기들의 분석에 의해서 제염 전업집단과 소비집단을 분류해 볼 수도 있다.

한반도 서해안의 송산, 노래섬, 가도패총 등에서 보면, 바다에서 얻은 해산물과 육상에서 획득한 농업, 수렵생산물의 유통, 교역이 이루어졌을 것으로 보이며, 이 과정에서 제염유구나 제염토기의 출토 가능성은 충분히 있다고 생각된다. 아직은 제염유구의 가능성을 뒷받침할만한 유구가

5) 일본의 경우는 기면의 박리현상에 대해서는 해수를 煮沸농축하는 과정에서 나오는 여러 가지의 화합물의 결정화에 의해서 일어나는 현상임을 실험을 통하여 입증하였고, 기면에 부착되어 있는 물질은 화학분석에 의해 탄산석회($CaCO_3$)를 주성분으로 하는 析出物임이 입증되었다.

확인되지 않았으며, 이를 위해서는 제염유구에 대한 연구자들의 인식과 관심이 필요한 시점이다.

(3) 진안 갈머리유적

진안 갈머리유적은 용담댐 수몰지구내의 갈두마을 도로변의 정자천이 곡류하는 충적대지상에 위치한다. 이곳에서 신석기시대 주거지 2기와 특수유구 3기, 집석유구 53기 등이 조사되었다.(도면12) 출토된 유물은 魚骨文, 集線文, 格子文, 押捺文, 短斜線文이 시문된 토기와 굴지구, 갈판, 갈돌, 석촉 등의 석기, 그리고 탄화된 도토리 등이 출토되었다.

갈머리유적이 있는 이 지역은 신갈나무, 졸참나무, 굴참나무, 떡갈나무, 상수리나무, 도토리나무 등에서 식료를 채집할 수 있는 적합한 환경을 갖추고 있었다. 갈머리의 신석기인은 식용식물의 판별과 서식환경의 파악으로 인하여 계절별로 비교적 안정적인 식료를 채집하였던 것으로 보인다. 갈머리유적에서는 석기조성에 있어서 굴지구가 주류이면서 갈돌, 갈판, 고석, 긁개 등 식물성 식료의 가공과 채취에 이용된 비중이 높게 나타나고 있다. 금강하구의 노래섬이나 가도패총의 풍족한 어패류 식료와는 달리 갈머리유적에서는 도토리 등의 堅果類와 根莖類가 식료로 많이 이용되었을 것이다. 게다가 굴지구가 다량으로 출토된 것을 보면 農耕이 시작되었음을 짐작할 수 있다.

이 유적의 적석유구 53기 중에 기능 추정을 위해 3기의 유구에 대하여 지방산분석을 실시하였다. 지방산분석은 4호, 50호, 53호 적석유구의 재층에서 채취한 토양시료를 가지고 이루어졌다. 분석 결과, 도토리 껍질의 식물성 성분이 확인되었고, 14호 적석유구의 이중구연토기 내부에 부착된 탄화물은 동물성일 가능성이 높은 식료로 판명되었다. 이 유적의 적석유구는 도토리 가공과 관련된 야외노지로 추정할 수 있으나, 왜 도토리의 알맹이가 아닌 껍질의 지방산이 확인되었는가 하는 의문점도 제기되고 있다. 안승모(2004)는 갈판을 이용하여 벗겨낸 도토리껍질을 연료로 태웠을 가능성과 또 하나는 도토리의 껍질을 쉽게 벗기기 위해서 야외노지 위에서 구웠을 가능성을 제시하고 있다. 갈머리유적에서 1㎞ 정도의 거리에 인접한 진그늘유적에서도 1호 야외작업장 내의 7호, 8호, 9호 야외노지 주변에서 90여 점의 도토리가 산포되어 있었다. 도토리는 껍질이 온전하거나 반쪽 혹은 1/4쪽의 알맹이 상태여서 껍질을 벗기는 작업 공정이 이루어진 것으로 보고하고 있다. 출토된 도토리 주변에 토기의 밀집도가 가장 높게 나타나 도토리 가공에 있어서 야외노지는 물론, 토기와도 밀접한 관련이 있어 보인다.

한반도의 경우, 도토리의 저장과 가공은 물에 담가서 타닌을 제거하고, 껍질을 벗기어 가루로 만들어 가공을 하고 있다. 창녕 비봉리패총의 도토리 저장구멍은 도토리를 넣어 타닌을 제거한 다음, 일정기간 넣어 저장하는 기능도 갖고 있었던 것으로 보인다. 비봉리 10호, 11호 저장구멍에서 도토리 껍질이 확인되었는데, 이 껍질은 저장의 한 방법으로 추정하고 있으며, 12호 저장구멍에서 출토된 갈돌과 갈판은 견과류의 껍질 벗기기와 제분 등의 가공에 사용된 것으로 인식하고 있다. 갈머리와 진그늘유적의 야외노지를 가지고 도토리 가공의 공정순서와 방법까지 추론하기에는 어려운 상태이다. 현재의 자료로는 도토리 가공의 방법의 하나로 껍질 채 구워서 가공하는 경우는 없는 것으로 알려져 있어서, 앞으로 선사시대 도토리 가공방법의 하나로 주목해 볼 필요가 있다.

갈머리유적에서 가공한 도토리의 식료가 갈머리 현지에서 전부 소비되었을까? 아니면 일부 유통이 가능하였을까? 라는 의문이 제기된다. 저장성이 높은 도토리 식료는 장기간 보존이 가능하여 주변지역으로 일부 유통되었을 것으로 판단된다.[6] 갈머리유적에서 출토되는 토기나 석기의 문화상은 금강유역의 다른 유적보다는 오히려 남강유역의 진주 상촌리유

---

6) 도토리는 한반도 전 지역에서 식량으로 쉽게 이용되므로, 갈머리유적에서의 유통은 장거리의 먼 지역을 넘나드는 廣域의 의미가 아니고, 금강 상류역, 혹은 금강의 지류인 정자천, 안자천 유역과 그 주변지역인 狹域의 유통을 의미한다.

적과 같이 남부내륙지방과의 연계가 강하게 작용한 것으로 파악되고 있다.(안승모·이영덕 2004) 따라서 갈머리유적의 신석기인들은 금강 중하류를 통한 문물의 유통보다는 남부내륙지방 쪽으로 연결되는 금강 상류, 금강의 지천인 정자천, 안자천 등의 지역으로 이동하면서 이루어졌을 것으로 추정된다. 그러나 이를 증명할만한 결정적 자료는 확보하지 못하고 있다.

4. 유물에서 본 생산과 유통

1) 흑요석

남해안에서는 九州 지역과의 유통을 알 수 있는 黑曜石의 석기가 많은 유적에서 출토되고 있다. 흑요석은 이미 후기구석기시대부터 제작되기 시작하며, 또한 특정 지역에서만 산출되어 유통과정을 연구하는데 있어서 매우 중요한 자료로 다루어지고 있다. 흑요석이 많이 출토되고, 시기적으로 고루 분포하고 있는 유적은 부산 동삼동, 범방, 통영 욕지도, 연대도 등을 들 수 있다.(도면13)[7]

동삼동패총에서는 原石을 포함한 상당량의 흑요석제 석기와 석기의 제작과정에서 생긴 剝片이 출토되고 있다. 이 유적들에서의 흑요석 출토양상을 보면 原石과 다량의 剝片이 있는 것으로 보아 완성품을 들여온 것이 아니고, 거점유적 현지에서 제작, 생산하여 주변의 공급지에 유통시킨 것으로 추정되고 있다.[8] 유통을 가늠해 볼 수 있는 산지추정의 측정결과, 동삼동, 범방패총에서 출토된 흑요석 34점은 모두 九州地域의

7) 이 외에도 흑요석의 출토는 동남해안의 울산 세죽, 부산 조도, 다대포, 북정, 김해 수가리, 화목동유적, 남해안의 통영 상노대도, 산등, 여수 안도, 돌산송도, 흑산도 유적, 서해안의 오이도 안말패총, 영종도 송산, 는들유적에서 확인되었다.

8) 일반적으로 동삼동을 포함한 남해안 지역에서 출토된 흑요석의 박편은 西北九州에서 발견되는 鈴桶技法과는 다르므로 남해안의 거점유적에서 자체적으로 제작하여 유통된 것으로 파악할 수 있다.

흑요석으로 판명되었다. 동삼동의 12점 중 腰岳産이 9점으로 가장 많고, 針尾島山이 1점이다. 범방에서는 22점 중 腰岳産 14점, 淀姬, 牛の岳産 6점, 針尾島山 1점으로 측정되었다. 범방에서는 생산지가 腰岳産이 64%, 그 외의 산지가 27%를 점하고 있음이 밝혀져, 남해안의 흑요석 유통은 다양하게 전개되었음을 알 수 있다.(高橋豊 外 2003)

흑요석의 출토양상은 거점공급지에서 원거리로 유통되는 과정에서 수급량과 출토량이 감소하는 현상을 보이고 있다. 日本에서 부산 근교의 동삼동, 범방, 연대도 등지의 거점공급지에 흑요석이 반입되었고, 이곳에서 제작된 흑요석제 석기가 주변의 공급지로 유통된 것으로 추정되고 있다. 여수 돌산송도의 예에서 본다면, 주변의 공급지에 완성품과 함께 흑요석의 原石도 함께 전해진 것으로 보인다. 흑요석의 입수에 있어서 남해안 거점공급지 집단이 직접 九州에 까지 건너가 가져왔기 보다는 남해안의 신석기인들이 對馬島까지 나아가 전문적으로 흑요석을 입수하고 교역하였을 것으로 보인다. 하인수(2006)는 對馬島의 越高, 夫婦石遺蹟에서 출토된 隆起文土器와 빗살문양토기들이 출토되는 유적이 존재하는 것으로 보아, 이들 집단이 남해안의 동삼동이나 범방, 연대도 등지에 흑요석을 공급하였을 것으로 추정하였다. 또한 석기의 완제품보다는 原石을 위주로 공급하였으며, 남해안의 거점집단에서 흑요석제 석기의 완성품을 만들어 주변지역에 공급하였던 것으로 추정하고 있다.

상기 유적의 시기로 보아서 早期에서 中期 전반까지는 남해안의 신석기인들이 對馬島에까지 나아가 적극적으로 교역에 종사하였지만 中期 후반 이후에는 침체된 양상을 보인다. 이러한 현상은 中期 후반 이후 농경의 본격적인 시작과 더불어 상대적으로 바다에서의 교역이 줄어든 양상으로 파악된다. 흑요석에 의한 교역은 中期 후반 이후에는 對馬島에서 남해안 신석기인들의 집단은 보이지 않고, 對馬島 佐賀貝塚의 예에서 보듯이 오히려 繩文人들에 의해서 주도되는 양상을 보인다.[9] 이때에는 原石을 포함하여 石銛, 石鋸 등 완제품 상태도 유통된 것으로 보인다.(도면14) 교역품은 佐賀貝塚의 흑요석과 동삼동 투박조개 제품의 조개팔찌로 볼 수 있으며, 이 시점은 신석기 後期, 즉 繩文後期에 해당한다. 남해안의 신석기인들은 석기의 성능이 우수한 흑요석의 原石을 얻고자 하였으며, 그 교역물로 九州地域의 繩文人들은 조개팔찌와 같은 장신구를 얻고자 하였을 것이다.(하인수 2006)[10]

2) 옥기

한반도에서 출토된 玉器의 종류는 玦狀耳飾, 勾玉, 環玉, 管玉, 垂飾, 玉斧 등 다양하며, 장신구로 많이 이용된다. 한반도에서는 주변의 중국, 일본에 비해 수량이 적은 편이지만, 여수 안도패총, 통영 연대도패총, 부산 범방, 부산 동삼동패총, 울진 후포리, 고성 문암리, 파주 주월리유적 등에서 옥기가 확인되고 있다.(도면15) 玦狀耳飾은 문암리, 동삼동, 안도패총에서 출토되었다. 주로 해안가나 도서지역에서 출토되고 있으며, 문암리의 결합낚시바늘, 동삼동, 안도패총의 조개팔찌, 흑요석에 의한 교류흔적 등을 감안한다면 그들은 어업을 통한 문물교류의 중심에 있던 자로 추정된다. 勾玉은 선봉 서포항, 웅기 송평동, 청진 농포리, 의주 미송리, 평양 금탄리, 안면도 고남리패총에서 출토되고 있어, 주로 북한지역

---

9) 남해안의 신석기 早期, 前期의 隆起文土器, 瀛仙洞式土器가 西北九州 일원에 비교적 많은 양이 분포하지만, 中期 이후에는 빗살문양토기의 출토 빈도가 현저히 낮아지고 있다. 동삼동패총의 경우만 보더라도 繩文早期의 세뇨깡식(塞ノ神式,) 繩文前期의 소바타식(曾畑式), 繩文中期의 후나모또식(船元Ⅱ式), 사또끼식(里木式), 아따까식(阿高式)토기가 있으며, 繩文後期의 가네가사끼식(鍾ヶ崎式), 난뿌꾸지식(南福寺式), 사까노시따식(坂の下式), 이즈미식(出水式)토기 등 다양한 형식의 토기가 출토되어 지속적으로 교류가 행해졌음을 알 수 있다. 출토 토기의 성격에서 본다면 早期, 前期에는 남해안의 신석기인들에 의해 흑요석의 교역이 주도되었으나, 中期 이후에는 오히려 繩文人들이 남해안에까지 들어와 교역을 주도하였던 것으로 보인다.

10) 필자는 흑요석, 조개팔찌, 결합낚시바늘의 문제에 있어서 이전에 논문으로 여러 번 다룬 적이 있고, 남해안을 공부하는 연구자들은 상기의 유물을 빼고 연구를 진행할 수 없다. 근래에 하인수 선생은 동삼동, 범방패총에서 많은 자료를 조사, 연구하여 좋은 성과를 발표하였고, 본고에서도 그의 논고를 적극적으로 인용하였음을 밝혀둔다.

에서 많이 보이고 있는 양상이다. 環玉은 서포항, 파주 주월리, 영종도 송산유적에서 출토되었으며, 管玉은 북한지역의 송평동, 나진 초도, 궁산, 남한지역의 춘천 교동, 주월리, 후포리, 연대도, 고남리패총 등 한반도 전역에서 출토되고 있다. 목걸이의 장식품으로 보이는 垂飾은 교동, 후포리, 범방, 연대도패총에서 출토되었다.

동아시아에 있어서 옥기는 遼河流域의 興隆窪文化를 중심으로 8,000~7,000년전에 내몽고의 興隆窪, 白音長汗, 査海遺蹟 등에서 玦狀耳飾, 匕形器을 비롯한 각종 옥기가 출토되고 있으며, 極東地域의 黑龍江省에서는 7,500~7,000년전에 小南山遺蹟에서 玉環, 玉玦, 匕形器, 珠, 斧玦 등이 확인되고 있다.(도면16) 玦狀耳飾과 匕形器 등의 玉器는 이미 이 시기에 중국 동북지방에 넓게 분포하고 있었으며, 7,000년전 이후에는 日本列島, 九州지역에까지 확산되고 있다.(鄧聰 2004) 한반도에서의 옥기제품도 7,000년전 이후 어느 시점엔가는 도달했을 것으로 추정되고 있다. 문암리에서 출토된 玦狀耳飾 2점이 그 예에 속할 수 있으며, 적어도 한반도에서의 옥기문화는 신석기시대 早期, 前期의 시점에서는 중국 遼河流域, 중국 동북지역의 영향 하에 시작된 것으로 추정할 수 있다. 이와 같은 양상은 環玉에서도 파악된다. 주월리에서 출토된 옥기 중에 環形에 가까운 옥기는 용 모양에 유사하며, 또 하나의 부정형 方形은 새 모양의 형태에 유사한데, 이러한 형태는 中國 遼河流域의 紅山文化에 일반적으로 보이는 것들이다.

그러나 管玉에 있어서는 遼河流域과 黃河流域, 長江流域 등이 거의 동시기에 출현하고 있다. 8,000~7,000년전 長江流域의 彭頭山遺蹟, 黃河流域의 老官臺遺蹟, 淮河流域의 賈湖遺蹟 등에서 발견되고 있다. 한반도에 있어서 비교적 빠른 시기의 管玉은 궁산, 연대도패총 등에서 확인되었다. 물론 이 유적에서는 玦狀耳飾이 공반되지 않았지만, 주변의 일본열도에서는 玦狀耳飾과 管玉이 공존하고 있어, 한반도에서의 공존 가능성도 제기되고 있다. 棒狀垂飾은 동아시아지역에서 중국 동북부 興隆窪遺

蹟, 黑龍江省의 小南山遺蹟, 沿海州의 Chertovy Vorota 동굴, 長江流域의 彭頭山遺蹟, 江蘇省의 丁沙地遺蹟 등에 폭 넓게 퍼져 있으며, 한반도에서도 교동, 후포리, 범방, 연대도패총에서 출토예가 있다.

사실상 동아시아에 있어서 옥기제품은 형태가 유사한 점이 많아 유통과 계보를 연결하기에는 어려움이 있다. 형태나 구조의 차이가 있어서 많은 검증이 필요한 시점에 있으며, 출토유적의 공백도 메워져야 할 것이다. 그러나 현 시점에 있어서의 신석기시대 한반도 옥기문화는 크게 2계통으로 나누어 유통된 것으로 볼 수 있다.

첫 번째는 남북기원설이다.[11] 문암리의 玦狀耳飾 출토 예는 한반도에서 빠른 시기에 해당하며, 중국 遼河流域의 興隆窪文化에서 영향을 받은 것으로 판단된다. 물론 遼河流域과 한반도와의 사이에 중국 동북지역의 査海遺蹟이 자리하고 있고, 黑龍江省의 小南山遺蹟, 沿海州의 Chertovy Vorota 동굴유적과도 방사상으로 연결되고 있다. 남북기원설은 신석기시대의 빠른 단계에 끝나는 것이 아니고 지속적으로 이어지는 것으로 판단된다. 遼河流域의 興隆窪文化 이후 紅山文化로 이어지는 옥기제품의 유사한 양상이 주월리의 環玉에서 확인되고 있으며, 또한 청동기시대 초기로 보이는 雙連璧이 서포항유적에서 출토되었기 때문이다.

두 번째는 옥기문화가 유입된 이후 동아시아 각 지역에 확산되어 유통, 교류하는 동서교류설이다. 중국 長江 下流域을 중심으로 한 지역에서는 신석기시대의 빠른 시기에 玦狀耳飾의 유입에 이어 管玉, 棒狀垂飾 등이 제작된다. 또한 연대도나 안도패총에서와 같이 玦狀耳飾, 棒狀垂飾이 日本 九州와의 교류적인 유물로 출토되는 경우도 있어 동서의 교류가 행해졌음을 알 수 있다. 장신구로서 또 하나의 예는 長江流域의 河姆

---

11) 필자는 이전의 논고(2007)에서 옥기문화의 기원을 설명할 때, 교류의 흐름을 이해하기 쉽게 표현하기 위해 수직기원설과 수평교류설이란 용어를 사용한 바 있다. 그러나 이 용어는 의미 전달뿐 만 아니라 문화계통 내지 기원을 설명하는 개념으로는 다소 부적당하는 지적이 있어 본고에서는 남북기원설과 동서교류설로 정정하였다.

渡, 大溪遺蹟에서 삽입형 귀걸이인 耳栓이 출토되고 있다. 이 耳栓은 신석기 中期 이후 동삼동, 신암리유적에서 출토되고 있고, 日本의 九州에서도 많은 유적에서 출토되고 있다. 玦狀耳飾이든 耳栓이든 현 단계에서 시기의 선후관계가 확실히 알 수는 없지만 중국의 長江流域, 한반도 남해안, 일본의 九州로 연결되는 교류는 지속되었던 것으로 판단된다. 동북아시아 지역에 폭 넓게 분포하는 이러한 장신구는 장기간에 걸친 교류와 유통의 산물이라 할 수 있다.(이상균 2007)

3) 결합낚시바늘

남해상에서는 무엇보다도 어로활동이 활발하게 전개되어 호남, 영남지역의 해안, 對馬島, 西北九州 해안을 중심으로 지역간의 교류가 이루어지고 있다. 한반도에서 어로활동을 증명할 수 있는 결합낚시바늘은 동해안과 남해안에 편중되고 있다. 그 이유는 對馬暖流로 인하여 연중 풍부한 어장이 형성되고, 게다가 어종이 다양하여 낚시를 중심으로 한 어로활동이 왕성하였기 때문일 것이다. 남해안과 도서지역에서 지역간의 교류를 상정할 만한 어로구로서 결합낚시바늘, 조개팔찌, 石鋸, 石銛 등이 출토되고 있다. 이들 어로구는 양 지역의 생업방식에 있어서 공유되는 유물들이며, 양 지역의 많은 유적에서 출토되고 있다. 따라서 특정 유물이 교역에 의해 적극적으로 유통되었다기 보다는 생업의 공통성에 의해 나타날 수 있는 현상으로 이해할 수 있다.

결합낚시바늘은 한반도에서 30여 군데의 유적에서 출토되고 있다. 호남지역에서는 근래에 완도 여서도패총에서 57점의 결합낚시바늘이 출토되었다.(도면17) 이중에는 전복제의 축부와 바늘부분도 출토되었다. 이외에도 여수 돌산송도에서 혈암제의 결합낚시바늘의 축부 1점과 사슴뿔의 바늘 2점, 대경도, 안도에서 축부가 출토되었다. 거문도에서는 멧돼지의 견치로 보이는 완형의 결합낚시바늘이 수습되었으며, 축부분과 면을 결합하는 형태이다. 이러한 결합낚시바늘은 돌산송도를 비롯하여 욕지도, 상노대도 등지에서도 출토되고 있다. 서해안 가도패총에서도 골제의 결합낚시바늘 축부가 출토되었으며, 머리부분은 낚시줄을 매기 위한 홈이 만들어져 있다. 형태는 전반적으로 곡선을 이루며, 크기는 鰲山里型 결합낚시바늘에 비해 매우 작다. 이러한 형태는 노래섬에서 출토된 것과 동일한 것이다. 축부는 일반적으로 석재가 이용되는데 반해 군산 노래섬과 가도패총의 경우는 골제가 축부로 이용되고 있다. 남해안의 욕지도에서 골제의 축부가 확인되고 있으나 아직까지 수량은 적은 편이다.(이상균 2003a)

결합낚시바늘의 제작과정은 오산리유적에서 출토된 상당수의 완성품과 미완성품의 낚시바늘로 가늠해 볼 수 있다. 축부의 제작은 일정한 형태의 돌을 떼어내어 마연하거나, 혹은 擦切技法에 의해 적당한 크기로 조정하여 磨研하는 방법이 사용되고 있다.(하인수 2006) 오산리형은 축부가 혈암의 석재가 이용되고 있으며, 바늘부분은 뼈제품으로 되어 있다. 축부의 하단과 바늘부분의 상단이 평탄한 면을 이루며, 이 면을 끈으로 결합할 수 있도록 만들었다. 이 오산리형은 결합을 용이하게 하기 위해 축부의 하단과 바늘부분에 깊은 홈이 있는 것이 많다. 이러한 제작기술은 단식낚시바늘과 같이 파손되면 버리는 것이 아니라, 바늘 부분만을 교체해서 다시 사용할 수 있는 경제적인 측면이 고려된 것이다. 바늘 부분은 미세한 미늘과 연결부위를 돌로 만들기 어렵기 때문에 가공이 비교적 쉬운 뼈제품을 이용하고 있으며, 지금까지 발견된 결합낚시바늘 중에서 축부가 바늘부분보다 훨씬 적게 출토되고 있다.

결합낚시바늘은 형태상으로 보면, 크게 J형, I형, C형으로 분류된다.(김충배 2003) J형은 주로 양양 오산리, 통영 상노대도 등 주로 동해안, 동남해안에서 확인되고 있다. I형은 부산 동삼동, 범방, 대경도, 여서도 등 남해안에서 폭넓게 관찰된다. 여서도패총에서 다량으로 출토된 결합낚시바늘도 이 유형에 해당한다. 그러나 C형은 서해안의 군산 노래섬, 가도에서 출토되고 있어, 남해안과는 형태에 있어서 구분된다.

유통과 관련하여 보면, 결합낚시바늘의 중심 분포지역은 동남해안지역인데, 점차로 멀어지는 서남해안과 서해안지역에는 수량이 많지 않다. 서해안의 군산 노래섬과 가도패총에서 발견된 결합낚시바늘의 존재는 동남해안지역의 문화가 서남해안에 영향을 주어 나타난 현상으로 이해할 수 있다. 출토된 토기의 양상에 보면 연안을 따라 유통된 흔적임을 충분히 납득할 수 있다.

4) 조개팔찌

조개팔찌는 조개의 생산과 유통에 있어서 구체적인 증거를 제시해 주는 자료이다. 유적에서 발견된 조개팔찌의 재료로는 투박조개, 밤색무늬조개, 피조개, 새꼬막, 갈색이랑조개, 흰삿갓조개 등 다양하며, 의례구나 장신구 등 특별한 용도로 사용되고 있다.

조개팔찌가 가장 많이 출토된 곳은 부산 동삼동패총이다.(도면18) 신석기시대 中期부터 미완성품, 반제품 등을 포함하여 1,500점 이상의 조개팔찌가 출토되었으며, 생산과정 뿐만 아니라 동삼동 거점집단의 성격을 규명하는데 중요한 유적으로 평가되고 있다. 하인수(2006)는 동삼동에서 출토된 방대한 양의 조개팔찌가 전업집단의 성격을 보여주는 것으로 보고 있다. 조개팔찌는 對馬島에서 들여온 흑요석에 대한 교역품이었던 것으로 판단되며, 이는 對馬島의 *佐賀貝塚*에서 출토된 113점의 투박조개의 조개팔찌에서 짐작할 수 있다.(도면19) *佐賀貝塚*에서 출토된 조개팔찌는 對馬島에는 서식하지 않는 투박조개로 제작한 것이어서 동삼동패총에서 교역품으로 유통되었을 가능성이 높다. *佐賀貝塚*에서 출토된 조개팔찌는 제작기법, 형태 등이 남해안의 것과 동일하며, 생산에서 유통까지의 상황을 밝힐 수 있는 좋은 예라 할 수 있다.

조개팔찌는 對馬島뿐만 아니라 남해안의 통영 연대도, 욕지도, 부산 범방, 김해 수가리, 울산 세죽, 서남해안의 여수 돌산송도, 여수 안도, 완도 여서도, 신안 어의도, 서해안의 군산 노래섬, 서산 대죽리, 안면도 고남리, 남부 내륙 낙동강의 지류인 운문천변의 청도 오진리, 남한강 상류의 내륙 깊숙한 단양 상시, 단양 금굴, 영월 쌍굴의 동굴유적에 이르기까지 유통의 범위가 광범위하였음을 알 수 있다. 특히 근래에 조사된 호남지역의 여서도패총에서 25점, 안도패총에서 70여점의 조개팔찌가 출토되어 조개팔찌의 유통이 호남 도서지역에서도 활발하게 이루어졌음을 알 수 있다.

조개팔찌의 제작과정은 먼저 정상부에 타격을 가하여 구멍을 뚫어서 점차적으로 輪部를 확장해 나간다. 그 다음으로 윤부를 조정하여 復緣部를 제거하고 내외부를 研磨하여 가공하고 있으며, 완성된 형태는 타원형이 많다. 이러한 제작방법은 동삼동을 포함한 남해안지역이 동일한 양상을 보이고 있다. 동삼동의 예에서 본다면, 조개팔찌 제작은 중간단계에서 많이 파손되어 완성률은 그다지 높지 않은 것으로 보고되고 있다.(하인수 2006) 가장 많은 투박조개의 재료는 구입이 용이하지 않아 전업집단이 아니면 안정적인 제작작업이 어려웠을 것으로 판단된다.

조개팔찌의 장착 예는 남해안의 산등, 연대도, 안도패총에서 확인되고 있다. 산등패총의 인골은 여성 앙와신전장이며, 왼팔에 투박조개의 조개팔찌 2점, 큰배말 조개팔찌 1점이 장착되어 있다. 연대도의 인골에서는 왼팔 부근에서 조개팔찌가 출토되었다. 근래에 조사된 여수 안도패총의 3호 토광묘에서 투박조개로 만든 조개팔찌 5개를 장착한 인골이 출토되었다. 日本의 西北九州에서도 對馬島의 佐賀, 北九州의 新廷, 山鹿貝塚에서 출토 예가 보고되고 있다. 특히 山鹿貝塚에서는 출토인골 18구중에 성인여성 7구가 조개팔찌를 장착하고 있어, 日本내에서 가장 많은 장착율을 보이고 있다. 조개팔찌가 인골에 장착되어 있는 경우는 한반도의 남해안지역과 對馬島를 둘러싼 西北九州지역에 주로 형성되어 있고, 이는 어로구, 토기문화의 교류 범위와도 중복된다.

5. 유통, 교역수단의 현상

1) 육상과 하천교역

신석기시대의 문물교류를 위한 유통, 교역수단은 지리적인 여건에 의해 내륙의 지역간 교류, 고개를 넘어 이동하는 방법, 하천을 따라 내륙과 바다를 유통하는 교류, 해안을 따라 이동하는 교류, 바다를 건너 원거리에 이동하는 교류 등 다양한 방법으로 이루어지고 있다. 그러나 유통, 교역과 관련한 문제에 있어서는 남해안의 흑요석이나 어로, 장신구의 몇 예 이외에는 구체적으로 연구되고 있지 않다.

내륙의 지역간 교류는 하천을 이용하는 경우가 대부분이겠지만 고갯길을 넘어 지역간 교류가 행해지는 경우도 있다. 고갯길을 넘어 지역간의 교류가 이루어진 예는 충북, 강원 일원의 단양 상시암음, 금굴, 영월 쌍굴유적을 들 수 있다. 이들 동굴, 암음유적에서 출토된 토기를 보면, 남한강변의 충주 조동리에서 출토된 양상과 유사하여 남한강 수계를 이용하여 교통하였음을 알 수 있고,(신숙정 2006) 또한 산악지대의 전망이 좋은 길목을 이용하여 산을 넘어 교류한 양상도 보여지고 있다. 상시암음, 금굴, 쌍굴에서 발견된 유물을 보면 조개팔찌를 포함한 반지락, 종밋, 굴, 담치류, 전복 등 바다에서 서식하는 조개들이 확인되고 있다. 조개팔찌는 남해안 지역에서 서식하는 투박조개가 많은 것으로 보아 남해안과도 적극적인 교류가 이루어졌음을 알 수 있다. 내륙지역으로의 정확한 유통루트는 확인이 어려우나 동해안에서 산을 넘는 고갯길을 이용하는 방법과 낙동강을 거슬러 올라와 고갯길을 이용하여 남한강 상류에 도달하는 방법이 예상되고 있다. 북한강 유역인 춘천 교동의 내륙지역에서도 양양 오산리유적의 낚시바늘과 관련된 결합낚시바늘이 출토되고 있다. 유통루트는 소양강을 거슬러 올라가 인제에서 칠성고개를 넘어 한계령으로 연결되는 코스가 예상되며, 지금도 이 고갯길이 이용되고 있다.

내륙의 지역간 교류양상은 진주 상촌리와 진안 갈머리유적의 공통성에서도 엿볼 수 있다. 갈머리유적에서 출토된 토기나 석기는 기본적으로 상촌리유적을 포함한 남부내륙의 中期 이후의 유적과 계통을 같이하고 있다. 古代의 交通路에 비추어본다면 그 루트의 하나로 남강상류에서 육십령을 넘어 장계천을 따라 금강 본류로 이어지는 강과 고갯길을 이용하는 코스가 예상되고 있다.(곽장근 1999) 앞으로 관심을 가지고 고갯길의 유적을 찾는다면 당시의 지역간 교류나 교역의 양상이 파악되리라 생각된다.

바다에서 하천을 거슬러 올라가 교류한 경우도 있다. 오진리암음 유적은 경북 청도의 내륙지역에 위치하고 있으며, 낙동강을 따라 지류인 운문천까지 거슬러 올라가 거주한 흔적이 발견되고 있다. 암음의 주거지에서는 이중구연토기 등과 함께 투박조개로 만든 조개팔찌편이 발견되고 있으며, 내륙의 하천변을 따라 이동하는 것도 역시 통나무배의 이용이 가능하다. 금후에 이러한 시점에서 보다 상세하게 바다와 내륙부를 연결하는 루트를 조사할 필요가 있다.[12)]

2) 해상교역

해상에서의 해류는 쿠로시오, 쿠로시오 反流, 對馬海流 등에 의해서 다양하게 연결되고 있음이 확인되었으며, 항해술에 의해 원격지까지 유물을 옮겨 유통시킨 흔적들이 발견되고 있다. 한반도 남해안 지역의 신석기인들은 해류, 반류 등 바다의 모든 것을 알 수는 없지만 해류, 조류, 날씨 등을 읽어 통나무배를 조종할 능력은 예상외로 높았던 것으로 보

12) 일본의 경우는 내륙부에 해산품이 유통되는 것은 패총의 형성과 관련된 繩文 前期부터이다. 어패류, 해산품을 내륙부에 운반한 예가 거의 전역에서 확인되고 있다. 한 예로 오오쓰타노가이의 조개팔찌는 30~40㎞ 정도의 내륙 취락에서도 발견되고 있으며, 貝鳥貝塚에서는 내륙부의 교역센타적 성격을 띠고 있기도 하다. 교역품은 짐승고기나 어로구의 재료, 녹각 등 다양하게 출토된다. 또한 광범위하게 조개의 가공품을 만들어 사용하거나, 교역하는 시스템이 만들어졌음을 알 수 있다.

인다. 항해는 표착 등 우연에 의한 것이 아니고, 이동 후 생활에 대한 계획성을 가지고 실행되었으며, 적어도 수명 이상의 성인남녀를 수송할 만한 안정성과 내구성을 가진 항해구가 있었던 것으로 추정된다. 각 집단은 형질적, 문화적 고립을 막기 위해 해상교통의 기술을 발달시킬 필요가 있었던 것이다.

남해상에서의 해상교역은 당시의 동일한 생태조건, 대한해협의 공통된 어장의 공유에 의해서 이루어졌다. 문물의 이동은 문물만이 아니고, 새로운 기술이나 생활양식에 이르기까지 여러 가지의 정보도 같이 전해졌을 것이다. 공동어장은 문화가 교차하는 공간으로의 역할을 하였고, 그 중심에 對馬島가 있었던 것으로 보인다. 이러한 생업환경은 양 지역에서 교역의 기반이 되었다.

한반도에서 해상교역을 위해 사용된 운송수단은 통나무배이다. 배는 동삼동패총에서 출토된 배모양토기의 예가 있으며, 울주 반구대 암각화에서도 4척의 배 그림이 확인되었다. 그리고 실물로는 창녕 비봉리패총에서 2기의 통나무배가 출토된 바 있다.(도면20) 출토상태가 좋은 1호 통나무배는 현 해수면보다 2.1m 정도 낮은 곳에서 발견되었다. 船底部만 남아 있는 상태이며, 잔존길이 310㎝, 두께 2~5㎝, 최대폭 62㎝이다. 단면은 U자형으로 통나무를 파내어 만들었으며, 船尾部의 상태를 감안하면 4m가 넘는 통나무배로 추정된다. 불에 그을려 가공한 흔적이 발견되고 있으며, 재질은 수령 200년의 소나무로 밝혀졌다. AMS연대측정 결과, 약 7,700년 전의 것이며, 남해안과의 교류에 있어서 비교 자료로 자주 인용되는 九州의 伊木力遺蹟 출토의 통나무배[13]보다 2,000년 이상 앞선 시기로 보고되고 있다. 2호 통나무배는 측면의 일부분만 남아 있으며, 잔존길이 64㎝, 두께 1.2~1.7㎝, 잔존폭 22㎝이다. 단면은 U자형으로 통나무를 파내어 만들었으며, 소나무를 사용하였다.

---

13) 伊木力遺蹟의 통나무배는 잔존길이 6.5m, 두께 2.5~5.5㎝, 최대폭 76㎝이다. 목재는 멀구슬나무가 사용되었으며, 원형은 7m가 넘는 통나무배로 추정된다.

현재 유적에서 발견된 잔존 통나무배를 가지고 당시의 모습을 완전하게 복원하기 어렵다. 왜냐하면 帆柱를 세우기 위한 구멍이나 장치의 흔적이 확인되지 않았고, 船底部만 남아 있는 상태이기 때문이다. 실제로 통나무배를 제작하여 실험한 결과에 의하면 外洋의 항해에도 견딜 수 있는 구조였으며, 통나무배는 남해 및 동지나해 연안에 분포하는 신석기 前期의 패총을 형성한 사람들에 의해 사용되었던 것으로 생각된다. 처음에는 연안부를 다니다가 쿠로시오나 쿠로시오 反流 등의 해류에 타고 점차적으로 항해를 숙지해 갔을 것으로 판단된다. 통나무배를 이용한 南海岸과 對馬島의 항해는 해류와 계절풍을 이용한 것으로 보이며, 부산 인근의 해안에서 육안으로 보이는 對馬島의 북서해안을 목표로 交易하였을 것이다. 對馬島에서는 九州 북측에 위치한 壹岐섬을 경유하여 九州의 북안에 쉽게 접근이 가능하다. 신석기시대 뿐만 아니라 고대의 항해 루트도 유사한 경로를 이용하고 있다.

6. 맺음말

신석기시대에 있어서 문물의 생산과 유통의 연구는 청동기시대 이후의 연구와는 달리 확보된 자료가 많지 않으며, 그에 대한 인식도 부족하다. 그럼에도 불구하고 본고에서는 생산과 유통 연구의 시발이라는 명목 아래 무리한 측면도 있었지만 주거공간과 관련한 유물생산, 야외노지에서의 식료가공 및 생산유구, 각종 유물의 유통수단 문제 등에 대하여 고찰해 보았다. 생산과 유통의 문제는 각각의 지역 특성에 맞추어 좀더 구체적인 내용으로 접해야 되고, 신석기문화의 전체적인 흐름 속에서 파악되어야 하나, 본고에서는 그런 능력을 발휘할 재능이 부족하였음을 자인하지 않을 수 없다.

앞으로 이 분야의 연구에 있어서는 인간과 문물의 왕래가 이루어지고,

그 안에서 정신문화의 교류도 이루어지고 있으므로, 생산과 유통을 點이 아니고 線과 面으로 생각할 수 있는 다양한 요소를 찾아내야 한다. 또한 유물의 이동에 따른 지역 혹은 집단간 교류문제, 문물의 유통에 대한 경제, 사회, 문화적인 연구가 동시에 진행되어야 할 것이다. 그렇지 않을 경우에는 생산과 유통이 어떠한 시대적 배경과 사회에서 행해졌는가 라는 본질적인 부분에 대한 해명에 도달할 수 없을 것이다. 아무쪼록 신석기시대의 생산과 유통문제의 연구에 있어서 각 지역의 문화요소 발전과 변화과정의 흐름 속에서 더욱 더 심도있게 진척되기를 기대해 본다.

■ 참고문헌

계명대학교 박물관, 『금릉 송죽리유적Ⅰ』, 2006.

국립광주박물관, 『돌산송도Ⅰ』, 1989.

국립광주박물관, 『돌산송도Ⅱ』, 1990.

국립경주박물관, 『울진 후포리유적』, 1991.

국립김해박물관, 『비봉리』, 2008.

국립진주박물관, 『욕지도』, 1989.

국립진주박물관, 『연대도Ⅰ』, 1993.

곽장근, 「호남 동부지역의 석곽묘 연구」, 전북대학교 박사학위논문, 1999

김동일·김광철, 「증산군 룡덕리 신석기 집자리에 대하여」, 『조선고고연구』01-3, 2001.

김석훈, 「황해중부 도서지역의 신석기시대 화덕자리와 제염유적에 대한 연구」, 인하대학교 박사학위논문, 2003.

김원룡, 「춘천교동 혈거유적과 유물」, 『역사학보』20, 1963.

김원용·임효재, 『서해도서 고고학』, 서울대학교 동아문화연구소, 1968.

김용간·서국태, 「서포항 원시유적 발굴보고」, 『고고민속논문집』4, 1972.

김충배, 「신석기시대 낚시바늘 연구 Ⅰ」, 『한국신석기연구』5, 2003.

동국대학교 매장문화재연구소, 『울산 황성동 세죽유적』, 2000.

동삼동패총 전시관, 『신석기시대의 토기문화』, 2004.
동삼동패총 전시관, 『동삼동 패총문화』, 2008.
동아대학교 박물관, 『상노대도』, 1984.
동아대학교 박물관, 『합천 봉계리유적』, 1989.
동아대학교 박물관, 『상촌리유적』, 2002.
목포대학교 박물관, 『완도 여서도패총』, 2007.
박윤정, 「02고성 문암리 선사유적 발굴조사」,『한국신석기연구』5, 2003.
부산대학교 박물관, 『청도 오진리 암음유적』, 1994.
부산시립박물관, 『범방패총 I 』, 1993.
부산시립박물관, 『동삼동패총 정화지역 발굴조사보고서』, 2007.
서울대학교 박물관, 『오산리』, 1984.
서울대학교 박물관, 『오산리 II 』, 1985.
서울대학교 박물관, 『오산리III』, 1988.
서울대학교 박물관, 『용유도 남북동·을왕동유적 I 』, 2006.
서울시립대학교 박물관, 『영종도 송산 선사유적』, 1996.
신숙정, 「호남지방 신석기문화연구 현황과 전망」, 『호남고고학보』20, 2004.
신숙정, 「강원 영서지방의 신석기문화」, 『한국신석기연구』11, 2006.
안승모·이영덕, 「용담댐 수몰지구의 신석기문화」, 『호남고고학보』19, 2004.
안승모·유혜선, 「진안갈머리 적석유구에 대한 잔존지방산분석」, 『한국신석기연구』3, 2002.
안재철, 「우리나라 고대선박」, 『고대 문물교류와 경기도』, 한국상고사학회 발표요지, 2004.
원광대학교 마한백제문화연구소, 『노래섬 I 』, 2002.
윤온식, 「여수 안도패총 발굴조사」, 『남해안지역의 신석기문화』, 한국신석기학회 발표요지, 2008.
이상균, 「호남지역 신석기문화의 양상과 대외교류」, 『호남고고학보』7, 1998.
이상균, 「호남해안지역의 유적과 문화」, 『우리나라의 신석기문화』, 연세대학교 박물관, 2003a.

李相均, 「韓半島 南海岸 石器群의 様相」, 『韓日新石器時代の石器』, 第5會 韓日學術심포지엄 發表要旨, 韓國新石器研究會·九州繩文研究會, 2003b.

이상균, 「한반도 신석기시대 주거의 변천과 구조적 양상」, 『고문화』 61, 2003c.

이상균, 「한반도 신석기시대 옥기문화의 계보」, 『중국사연구』50, 2007

임상택, 「한국 중서부지역 빗살무늬토기문화 연구」 서울대학교 박사학위논문, 2006.

정한덕, 『日本의 考古學』, 학연문화사, 2002.

조선대학교 박물관, 『진안 진그늘 선사유적』, 2005.

충남대학교 박물관, 『가도패총』, 2001.

하인수, 「동삼동패총 정화지역 발굴성과」, 『고고학을 통해 본 가야』, 한국고고학회, 1999.

하인수, 「범방유적발굴개요」, 『한국신석기연구』3, 2003.

하인수, 「동삼동 패총문화에 대한 예찰」, 『한국신석기연구』7, 2004.

하인수, 「영남해안지역의 신석기문화연구」, 부산대학교 박사학위논문, 2006.

호남문화재연구원, 『갈머리유적』, 2003.

高橋豊·河仁秀·小畑弘己, 「螢光X線分析에 의한 東三洞·凡方遺蹟 出土黑曜石 産地推定」, 『韓國新石器研究』6, 2003.

橋口尙武, 『海を渡った繩文人』,小學館, 1998.

鄧聰, 「東アジアの玦飾の起源と擴散」, 『環日本海の玉文化の始原と展開』, 敬和學園大學 人文社會科學研究所, 2004.

木村幾多郎, 「貝輪と埋葬人骨」, 『季刊考古学』, 38, 雄山閣, 1992.

福岡県芦屋町 山鹿貝塚調査団, 『山鹿貝塚』, 1972.

寺門義範, 「製鹽」, 『繩文文化の研究』, 2, 雄山閣, 1994.

長崎県峰町教育委員會, 『佐賀貝塚』, 1989.

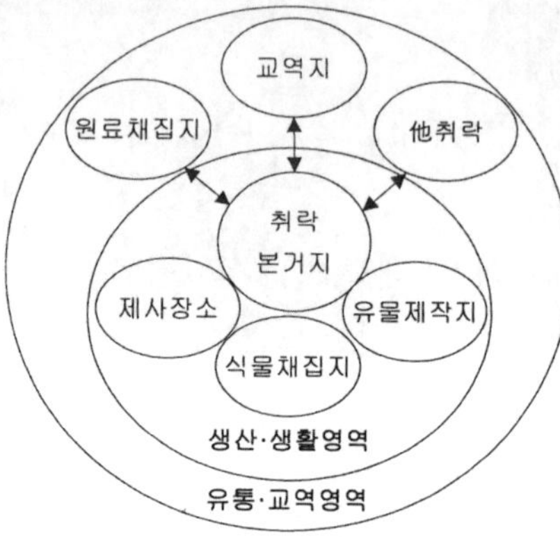

도면1 생산과 유통 개념도

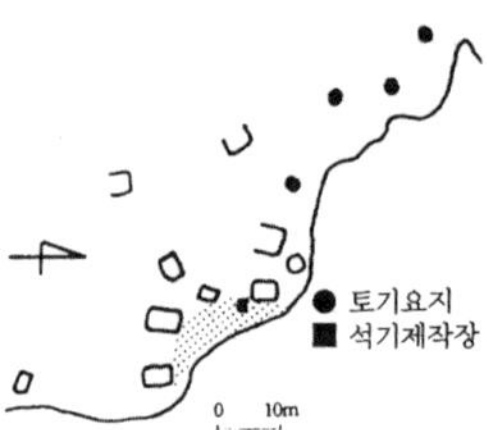

도면2 송죽리유적

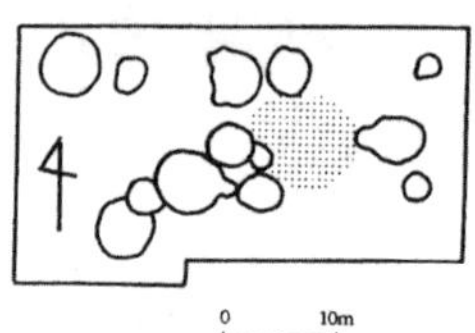

도면3 봉계리유적

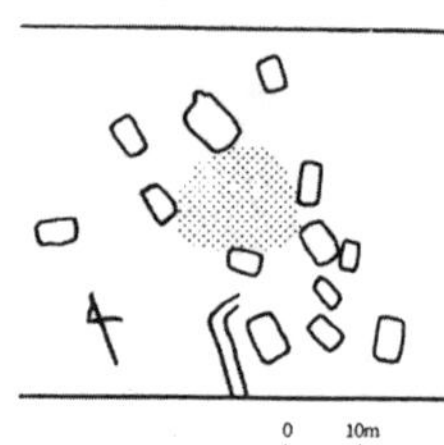

도면4 상촌리B유적
(이상균 2003)

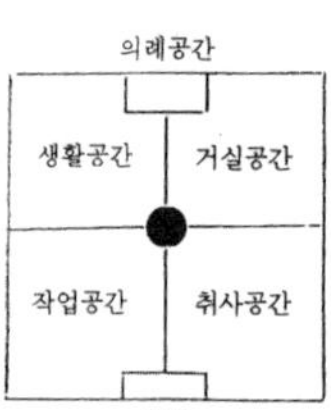

도면5 용덕리

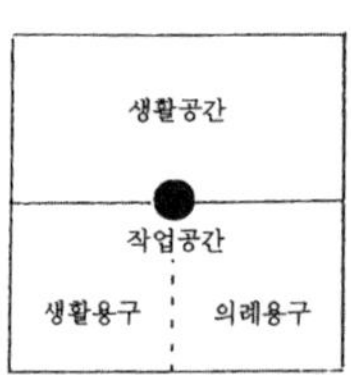

도면6 서포항8호

도면7 오산리4호

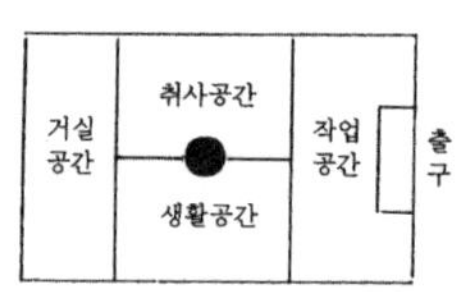

도면8 상촌리A1호
(이상균 2003)

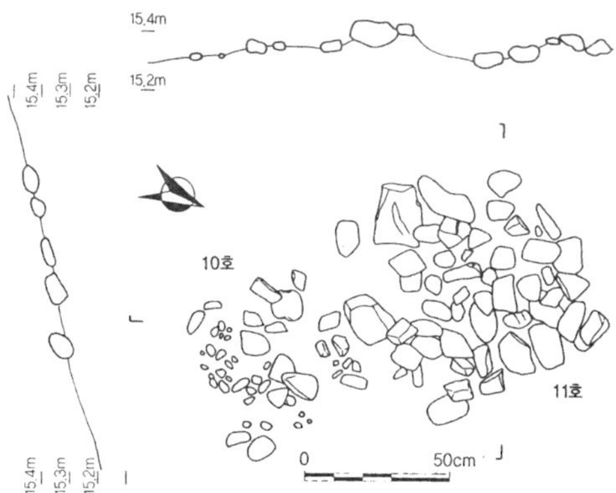

도면9 노래섬패총 라지구 10, 11호 야외노지

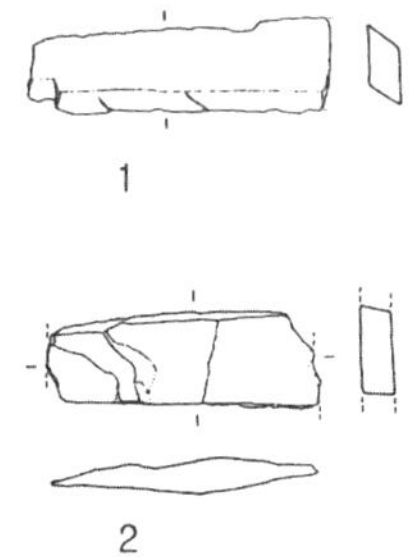

도면10 석도(1노래섬, 2가도)

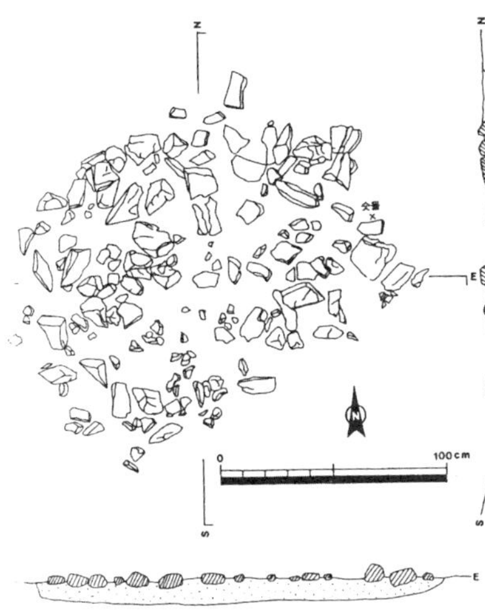

도면11 영종도 송산유적 3호 야외노지

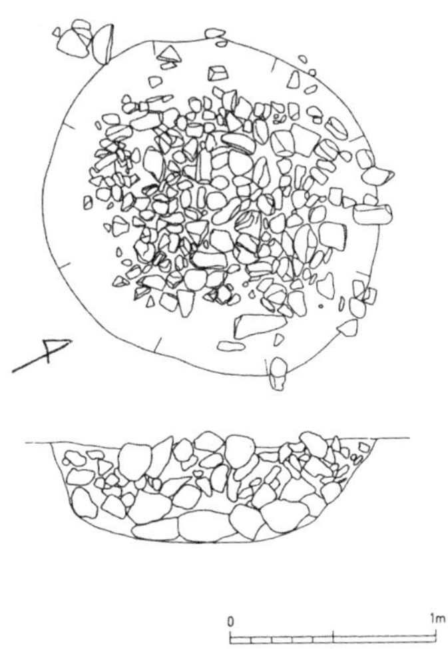

도면12 진안 갈머리유적 4호 야외노지

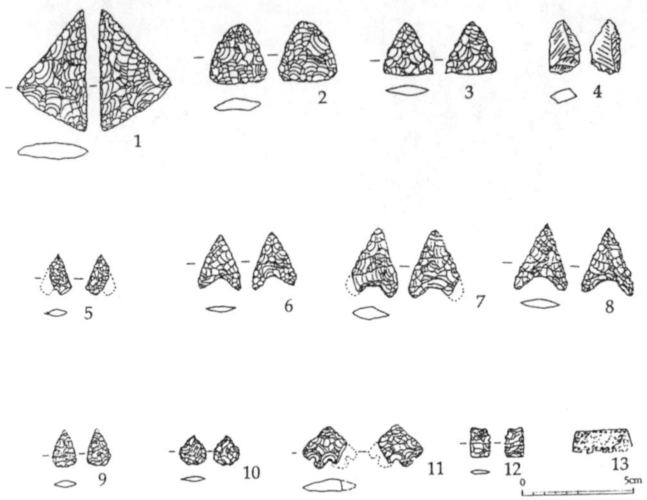

도면13 동삼동패총 출토 흑요석기

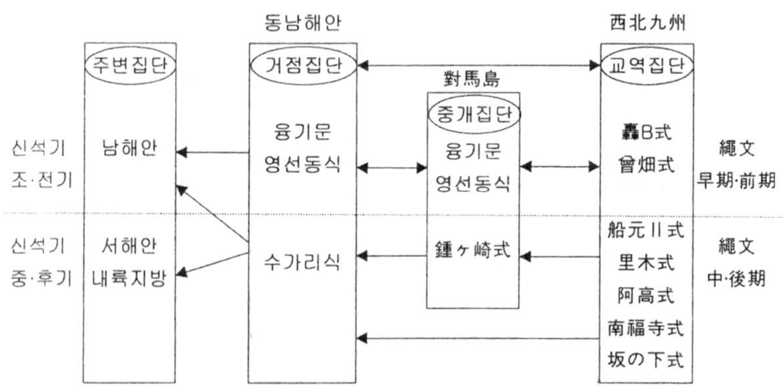

도면14 흑요석 유통시스템

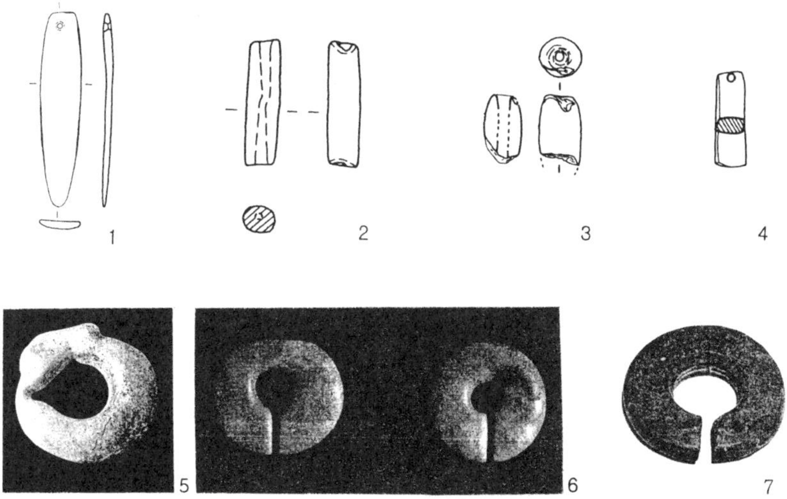

도면15 1,3 후포리, 2연대도, 4범방, 5주월리, 6문암리, 7안도

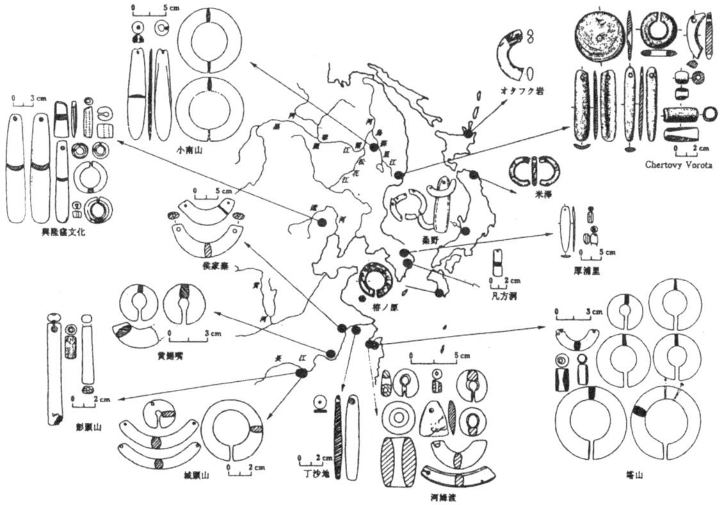

도면16 동아시아 신석기 조기의 결상이식 및 옥기 조합 (鄧聰 2004)

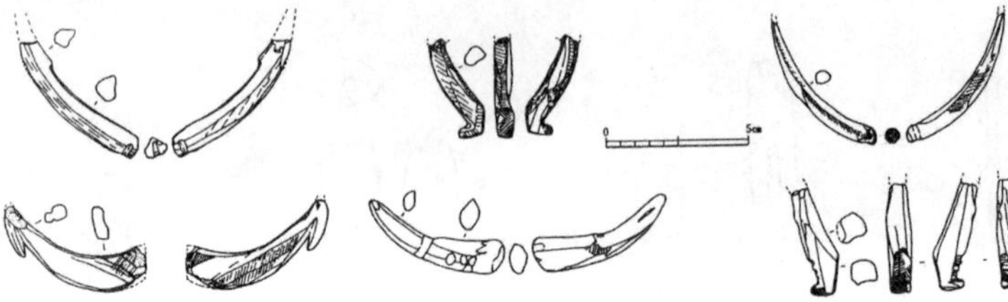

도면17 여서도패총 출토 결합낚시바늘

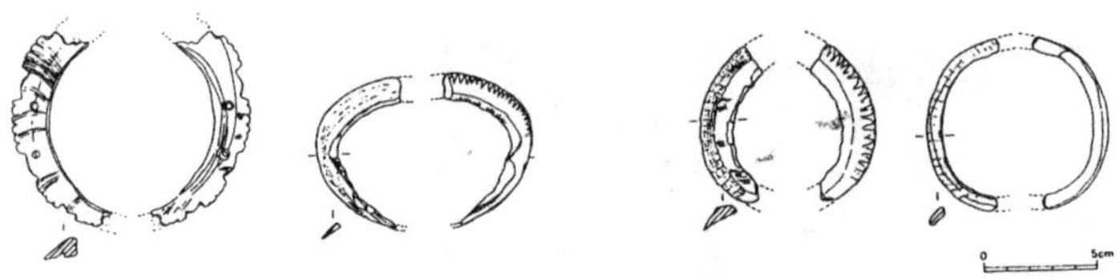

도면18 동삼동패총 출토 조개팔찌

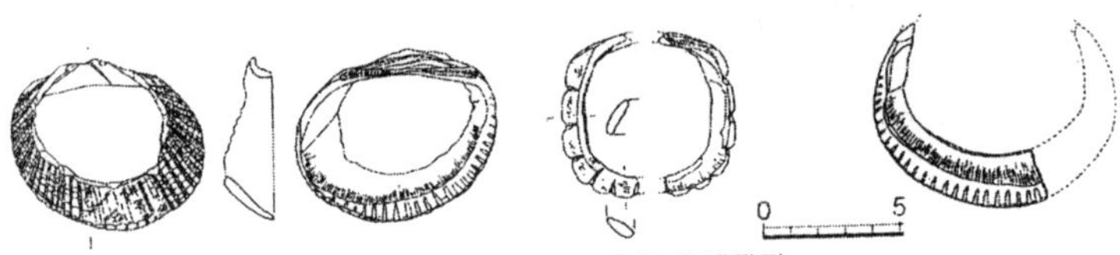

도면19 對馬島 佐賀貝塚 출토 조개팔찌

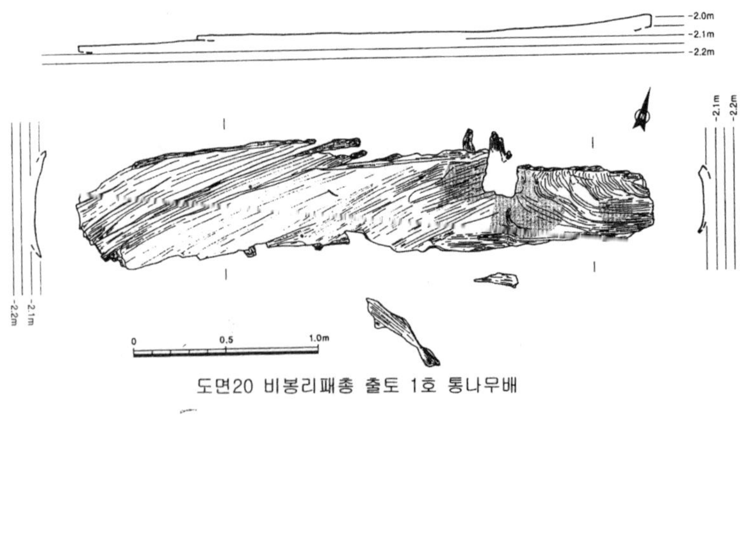

도면20 비봉리패총 출토 1호 통나무배

Ⅴ. 한반도 선사시대의 죽음관

V. 한반도 선사시대의 죽음관

1. 머리말

죽음은 선사시대 이래 삶과 거의 같은 비중을 차지할 정도로 인간의 정신생활에 중요한 기반이 되어 왔다. 우리 민족이 갖고 있는 죽음, 사후 세계의 관념은 삶의 세계의 연장선상에까지 연결되는 것으로 보인다. 따라서 죽음, 사후 세계를 파악하기 위해서는 우리 민족이 발달시켜 온 각 시기의 사회, 문화적인 측면에서 연구되어야 한다. 인간이 죽음으로서 사후세계에 대한 표현은 墓制의 葬法에 나타나게 되고, 그것을 파악함으로서 각 시대의 정신적인 사상을 파악할 수가 있는 것이다. 특히 선사시대에 있어서는 묘제의 형태나 부장유물 등이 다양하게 나타나는데, 그것은 그 사회가 갖고 있는 내부적인 요인이나 신분과 지위 등에 따라서 많은 차이를 보이고 있다.

한국인 죽음관의 원형을 파악하기 위해서는 한반도에 인류가 도래하여 생활했던 시기에까지 거슬러 올라가 연구해야 할 필요가 있다. 선사고대에는 문헌이 존재하지 않거나, 빈약한 시기이므로 이 분야의 연구는 당연히 墓制와 副葬品 등의 성격을 여러 각도에서 고고학적으로 검토하는 단계에서부터 시작되어야 한다. 여기에서 巫俗을 기초로 하는 한국인의 원초적 죽음관을 알 수 있으며, 다음 시기로의 계승이 파악될 것이다. 과거의 죽음을 더듬어 보는 것은 현재의 죽음에 대한 문제에 어떤 해결책을 제시하는데 많은 도움이 될 것이다.

한반도의 선사시대 죽음관을 밝히기 위해서는 고고학적으로 조사 발굴된 묘제의 연구에서 접근할 필요가 있다. 인간이 죽게 되면 그에 대한 애도의 표현, 시신처리, 매장방법, 제사 등과 관련하여 많은 행위가 행해지며, 그 자체가 사회·문화적인 의미를 갖는다고 할 수 있다. 묘제는 피장자가 생전에 속해 있던 집단의 매장 풍습, 상·장례의식은 물론이고 문화·사회상을 반영하고 있기 때문에 이를 밝히는데 필수적인 자료가 된다.

각 묘제는 그 구축방법이나 동원되는 인원 등에서 있어서 많은 차이를 보이지만, 묘제 축조과정에 있어서 여러 가지 의례적인 행위, 즉 축조의례, 매장의례, 제사의례 등의 절차가 있었을 것으로 판단된다. 장례절차에 대한 고대의 문헌은 빈약하여 그 전모를 완전하게 파악할 수는 없다. 그래서 고고학적인 자료를 검토하여 문헌과 관련성이 있는지의 여부를 파악하는 방법도 중요하다. 단지 문헌이 존재하지 않거나 빈약한 선사고대의 고고학적인 자료는 유물이나 유구에 한정되기 때문에 거기에 내포된 정보의 질과 양도 상당히 제약되고 있다. 일반적으로 한반도의 토양은 산성이므로 유기물질로 만들어진 당시의 생업도구는 많은 부분이 부식되어 잔존하기 어렵다. 그 중에 잔존상태가 양호한 경우는 패총이나 저습지, 동굴유적 등에서 유기물질의 흔적이 확인되고 있다. 유기물은 썩어서 없어져 잔존하지 않는 경우가 대부분이므로, 잔존하기 쉬운 철기, 석기, 토기 등의 유물만을 가지고 당시의 문화와 사회상을 복원하는 것은 많은 무리가 따른다고 볼 수 있다. 따라서 발견되는 묘제의 특성, 유물의 잔존상태 등을 정확히 파악하고 해석하여, 문헌과도 비교하고, 타 지역과의 교류 및 관련성 등을 감안하여 매장방법, 죽음관의 문제를 하나씩 해결해 간다는 자세로 연구에 임해야 할 것이다.

부장유물은 선사시대의 많은 묘제에서 출토되고 있고, 墓制間, 地域間, 時代差 등에 의해서 다양한 형태로 발견되고 있다. 특히 청동기시대 이후에는 여기에 정치적인 조건이 추가되고, 철기의 유입에 의한 부장유물의 다양성, 그리고 삼국시대에는 종교적인 배경이 추가되어 더욱 복잡하고 다양한 양상을 띠게 된다. 따라서 묘제의 축조방법도 중요하지만 여기에 매장되는 부장품도 묘제와 관련하여 동시에 연구가 진행되어야 한다. 묘제와 부장유물이 조사 성과에 의해서 자료가 많이 축적되고 충분히 연구된다면, 이제까지 밝혀지지 않은 선사시대의 상·장례가 밝혀지게 될 것이고, 당시 사회의 죽음관도 파악이 되리라 생각된다. 아울러 신앙, 정신세계, 가족 구성, 집단의 위계질서, 사회구조 등에 대해서도 유추할 수 있을 것으로 기대된다.

2. 신석기시대

1) 신석기시대 이전의 양상

인간은 지구상에 출현하면서부터 죽음을 인식하였고, 이러한 것은 고고학적인 흔적에서 엿볼 수 있으며, 유구와 유물로서 발견되고 있다. 그러나 한반도에 있어서 선사시대의 경우 충분한 과학적 근거를 가지고 죽음관을 엿볼 수 있는 것은 청동기시대 이후이며, 구석기, 신석기시대에는 이와 연관지어 볼 수 있는 일부의 유구와 유물이 발견되었을 뿐이다. 그 이유를 굳이 든다면, 한반도의 구석기시대와 신석기시대는 수렵과 채집이 주를 이루는 생활이어서 아무래도 농경이 본격화되는 청동기시대 이후의 시기보다는 이동해 가며 생활을 영위해야만 했다. 따라서 집단묘보다는 단독적인 地上葬法이나 얕은 土壙葬法을 선호하였을 것이며, 또한 시기적으로 오랜 기간 매장되어 있었기에 人骨이나 부장된 유기물질이 이미 토양화하여 무덤의 존재인 것을 확인하지 못한 경우도 많았을 것으로 판단된다. 그 만큼 구석기시대와 신석기시대의 무덤은 발견될 확률이 타시기에 비해 낮고, 고고학적 조사의 어려움도 있다고 할 수 있다.

구석기시대에도 죽음에 대한 의식이 존재했으나 그러한 유적이 쉽게 발견되지 않고 있다. 한반도에서는 북한지역 평양부근의 역포, 만달리에서 인골의 출토가 알려지고 있고,[1] 남한의 석회암동굴인 청원 두루봉의 흥수굴에서는 완전한 인골이, 단양 구낭굴, 제천 점말유적에서도 인골이 발견되었다.[2] 이것이 무덤의 성격을 띠는지는 파악할 길이 없으나 함께 수습된 유물의 성격에서 당시의 종교의식, 죽음관에 대한 의식을 엿볼 수 있다. 이 시기에 공주 석장리유적에서 犬頭 彫刻이, 제천 점말동굴에서 짐승의 얼굴, 두루봉동굴에서 人面이 새겨진 유물이 있다는 보고[3]는 그 명확한 근거가 제시된다면 원시신앙과도 결부되어 해석할 수 있겠고, 이러한 신앙은 죽음과도 연관성을 갖는 것으로 판단할 수 있을 것이다.

한반도 주변지역의 동북아시아 지역에서는 중기 구석기시대 이후 무덤이 보고되고 있으나, 역시 그 예가 많지 않다. 시베리아 앙가라강 유역의 후기 구석기시대 말타유적에서는 주거지의 바닥 밑에서 2구의 小兒의 무덤이 발견되었는데, 평탄한 돌로 덮여 있었다. 무덤 안에는 적색안료가 뿌려져 있고, 맘모스 상아제의 목걸이, 장신구, 골각기, 석기, 女性像, 水鳥像 등의 부장품이 출토되었다. 여기에서 출토된 여성상은 조상숭배의 의미가 있는 것으로 추측되며, 얼굴의 형태는 현재의 시베리아 주민과 공통되는 몽고로이드와 같은 특징을 보인다.[4] 또한 중국 근교의 周口店 일대의 山頂洞洞窟에서는 3구의 인골이 발견되었는데, 그 주위에는 赤鐵鑛의 가루가 뿌려져 있었다. 이 유적에서는 부장품인지의 확실한 근거가 없으나 貝殼, 骨針, 이빨에 구멍을 뚫은 장식품 등이 출토되었다.[5] 日本의 경우는 후기 구석기시대의 몇 예가 있으나, 그 중에 湯の里 4 유적에서는 細石刃文化 단계의 자료가 출토되며, 평면 타원형의 묘광

---

1) 김교경, 「새로 발견된 만달리 동굴유적」, 『역사과학』4, 1981.
2) 충북대학교 박물관 ,『선사유적 발굴도록』, 1998.
3) 손보기, 「제천 점말동굴 발굴 중간보고」, 『한국사연구』11, 1974.
   이융조, 『한국선사문화의 연구』, 평민사, 1980.
4) Klean,R.G. “The Pleistocene Prehistory of Siberia” Quaternary Research 1, 1971.
   加藤晋平,『日本人はどこから來たか』, 岩波新書, 1988.
5) 日本對外文化協會,『日本人と文化の起源をたずねて』, 1988.

이 발견되었다. 묘광내에서는 돌날몸돌(石刃石核), 좀돌날몸돌(細石刃石核), 석제 玉類가 출토되었으며, 아울러 적색토양이 군데군데 산포되어 적색 안료를 뿌린 흔적으로 추정되고 있다. 또한 大分縣 岩戸유적에서는 유물 집중 부분의 集石의 아래 부분에 토광이 있고, 그 안에서 치아, 두개골, 사지골 등의 인골과 조개류와 석기류가 발견되고 있다. 인골은 출토위치와 묘광의 형태로 보아 屈葬된 것으로 추정되고 있다.[6)]

이와 같이 구석기시대의 무덤의 예는 많지 않지만, 시베리아 지역의 가장 대표적인 마리타유적의 상황에서 본다면, 2구를 묻는 합장, 적색 안료를 뿌리는 장례의식, 인간의 영혼을 날아가게 하는 水鳥像, 그리고 女性像에서 본 조상숭배 의식 등이 이미 구석기시대에도 행해지고 있었음을 짐작할 수 있다. 따라서 동북아시아 지역에서 구석기시대에 이미 부장하는 풍습이 존재하였으며, 死者를 보내기 위한 상·장례 의식이나 절차가 다양하게 행해진 것으로 보인다.

2) 묘제

(1) 토광묘

토광묘는 시신을 묻을 수 있을 정도의 구덩이를 파서 매장하는 가장 단순한 무덤이며, 함북 용수동, 송평동, 동해안의 울진 후포리, 남해안의 연대도, 욕지도, 상노대도의 산등패총, 부산 범방패총 등에서 조사되었다.

북한지역에서는 함북 용수동에서 인골이 앙와신전장의 모습으로 동쪽에 머리 방향을 두고 있는 양상으로 출토되었으며, 부장유물은 석부, 석촉, 토기 등이 출토되었다. 함북 송평동에서는 신석기시대 후기의 무덤에서 앙와신전장의 인골과 함께 머리 부분에 완형의 彩文土器가 부장되어 있었다.[7)]

6) 鈴木忠司, 「舊石器人の家と村」, 『季刊考古學』4, 雄山閣, 1983.
山岸良二 編, 『原始·古代日本の墓制』, 同成社, 1991.

7) 藤田亮策, 『朝鮮考古學硏究』, 高桐書院, 1948.

남한의 울진 후포리유적에서는 동서 4.5m, 남북 3.5m의 장타원형 내지 부정장방형의 토광묘가 조사되었으며, 인골은 40여구 이상이 출토되었다. 매장형태는 二次葬으로 한 무덤에 다량의 인골이 들어 있었으며, 장축이 남북으로 형성되어 있기 때문에 머리방향도 여기에 준할 수 있다. 매장방법은 일부 伸展葬이 보이며, 매장형태는 이차장에 의한 것이다. 부장유물은 인골을 덮은 듯한 양상으로 140여점 이상의 석부가 출토되었다.[8)]

부산의 범방패총에서는 무덤이 1기가 조사되었다. 인골은 최하층에 매장되고 그 위로 패총이 형성되고 있으며, 묘광은 확인되지 않았으나 본래는 토광묘였을 것으로 추정된다. 인골의 머리방향은 서북향을 이루고 있으며, 신전장을 한 매장 형태이다. 부장품은 사슴의 견갑골로 만든 골각기 1점, 구멍이 뚫린 연옥제 頸飾 1점이 출토되었다. 인골의 신장 130~140㎝이고 성별불능이며, 연령은 11세 전후로 판단된다.[9)]

연대도패총은 경남 통영군 연대도에 위치하며, 이 곳에서는 다량의 패각층과 함께 13기의 무덤시설이 밀집되어 조사되었다. 묘광은 반원형이고, 바닥면은 납작한 돌을 깔아준 듯하며, 일반적으로 伸展葬이나 5호는 俯身葬을 하였다. 인골은 서향을 이루고 있으며, 1인씩 매장하였으나 2호에서는 3인 이상이 매장되고 있다. 부장유물은 조개팔찌, 결합낚시바늘, 뼈작살, 석부, 숫돌, 토기 등 다양하게 출토되었다. 이 중에 7호, 11호, 14호의 부장유물은 양과 질에서 다른 무덤보다 많고 다양하다.[10)]

욕지도유적은 경남 통영군 욕지도에 위치하며, 무덤은 집석유구 내부에서 2개소가 발견되었다. 이 집석유구에서는 각종 토기와 석기, 동물뼈 등이 산포되어 있었다. 1호 무덤에서는 성년 남성으로 보이는 이빨과 대퇴부가, 2호 무덤에서는 상태가 양호한 남성과 여성 2구 이상의 인골이

8) 국립경주박물관, 『울진 후포리유적』, 1991.
9) 부산시립박물관, 『범방패총 I』, 1993.
10) 국립진주박물관, 『연대도 I』, 1993.

출토되었다. 인골은 머리방향이 서향을 이루고 있다.[11)]

남해안의 산등패총은 통영군 상노대도에 위치하고 있으며, 집석유구와 각종 토기와 석기 등의 유물, 인골 등이 출토되어 조사되었다. 인골은 치아 이외에는 잔존상태는 좋지 않으나 왼팔에 3개의 조개팔찌를 장착한 파손된 두개골은 대부분 잔존하고 있었다. 인골은 동향의 앙와신전장의 상태로 조사되었다.[12)]

(2) 동굴묘

북한에서는 평남 상원의 용곡리 동굴에서 신석기시대의 인류화석이 조사되었다. 무덤의 양상은 파악되지 않으나 제1동굴의 신석기에 해당하는 5문화층에서 상악골 1개와 석부, 갈돌, 토기 등이 출토되었다. 제2동굴의 신석기 문화층인 2문화층에서는 하악골 2개와 보습, 석부, 석겸 등 각종 석기와 토기, 방추차, 골각기, 장신구, 동물뼈 등의 유물이 수습되었다.[13)]

남한에서 인골이 출토된 동굴은 춘천 봉의산에 있는 교동 유적이다. 이 곳은 남향 산사면의 풍화암반을 파고 들어간 동굴 형태의 주거지이며, 노지도 확인되었다. 이 노지를 중심으로 3구의 인골이 방사상 모양으로 발견되었다. 동굴의 벽과 천장이 그을려 있는 것으로 보아 일부러 폐기한 것으로 보인다. 부장품은 석부, 마제석촉 등이 출토되었다. 인골은 앙와신전장이며, 머리를 각각 벽쪽에 두고 발을 중앙에 모이게 하는 방사상의 형태이므로 머리 방향은 동, 서, 남향에 각각 두고 있는 상태이다.[14)]

(3) 옹관묘

옹관묘는 전세계적으로 사용되고 있으며 지역과 시기에 따라 다양하

11) 국립진주박물관, 『욕지도』, 1989.
12) 부산수산대학교박물관, 『산등패총』 , 1989.
13) 사회과학출판사, 『룡곡 동굴유적』, 1986.
14) 김원룡, 「춘천교동 혈거유적과 출토유물」, 『역사학보』20, 1963.

게 나타나고 있다. 옹관은 시신을 넣거나, 혹은 뼈를 넣어 묻는 토기를 말하며, 한반도에서도 선사시대~조선시대에까지 전 시기에 걸쳐 많이 사용되는 묘제이다. 옹관은 신석기시대에 등장하며, 주로 소아용이나 이차장의 용도로 사용한 것으로 판단된다. 옹관묘는 중국에서는 신석기시대의 仰韶文化期에 집단적으로 발견된 바 있고, 일본에서는 繩文時代 中期에 주로 關東地方의 유적에서 많이 발견되고 있다. 한반도에서는 그 예가 없었으나 최근 조사된 남강댐 수몰예정지구인 진주 상촌리유적에서 확인되었다.

진주 상촌리유적은 남강댐 상류역에서 사행상으로 곡류하는 강안의 충적대지에 있으며, 부근에는 청동기시대의 유적들이 분포하고 있다. 이 유적에서는 15기의 주거지와 적석유구가 조사되었다. 옹관은 14호 주거지에서 2기가 확인되었다. 그 중 하나는 완형에 가까운 三角集線文 토기가 수직으로 세워진 채 출토되었다. 토기의 저부에는 구멍을 뚫어 토기로 메웠으며, 내부에서는 화장된 인골이 매납되어 있었다. 또 하나의 옹관에서도 인골이 포함되어 있으나 파손이 심한 편이다.[15)]

3) 부장유물

신석기시대의 부장유물은 일반적으로 토기류가 많고, 일부 마제석기류가 사용되고 있다. 조개팔찌는 부장유물이라기보다는 장착유물이다. 부장유물을 파악할 수 있는 유적은 함북 용수동에서 토기, 석부, 마제석촉, 함북 송평동에서는 채문토기가 부장되어 있었다. 이와 같은 양상은 춘천 교동에서 석부, 마제석촉 등이 출토된 것과 유사하다. 남한의 울진 후포리에서는 이차장을 한 인골 위에 의도적으로 다량의 석부를 놓아 부장하였고, 연대도패총에서는 토기를 깔아 놓은 것으로 보아, 매장시에 의례적

---

15) 이동주, 「진주 남강댐 수몰지구 상촌리유적 」, 『영남고고학』20, 1997.
심봉근, 「진주 상촌리유적출토 신석기시대 옹관」, 『문물연구』2, 1998.

인 의식이 행해진 것으로 파악된다. 범방패총에서는 사슴의 견갑골로 만든 골각기와 연옥제 頸飾이 출토되어 다소 다른 양상을 보이고 있다.

조개팔찌는 남해안의 산등패총의 인골에서 3개를 장착하고 있었으며, 연대도패총에서도 출토되었다. 조개팔찌는 신석기시대에 동아시아에서 보편적으로 출토되는 장신구이다. 본래의 기능은 손목에 끼워 장신구로서 사용하나 혹은 정신적인 관습, 위엄을 나타내는 부장품적인 성격을 띤다. 일본의 西北九州에서도 對馬島의 佐賀, 北九州의 新延, 山鹿貝塚에서 출토 예가 보고되고 있다. 조개팔찌가 인골에 장착되어 있는 경우는 한반도의 남해안지역과 對馬島를 둘러싼 西北九州 지역에 주로 형성되어 있고, 이는 어로구, 토기문화의 교류 범위와도 중복된다.

연대도패총에서는 조개팔찌, 결합낚시바늘, 뼈작살, 석부, 숫돌, 토기 등의 유물이 다양하게 출토되었다. 이 중에 7호, 11호, 14호의 부장유물은 양과 질에서 다른 무덤과 구분되므로, 신석기시대에도 신분과 지위상의 차이가 있었던 것으로 추정할 수 있다. 무덤의 규모나 부장품의 다양성에 의해 빈부나 신분의 차이가 반영되고 있음은 주변국에서도 인정되고 있다. 예를 들어 중국 신석기시대 大汶口文化期의 집단묘에서는 대형무덤의 경우 木槨이 설치되고 토기, 석기, 장식품 등 100점 이상의 다양한 부장품이 출토되기도 하나, 소형무덤에는 棺이 없고 부장품이 간소하게 소량 출토되고 있다.[16]

또한 부장품인지 아니면 의례시에 사용한 것이지 불분명한 유물도 존재한다. 욕지도유적의 경우는 무덤의 주변에 있는 집석유구에서 각종 토기와 석기, 동물뼈 등이 산포되어 있어 부장품인지 확실하지 않고, 진주 상촌리유적의 옹관도 주변에서 토기편과 석부, 석창이 있어 부장품의 역할을 했던 것으로만 추정하고 있다.

---

16) 文物出版社, 『大汶口-新石器時代墓葬發掘報告』, 1974.

4) 죽음관

한반도의 신석기시대는 정착생활이 이루어지고는 있으나 기본적으로 수렵과 채집이 주를 이루고 있으며, 활동범위의 공간적 영역이 매우 넓었을 것으로 생각된다. 사철 바뀌는 식량을 구하기 위해 쉴새없이 움직여야 했기에, 죽음으로 인한 묘제의 축조에 노동력과 시간을 많이 투자할 수가 없었던 것으로 보인다. 따라서 신석기인들의 묘제는 농경사회가 본격적으로 시작되는 청동기시대 이후의 다양화되는 묘제와는 다를 수밖에 없으며, 이 시기에는 지상묘제나 얕은 토광묘가 중심을 이루는 것으로 생각된다.

현 상황에서 한반도 신석기인들의 죽음관에 대한 양상은 다음과 같은 몇 예에서 파악할 수 있을 것이다. 첫째, 신석기시대에는 피장자를 묻을 때의 머리를 두는 방향이 일정하지 않은 것 같다. 연대도패총에서의 머리 방향은 서향, 산등패총은 동향, 울진 후포리는 북향, 범방패총은 서북향, 북한의 함북 용수동에서는 동향, 춘천 교동에서는 인골 3구가 제각기 다른 동, 서, 남향의 방사상으로 향하고 있어, 한반도의 각 지역이 통일된 양상을 보이지 않는다. 따라서 현 자료로 본다면, 신석기시대에는 장례시에 頭向문제에 대한 의례적, 종교적인 의식은 각자의 유적 내에서 일정한 규범에 의해 이루어졌던 것으로 파악할 수 있다.

둘째, 매장방법에 있어서 통영 연대도에서 부신장이 보이기는 하나, 일반적으로 한반도 내에서는 앙와신전장이 주류를 이룬다. 앙와신전장은 토광묘가 묘제에 있어서 기본을 이루듯이, 매장방법에 있어서는 가장 많이 사용되는 방법이다. 주변국에 있어서 매장방법은 다양하나 대체적으로 중국에서 앙와신전장이 주류를 이루고 있다.

셋째, 합장의 풍습이 존재했음을 알 수 있다. 신석기시대에는 일반적으로 1인씩 묻는 단독장이 주류를 이루고 있으나, 연대도패총의 2호에서는 3인 이상이 매장되고 있어 합장의 풍습이 있었음을 알 수 있다. 이러한 합장의 풍습은 시베리아의 구석기시대 유적에서도 확인되고 있어, 그 원류가 구석기시대에까지 거슬러 올라감을 알 수 있다.

넷째, 이 시기에 이미 신분, 지위의 고하가 있었던 것으로 추정된다. 연대도패총에서는 조개팔찌, 결합낚시바늘, 뼈작살, 석부, 숫돌, 토기 등 다양하게 출토되었다. 이 중에 7호묘, 11호묘, 14호묘의 부장유물은 양과 질에서 다른 무덤과 현저하게 구분되고 있으므로 신분, 지위상의 차이가 인정되는 것으로 생각할 수 있다. 무덤의 규모나 부장품의 다양성에 의해 빈부나 신분의 차이가 반영되고 있음은 주변국에서도 인정되고 있다.

다섯째, 신석기시대 中期에 이미 화장의 풍습이 있어 이차장이 행해졌음을 알 수 있다. 진주 남강댐 수몰지구 상촌리유적에서는 신석기시대의 옹관 내부에서 火葬된 인골이 매장된 것으로 보고되고 있다. 한반도의 경우 화장의 풍습은 불교가 도입하면서 삼국시대에 많이 행해졌으며, 고려시대에까지 연장되고 있다. 그러나 불교 유입 이전에도 청동기, 철기시대에도 화장 풍습의 흔적은 많이 나타나고 있다. 상촌리유적의 조사로 인하여 화장을 하는 이차장의 풍습이 신석기시대에까지 거슬러 올라감을 확인할 수 있다. 일본지역에서도 繩文時代 後期 이후에 화장의 수법이 확인되고 있어,[17] 주변국에서도 화장에 의한 이차장이 보편적으로 이루어지고 있음을 알 수 있다.

3. 청동기, 초기철기시대

1) 묘제

(1) 석관묘

석관묘는 주로 구릉의 정상부에서 많이 발견되고 있으며, 板石이나 割石을 사용하여 매장시설을 지하에 마련하고 판석을 덮은 것이다. 이러한

17) 橋口達也, 「大形棺成立以前の甕棺の編年」, 『九州歷史資料館論文集』17, 1992.

묘제는 동북아시아 일대에 분포하는 청동기시대의 매장방법이다. 하부구조에 있어서 지석묘와 밀접한 관련이 있는 것으로 보인다. 석관묘는 판석형과 할석형으로 대별되고 있으며, 규모면에서 160㎝ 이상의 성인이 신전장을 할 수 있을 정도로 큰 경우도 있지만, 1m 정도의 석관묘도 많다. 이러한 경우는 굴장을 생각할 수 있다. 또한 70㎝ 정도의 석관묘는 굴장이라기 보다는 이차장이나 소아용으로 생각할 수 있다. 주요한 석관묘의 몇 유적을 소개하면 다음과 같다.

북창 대평리유적은 평양 근교에 있으며, 7기의 석관묘가 조사되었다. 4벽에 각1매씩 板石을 세웠고, 석관 위에는 1매의 판석으로 덮은 형태이다. 석관의 바닥은 판석이 깔린 경우와 자갈을 사용한 경우도 있다. 석관의 규모는 90~185㎝ 정도로 다양한 편이다. 장축은 동서방향이며, 인골의 출토로 보아 동향으로 보고되고 있다. 부장품은 磨製石劍, 石鏃, 管玉, 曲玉 등이 발견되었고, 인골도 많은 양이 수습되었다.[18)]

대전 괴정동유적은 대전시 교외의 낮은 구릉지대에 위치한다. 석관묘는 割石으로 4벽을 축조하였으며, 바닥에는 부식된 木質의 흔적이 남아있다. 목관과 묘광 사이에는 할석을 채워 넣었으며, 관 뚜껑에도 積石을 한 것으로 보인다. 부장유물은 銅劍, 銅鏡, 石鏃, 銅鐸, 防牌形銅器, 劍把形銅器, 曲玉, 小玉, 粘土帶土器, 黑陶長頸壺 등이 출토되었다.[19)]

부여 송국리유적은 금강지류인 석성천변에 펼쳐진 낮은 구릉에 해당한다. 이 곳은 송국리형식의 특징적인 무문토기와 다량의 탄화미가 출토된 주거지 유적이 주류를 이루며, 석관묘 외에 토광묘, 옹관묘도 출토되었다. 이곳의 석관묘는 풍화 암반을 깊게 파내어 그 안에 4~5매의 판석을 이용하여 축조하였다. 규모 205㎝, 장폭 100㎝ 정도로 큰 편에 속하며, 바닥에는 3매의 판석을 깔고, 판석의 사이에는 자갈로 채웠다. 석관 위에는 길이가 260㎝나 되는 장타원형의 판석 1매를 덮었다. 부장유물은

---

18) 정찬영, 「북창군 대평리유적 발굴보고」, 『고고학자료집』4, 1974.
19) 이은창, 「대전시 괴정동출토 일괄유물 조사약보」, 『고고미술』8·9, 1969.

모두 바닥면에서 발견되었다. 遼寧式銅劍, 銅鑿, 石劍 각 1점, 石鏃 11점, 管玉 17점 등이 출토되었는데, 전형적인 遼寧式銅劍이 남한에서는 최초로 발견된 유적이다.[20)]

서천 오석리유적은 오석산에서 흘러내린 구릉이 다시 독립된 산지를 형성하면서 동서로 길게 늘어진 능선에 위치한다. 이 유적에서는 청동기시대의 주거지 13기, 석관묘 25기, 옹관묘 1기와 원삼국시대 옹관묘 7기, 토광묘 17기가 조사되었다. 석관묘는 구릉의 정상부를 중심으로 밀집되어 있으며 풍화암반층을 파서 묘광을 조성하고, 묘광내에 판석이나 할석을 사용하여 조성하였다. 석관은 대부분 길이가 80㎝ 정도로 작은 것이어서 신전장은 불가능한 규모이다. 부장유물은 빈약한데, 2호, 10호 석관묘에서 마제석검, 25호 석관묘에서 석촉, 15호 석관묘에서 무문토기편이 출토되었다.[21)]

익산 다송리유적에서는 할석으로 네벽을 축조한 후에 한 장의 장방형 판석을 덮고 있는 석관묘가 조사되었다. 부장유물은 粗文鏡 1점, 大形銅泡 2점, 碧玉製 管玉 110점, 無文土器, 黑陶片 등이 출토되었다.[22)]

창원 진동리유적은 진해만을 바라보는 낮은 구릉사면에 위치한다. 조사된 석관묘는 장방형을 이루며, 묘광을 판 후에 길이 182㎝, 폭 56㎝, 높이 50㎝ 정도의 석관을 설치하였다. 석관은 판석으로 조립하였으며, 묘광과 벽 사이에는 塊石과 찰흙 등으로 채웠다. 부장유물은 석관 내부에서 석검 1점, 동검 1점, 석관 외부에서 紅陶 1점, 蓋石 위에서 석촉 2점이 출토되었다.[23)]

---

20) 국립중앙박물관, 『송국리』Ⅰ, 1979.
국립중앙박물관, 『송국리』Ⅱ, 1986.
국립중앙박물관, 『송국리』Ⅲ, 1987.
21) 공주대학교 박물관, 『오석리유적』, 1996.
22) 전영래, 「익산 다송리 청동유물 출토묘」, 『전북유적조사보고』5집, 1974.
23) 국립중앙박물관, 『한국의 청동기문화-특별전 도록-』, 1992.

(2) 지석묘

지석묘가 우리 나라와 가장 관련 있는 지역은 中國 東北部의 遼寧地方이다. 이 시기의 묘제는 석관묘인데 지석묘의 원류를 여기에 두는 경향이 높다. 遼寧地方을 포함해서 한강 이북에는 탁자와 같은 北方式이 분포하고 남부지방에서는 바둑판과 같은 南方式이 주류를 이룬다. 또한 蓋石式으로 불리는 것은 上石 밑에 支石이 없는 경우이며 상석과 墓室이 지면에 직접 마주 접하는 형태이다. 남방식 지석묘는 호남지역에서 주류를 이르고 있으며, 그 중에 섬진강유역의 몇 유적을 소개하기로 한다.

승주 우산리 내우 지석묘군은 주암댐수몰지구 내의 지석묘군 중에 규모가 가장 크고 대표적이다. 보성강변의 완만한 산자락의 구릉지역에서 58기의 지석묘가 조사되었다. 하부구조의 석실은 石槨形이 39기, 土壙形이 2기, 圍石形이 5기 등이다. 이곳의 지석묘는 기본적으로 바닥석을 깔고 割石 등을 세워 석곽을 만든 후 주위에 돌을 쌓아 판석으로 석실을 덮고 그 위에 상석을 올리고 있다. 유물은 21기의 석곽형 석실에서 부장품으로 有柄式石劍, 有莖式石劍, 石鏃, 石鑿, 三角形石刀, 有構石斧, 環狀石斧, 遼寧式銅劍, 각종 玉類, 無文土器, 紅陶片 등이 출토되었다.[24)]

보성 덕치리 신기지석묘는 보성강변에 형성된 구릉 위에 26기의 지석묘가 있었으나 10기를 조사하였다. 이 중 하부구조는 15기 조사되었고 매장시설은 석곽형이며 1기만이 위곽형이다. 부장유물은 요녕식동검, 석검, 석창, 석촉, 동촉, 삼각형석도, 석착, 유구석부, 무문토기와 홍도편이 출토되었다.[25)]

여천시 적량동 지석묘군은 적량천변의 계곡평지 끝에 해당하는 산기슭에 자리하고 있다. 이곳에서는 14기의 지석묘를 조사하고 상석이 없는 25개의 석실을 조사하였다. 하부의 매장시설은 석곽형이 대부분이며, 석

24) 송정현 외, 「우산리 내우지석묘」, 『주암댐수몰지구 조사보고서(Ⅱ)』, 전남대학교 박물관, 1988.

25) 윤덕향, 「덕치리 신기지석묘」, 『주암댐수몰지구 조사보고서(Ⅲ)』, 전남대학교 박물관, 1988.

관형도 3기가 있다. 유물은 요녕식동검 7점, 遼寧式銅鉾, 관옥, 유구석부, 紡錘車, 무문토기, 角形土器, 홍도편이 출토되었다.[26)]

여천시 평려동 지석묘군은 영취산과 호랑산의 산줄기에서 광양만 쪽으로 뻗어 내린 계곡의 분지성 평지가 형성되는데, 이곳의 완만한 경사면에 지석묘군이 위치하며, 38기가 조사되었다. 매장시설은 석곽형이 주를 이룬다. 부장유물은 청동검, 유구석부, 석촉, 각종 옥류, 무문토기, 홍도편 등이 출토되었다.[27)]

(3) 옹관묘

신석기시대의 옹관묘로 보고된 것은 진주 대평리유적이 유일한 예이지만, 청동기시대부터는 한반도에서 옹관묘가 많이 사용되기 시작한다. 청동기시대의 옹관묘는 토기 하나만을 사용하는 單甕이며, 부여 송국리, 공주 남산리, 송학리, 익산 석천리, 곡성 연화리 등 충청, 전라도 지역의 松菊里式 文化圈 안에서 주로 발견되고 있다. 청동기시대의 옹관은 송국리형토기를 세워서 묻은 형태이며, 판석 등을 뚜껑으로 하여 덮고 있다. 옹관의 바닥이나 몸통에는 조그마한 구멍을 내고 있는데, 이것은 배수와 관련된 시설로 보인다. 이러한 옹관은 호남지역에서는 단독으로 발견되나 부여 송국리에서는 석관묘, 토광묘 등과 함께 발견되고 있다. 초기철기시대가 되면 옹관 두개를 옆으로 누여 결합한 合口式 甕棺墓가 새롭게 등장하게 된다. 비슷한 크기의 옹관 2개를 맞대거나 삽입시켜 합구식이 주류를 이루고, 광주 신창동이나 평양 남경유적에서는 3개의 옹관을 사용한 것도 있다. 이 시기에는 남부지방, 북한지역에까지 옹관묘가 확인되고 있어, 단기간에 전국적으로 확산된 것으로 보인다. 이 시기의 주요 옹관묘는 신천 명사리, 평양 남경, 은율 운성리, 광주 신창동, 삼천포 늑도, 의창 다호리, 김해 회현동, 지내동 등을 들 수 있다.

---

26) 전남대학교 박물관, 『여천 적량동 상적 지석묘』, 1993.
27) 전남대학교 박물관, 『여천 평려동 산본 지석묘』, 1993.

부여 송국리유적은 금강지류인 석성천변에 펼쳐진 낮은 구릉에 해당한다. 이 곳은 송국리형식의 특징적인 무문토기와 다량의 탄화미가 출토된 주거지 유적이 주류를 이루며, 옹관묘 외에 석관묘, 토광묘도 출토되었다. 옹관은 4기가 출토되었으며, 옹관은 수직 혹은 비스듬히 토광을 파고, 송국리형토기를 그대로 이용하여 판석으로 구연부 부분을 덮고 있다. 저부에는 배수시설로 보이는 구멍이 있으며, 주거지와 근접한 지역에서 발견된다. 부장유물로는 管玉을 넣은 것이 있다.[28)]

익산 석천리 옹관묘는 낭산면 석천마을 뒷편의 낮은 능선에 있으며, 공사로 인하여 일부 파괴되었으나 잔존 상황에서 구조와 축조방법을 알 수 있다. 옹관은 2기가 나란히 배치되고 있으며, 풍화 암반을 수직으로 파내어 토광을 만들고 옹관을 안치한 단옹이다. 바닥의 소형 판석 위에 옹관을 세우고, 다시 화강암으로 만든 큰 판석으로 구연부 부분을 덮고 있다. 옹관은 전체적으로 송국리형으로 刻目文이 새겨져 있으며, 저부에는 외부에서 내부 쪽으로 구멍이 뚫려 있다.[29)]

광주 신창동유적은 영산강의 지류인 극락강변의 낮은 능선이 있는 사면에 위치한다. 바로 옆에 인접한 호남고속도로가 있고, 그 주변의 저습지에서는 많은 농경 복합유물이 조사되어 주목되고 있다. 옹관묘유적의 조사구역에서는 53기의 옹관이 발견되었으며, 일반적으로 합구식 옹관이 주류를 이룬다. 옹관은 옆으로 누인 상태이며, 사용된 토기는 粘土帶土器와 송국리형토기의 속성을 보이는 것, 把手가 부착된 토기 등이 있다. 옹관은 동향이 과반수를 넘고 있다. 부장유물은 철편과 토기편이 있고, 옹관 밖에서 철편, 銅製 劍把頭飾, 소형토기, 석부, 석촉, 숫돌 등이 출토되었다.[30)]

---

28) 국립중앙박물관, 1979, 『송국리』Ⅰ, 1979.
  국립중앙박물관, 1986,.『송국리』Ⅱ, 1986.
  국립중앙박물관, 1987,.『송국리』Ⅲ, 1987.
29) 이건무 외, 1994,.「익산 석천리 옹관묘에 대하여」,.『고고학지』6집, 1994.
30) 김원룡, 1964,.『신창리 옹관묘지』, 서울대 고고인류학 총간 1책, 1964.

삼천포 늑도유적은 섬 전체가 유적이며, 패총, 주거지 12기, 목관묘 38기, 옹관묘 35기가 확인되었다. 이 유적의 중심연대는 기원전 1세기경이며, 무문토기, 석기류, 鐵斧, 鐵刀子 등 철제유물이 나와 철기문화의 유입과정을 알 수 있는 단서를 제공하고 있다. 옹관묘는 합구식과 단옹식이 있으며, 단옹식은 판석으로 뚜껑을 한 것이 있다. 옹관은 얕은 구덩이를 파고 누인 형태이며, 의도적으로 몸체에 구멍을 뚫은 것이 많다. 옹관 내부에서는 소아의 유골이 남아 있어 어린아이의 매장에 사용되고 있음을 보여주고 있다.[31)]

김해 회현동 패총에서는 3기의 합구식 옹관이 조사되었다. 낮은 능선의 같은 구역 안에 지석묘와 석관묘가 존재한다. 부장유물은 벽옥제의 관옥이 출토되었고, 옹관 바로 밑에서는 한국식동검과 청동장신구가 발견되었다. 옹관으로 사용된 토기는 日本의 彌生土器와 유사하여 주목되고 있다.[32)]

(4) 적석목관묘

적석목관묘는 목관을 안치한 후, 그 위에 돌을 덮거나 목관의 주위를 돌로 두르는 무덤을 말한다. 종래에는 석관묘나 석곽묘로 불리었으나 화순 대곡리에서 관 주위에 할석을 돌리는 예에서 새롭게 밝혀졌다. 기원전 2세기말경에 남부지방에도 철기문화가 보급되기 시작하며, 청동기문화의 양식을 모방한 철기가 목관묘에서 출토되고 있다. 이러한 성격의 목관묘는 부여 합송리, 장수 남양리, 함평 초포리, 대구 팔달동, 경주 조양동, 창원 다호리 등지에서 확인되고 있다.

부여 합송리유적은 반산저수지 남서쪽 야산에 위치한다. 남부지방에 철기가 도래하는 시기의 것으로, 거의 파괴된 상황이다. 이 유적의 현장에서 수습한 할석의 존재로 보아 적석목관묘로 추정되고 있으며, 할석을

---

31) 국립광주박물관, 1992, 『한국의 옹관묘-특별전 도록』, 1992.
32) 국립광주박물관, 1992, 『한국의 옹관묘-특별전 도록』, 1992.

이용하여 무덤의 칸을 만든 것으로 보인다. 부장유물은 韓國式銅劍, 銅戈, 銅鐸, 精文鏡, 銅器, 管玉, 鐵鑿, 鐵斧, 黑陶壺 등이 출토되었다.[33]

장수 남양리유적은 남양리 남양교 남쪽 300m 지점의 소백산맥의 기슭의 해발 360m의 고지대에 속하는 분지이다. 이곳은 금강 최상류 지역에 해당하나 섬진강의 발원지와도 가깝다. 유물은 토지 주인에 의해 한국식동검, 銅鉾, 銅鏡, 철부, 철착, 석도, 마제석촉, 석촉 등이 일괄적으로 수습되었다. 유물이 청동기와 철기가 공반되고 있으며, 시굴조사 과정에서 劍把頭飾 1점과 약간의 무문토기편이 출토되었다.[34]

화순 대곡리유적은 영산강의 상류가 내려다보이는 산기슭의 낮은 언덕에 있다. 풍화된 암반에 이중의 장방형 묘광을 파고, 그 안에 통나무 목관을 넣은 것으로 보인다. 목관 주변에는 할석을 채워 넣은 圍石木棺墓의 성격을 띤다. 부장유물은 韓國式銅劍, 銅斧, 八珠鈴, 雙頭鈴, 銅鏡 등이 출토되었다.[35]

함평의 초포리유적은 적석목관묘의 가능성이 높은 무덤이 조사되었다. 형태는 장방형이며, 장축260㎝, 단축90㎝ 정도의 크기이다. 구조는 목관을 묘광 바닥에 놓고 그 공간을 할석으로 채운 것으로 보인다. 묘광 바닥에는 목판 흔적인 부식토가 깔려 있는 상태이다. 부장품으로는 묘광의 바닥에서 장식옥과 劍把頭飾, 동검, 동경, 동모, 동과, 동부, 銅鑿, 쌍두령, 銅鈴 등의 부장품이 출토되었다.[36]

대구 팔달동유적은 대구분지의 북단을 가로지르는 금호강과 팔계천이 합류하는 지점에 위치한다. 청동기시대에서부터 삼국시대에 이르기까지 다양한 유구가 조사되었다. 영남문화재연구원의 조사에서만도 원삼국시대의 목관묘와 토광묘 102기, 목곽묘 1기, 옹관묘 139기 등이 조사되었다. 이 중 90호 적석목관묘는 동서로 긴 장방형을 이루고 있으며, 목관

33) 이건무, 「부여 합송리유적 출토 일괄유물」, 『고고학지』2집, 1990.
34) 지건길, 「장수 남양리출토 청동기, 철기 일괄유물」, 『고고학지』2집, 1990.
35) 조유전, 「전남 화순 청동일괄 출토유적」, 『윤무병박사 회갑 기념논총』, 1984.
36) 국립광주박물관, 『함평 초포리유적』, 1988.

과 묘광 사이에는 암반 덩어리를 넣어 채우는 초기의 목관묘 형태를 나타낸다. 부장유물은 보강토 사이에 있었으나 목관의 내부로 무너져 내린 것으로 보인다. 유물은 동모, 동과, 철검, 鐵鉾, 板狀鐵斧, 토기 뚜껑, 長頸壺 등이 출토되었다.[37)]

경주 조양동유적은 낮은 구릉지대에서 시기를 달리하는 목관묘, 목곽묘, 옹관묘 등이 조사되었다. 목관묘는 26기가 조사되었으며, 형태는 장타원형 혹은 세장방형을 이루고 있다. 이 중에 시기가 가장 빠른 것이 5호분으로 묘광에 목관을 안치하고 그 위를 돌과 흙으로 덮고 있다. 부장유물은 鐵劍, 鐵戈, 小銅鐸, 多紐粗文鏡, 黑陶長頸壺 등이 출토되었다.[38)]

창원 다호리유적은 구룡산 북서 줄기와 이어지는 야산의 낮은 구릉에 위치한다. 초기철기시대 후반 이래, 원삼국시대, 가야시대의 고분군이 존재하고 있다. 이 유적은 구유형 목관을 이용한 목관묘가 주류를 이루고 있다. 그 중 1호묘는 보존 상태가 좋으며, 길이 178㎝, 폭 136㎝ 정도의 규모이다. 통나무로 만든 구유모양의 목관과 함께 바닥 중앙에 설치된 구덩이에서 鐵鉾, 銅鉾, 小銅鐸, 銅環, 靑銅帶鉤, 漆鞘銅劍 등 각종 칠기 등이 대나무 상자에 담긴 채로 발견되었다. 부장유물의 대부분은 鐵器와 漆器이며 토기는 無文土器와 瓦質土器가 출토되고 있다.[39)]

2) 부장유물의 성격

(1) 석관묘의 경우

석관묘는 동북아시아 일대에 폭넓게 분포하는 청동기시대의 장법으로 판석이나 냇돌을 사용한 석관으로 매장시설을 축조한 것이며, 신석기시

37) 영남문화재연구원, 『대구 팔달동유적 Ⅰ』, 2000.
38) 崔鍾圭, 「慶州市朝陽洞遺蹟發掘調査概要その成果」, 『古代文化』35-8, 1983.
39) 이건무 외, 1989, 「의창 다호리유적 발굴진전보고(Ⅰ)」, 『고고학지』1집, 1989.
이건무 외, 1991, 「의창 다호리유적 발굴진전보고(Ⅱ)」, 『고고학지』3집, 1991.
이건무 외, 1993, 「의창 다호리유적 발굴진전보고(Ⅲ)」, 『고고학지』5집, 1993.
이건무 외, 1995, 「의창 다호리유적 발굴진전보고(Ⅳ)」, 『고고학지』7집, 1995.

대에 보이지 않던 석제를 사용한 묘제이다. 이 묘제는 토광묘나 목관묘와는 달리 기존에 흙으로 덮어 버리는 관념에서 벗어나 일정한 공간을 부여했다는 점이 다르다. 이 공간이야말로 저승에서의 활동공간으로 보이며 한 단계 높은 수준의 장법이라 할 수 있다.

부장유물은 북창 대평리에서 마제석검, 석촉, 관옥, 곡옥 등이, 부여 송국리에서는 요녕식동검, 동착, 석검 석촉, 관옥 등이, 대전 괴정동에서는 동검, 동경, 석촉, 동탁, 방패형동기, 검파형동기, 곡옥, 소옥, 점토대토기, 흑도장경호 등이 출토되었다. 동경은 조잡한 문양이며, 방패형동기도 제작기법이 거칠어 전세품일 가능성이 제기되고 있다. 익산 다송리에서는 粗文鏡, 大形銅泡, 벽옥제 관옥, 무문토기, 흑도편 등이 출토되었다. 大形銅泡는 중국 遼寧地方에서 발견되는 銅 단추가 儀器化 된 것으로 보여진다. 무덤의 구조와 출토유물로 보아 中國 遼寧地方의 문화요소가 남아있다. 창원 진동리에서는 석관 내부에서 석검, 동검이 동시에 출토되었으며, 석관 외부에서 紅陶, 蓋石 위에서 석촉이 출토되었다.

이와 같이 청동기시대부터는 무덤에 부장되는 가장 일반적인 유물은 劍인데, 생전에 被葬者의 권위나 신분을 상징하는 의미로서 劍을 부장하고 있다. 대체로 석관묘의 부장유물은 석검, 석촉, 옥, 다양한 청동기, 토기 등이 발견되고 있다. 이중 마제석검과 석촉이 출토빈도가 가장 높다. 출토된 청동유물은 銅劍, 銅鏡, 銅鈴 등 주로 儀禮用으로 사용하는 것들이 많다. 이들 유물은 오늘날의 巫俗에서도 쓰이고 있는 신칼, 명두, 방울과 같은 것으로 보이며, 굿을 할 때 기본적으로 쓰이는 도구와 기능이 같은 것으로 판단된다.[40]

(2) 지석묘의 경우

지석묘는 보성강 유역과 같이 부장 풍습이 유행하는 지역이 있으나,

40) 장철수, 1995, 『옛무덤의 사회사』, 웅진출판사, 1995.

영산강 유역이나 전북 고창 지역은 거의 발견되지 않는다.

승주 우산리 내우 지석묘군에서는 석검, 석촉, 석착, 삼각형석도, 유구석부, 환상석부, 요녕식동검, 각종 옥류, 무문토기, 홍도편 등이 출토되었다. 특히 8호 지석묘에서는 요녕식동검 1점과 곡옥 2점, 관옥 6점이 출토되어 부장품의 연구에 중요한 자료를 제공하고 있다. 보성 덕치리 신기지석묘에서는 요녕식동검, 석검, 석창, 석촉, 청동촉, 삼각형석도, 석착, 유구석부, 무문토기, 홍도편 등, 여천시 적량동 지석묘군에서는 요녕식동검 7점, 요녕식동모, 관옥, 유구석부, 방추차, 무문토기, 각형토기편, 홍도편이 출토되었다. 2호 석곽형에서는 요녕식동모와 관옥이 공반 출토되었는데 이러한 예는 아직 없으며, 角形土器는 서북지방에서 많이 보이는 것으로 서남해안에서 발견은 예가 드물다. 여천시 평려동 지석묘군에서는 청동검, 유구석부, 석촉, 각종 옥류, 무문토기, 홍도편 등이 출토되었는데 인근 여수반도 지석묘의 유물상과 유사하다. 특히 옥류는 관옥 170점, 소옥 257점, 곡옥 2점, 환옥 2점 등 다양하며 현재까지 한반도에서 가장 많이 발견되었다.

이와 같이 섬진강유역 지석묘에서의 부장유물은 석기류는 석검과 석촉이 주류를 이루고, 토기는 紅陶와 彩文土器, 청동기류는 琵琶形銅劍, 細形銅劍, 銅矛, 銅鏃, 玉類는 小玉, 曲玉, 管玉, 丸玉이 있다. 이러한 부장 유물은 피장자가 실제로 생전에 사용하던 물건이나 의례용으로 특별히 제작하여 넣은 것으로 보인다. 여기에 비해 石刀, 有溝石斧, 숫돌, 방추차, 무문토기류 등의 생활유물은 지석묘 주변에서 많이 발견되는데 이들 유물은 부장유물과는 달리 생활유물이다. 이들 생활유물은 지석묘 축조시 혹은 부장 후의 제사에 쓰였던 것으로 생각된다.

지석묘 내부에 부장유물이 놓여지는 위치에 대해서는 전남지방의 연구 예가 있다.[41] 이에 의하면 석검은 인골의 우측 허리에서 무릎 부근,

41) 이영문, 『전남지방 지석묘사회의 연구』, 교원대학교 박사학위 논문, 1993.

석촉은 석검 부근이나 피장자의 가슴 혹은 그 아래쪽, 청동기는 허리나 다리쪽, 曲玉, 丸玉은 머리 부근, 小玉과 管玉 등은 가슴 부분, 紅陶는 머리 부근에서 출토되는 것으로 연구되고 있다. 따라서 이를 토대로 인골이 출토하지 않아도 유물의 위치로 머리 방향을 추정할 수 있다. 피장자의 성별과 부장품의 관계는 석검은 일반적으로 남자의 무덤에서, 玉類는 여자무덤에서 출토된다. 그러나 옥류는 남자무덤에서 동반되기도 하여 성별에 큰 의미는 부여되지 않은 것 같다.

(3) 옹관묘의 경우

청동기시대부터는 한반도에서 옹관묘가 많이 사용되기 시작하며, 이 시기의 옹관묘는 토기 하나만을 세워서 묻은 單甕의 형태이다. 주로 충청, 전라도 지역의 송국리식 문화권 안에서 발견되며, 경상도 내륙지역의 거창 대야리에서도 출토 예가 있다.[42] 초기철기시대가 되면 옹관 두 개를 옆으로 누인 합구식 옹관묘가 새롭게 등장한다. 이 시기에는 남부지방, 북한지역에까지 옹관묘가 확인되고 있다.

옹관묘의 부장유물은 부여 송국리 옹관에서 관옥이 출토되고 있으며, 광주 신창동 옹관묘의 부장유물은 철편과 옹관 밖에서 철편, 동제 검파두식, 소형토기, 석부, 석촉, 숫돌 등이 출토되었다. 김해 지내동의 합구식 옹관에서는 결합된 부위에서 紅陶가 출토되었는데, 이 토기는 日本의 彌生時代 中期에 등장하는 壺形土器와 유사하여 주목되고 있다. 김해 회현동의 경우는 부장품으로 벽옥제의 관옥 3점이 출토되었고, 옹관 바로 밑에서 한국식동검과 청동장신구가 발견되었다. 옹관으로 사용된 토기는 日本의 彌生土器와 상통한 면을 보여주고 있어 한일간 문화교류의 관련 자료로 중요시되고 있다.

옹관묘의 부장품은 지석묘나 석관묘보다는 數나 質의 面에서 매우 적

42) 동의대학교 박물관, 『대야리 주거지Ⅱ』, 1989.

게 나타난다. 옹관은 군집된 다른 묘제에 부수적으로 나타나고, 또한 소아용으로 사용된 예가 많다. 즉 한반도에서는 석관묘나 목관묘, 지석묘보다는 지위가 낮은 계급, 혹은 소아용의 무덤 등으로 사용되고 있으며, 부장유물도 매우 빈약하다. 그러나 한반도와는 달리 日本지역에서는 彌生時代 요시노가리(吉野ヶ里)유적에서와 같이 옹관에서 동검과 옥 등이 출토되기도 하여 지위가 높은자의 무덤으로도 사용되고 있어 주목되고 있다.[43)]

(4) 적석목관묘의 경우

남부지방의 청동기시대 묘제 중에 한국식 동검문화와 가장 밀접한 관련이 있는 적석목관묘는 대개 단독으로 축조되고 있다. 여기에 철기가 본격적으로 시작되는 초기철기시대의 후반에는 경주 조양동, 창원 다호리에서와 같이 혈연과 지연을 통한 집단 묘역을 이루게 된다.

부장유물은 부여 합송리에서는 한국식동검, 동과, 동탁, 정문경, 동기, 유리 관옥, 철착, 철부, 흑도호 등이 출토되었으며, 장수 남양리에서는 한국식동검, 동모, 동경, 철부, 철착, 석도, 마제석촉, 돌화살촉 등이 일괄적으로 수습되어, 부여 합송리, 당진 소소리유적과 같이 청동유물과 철기유물이 공반하여 남한지역에 점차 철기가 도입되는 과정을 보여주는 있다. 화순 대곡리에서는 한국식동검, 동부, 팔주령, 쌍두령, 동경 등이, 함평의 초포리에서는 묘광의 바닥에서 장식옥과 검파두식 동검, 동경, 동모, 동과, 동부, 동착, 쌍두령, 동령 등이 발견되어, 부장품이 셋트로 놓여 있음을 알 수 있다. 할석과 묘광 사이에는 동령이 놓여 있었으며, 피장자의 머리와 팔꿈치 부분에 해당된다. 천하석제의 옥 1쌍도 피장자의 양쪽 귀 부분에서 대칭으로 발견되었다. 대구 팔달동 90호묘에서는 동모, 동과, 철검, 철모, 판상철부, 토기뚜껑, 장경호가 출토되어 이 지역

43) 朝日新聞西部本社, 『吉野ヶ里遺蹟展』, 1989.

초기철기 단계의 특징적인 유물상을 보여주고 있으며, 경주 조양동 5호분에서는 철검, 철과, 소동탁, 다뉴소문경, 흑도장경호 등이 출토되어 무문토기에서 와질토기로 넘어가는 과도기적인 문화양상을 보여주고 있다. 창원 다호리 1호묘에서는 철부, 철모, 동모, 소동탁, 동경, 동환, 청동대구, 칠초동검, 오수전, 붓 등 각종 칠기 등이 대나무 상자에 담긴 채로 발견되었다. 부장유물의 대부분은 철기와 칠기이며, 토기는 후기의 무문토기와 와질토기가 출토되고 있다. 그러나 무덤의 구조 및 부장방법, 출토유물 등에서 보면, 원삼국시대의 문화로 넘어가는 과도적인 특징을 보여주며, 星雲鏡, 五銖錢, 小銅鐸 등의 漢式遺物은 조양동 5호분, 38호분에서도 출토된 바 있다.

이와 같이 청동기, 초기철기시대의 적석목관묘의 특징은 묘의 구조 및 부장품의 부장방법에 이르기까지 다음 시기인 원삼국시대 목관묘의 문화에 충실히 계승된다. 원삼국시대 초기에 출현하는 목관묘에는 청동기와 철기, 무문토기와 함께 새로운 양식의 토기인 와질토기가 부장되고 있는 점이 특징이다. 목관묘의 주체부는 통나무관이나 판재관이 사용되고 있으며, 관밑에 구덩이를 파고 유물을 매장하여 특이한 葬法을 보여주고 있다.

3) 상 · 장례의식

선사시대 이후 상·장례의식은 영혼불멸관념, 영원회귀관념, 재생관념, 자연숭배관념 등 원시신앙의 차원에서 어떤 필요에 의해 생성된 것으로 이해된다.[44] 인간은 죽음을 재생으로 역전시키려는 여러 가지의 관념을 가지고 해결하려고 한다. 따라서 죽음에 관련한 의례, 상징적·연기적인 행위 등을 가지고 상·장례의식을 행하고 있는 것이다. 청동기, 초기철기시대에는 석관묘, 지석묘, 옹관묘, 적석목관묘가 주류를 이루고 있고, 여기에 많은 의례적인 행위가 존재하나 그 중에서도 가장 많이 연구된 지

44) 김용덕, 『한국의 풍속사 I』, 도서출판 밀알, 1994.

석묘를 중심으로 상·장례의식을 파악하고자 한다.

지석묘의 축조시에는 축조의례, 매장의례, 장례의례 등의 의식이 행해진 것으로 연구되고 있다.[45] 축조의례는 上石과 支石을 운반하고 石室을 구축할 때 사용되는 의례이며, 壁石 밑에 玉, 벽석에 꽂힌 劍, 석실 내부의 다짐토에서 발견되는 유물로 추정할 수 있다. 매장의례는 피장자를 안치하기 전과 안치 시, 안치 후, 蓋石을 덮을 때 각각 행해지는 것으로 연구되고 있다.[46] 안치하기 전에는 석실 바닥보다 낮은 곳에서 석검이 완형으로 발견되는 경우에 그 가능성을 찾을 수 있고, 안치 시에는 시신과 함께 석검이나 석촉, 일상 생활용품을 부장한다. 석실의 내부 다짐토에서 토기편, 석검, 석촉편 등이 발견되기도 하고, 蓋石 위에서 발견되는 경우도 있어, 안치 후나 개석을 덮기 전에도 의례행위가 있었던 것으로 보인다. 제사의례는 지석묘의 축조시에 제사를 지내고 그 토기나 일상유물을 묻는 경우를 생각할 수 있다. 일반적으로 지석묘 주변의 출토유물은 일상용품이 많고, 지석묘 주변에서는 다량의 무문토기가 발견되는 예가 있다. 이것은 지석묘 축조시 혹은 축조 후에 피장자의 영혼을 위해 제사를 지낸 흔적일 것이다.

한반도의 토양은 산성이므로 일반적으로 무덤 속의 인골은 보존되기 어렵다. 그러나 열악한 상황에도 불구하고 인골이 출토된 지석묘는 30여 이상의 예가 알려지고 있고, 그 중에서도 충북 제원 황석리, 강원 춘천 중도, 경북 달성 진천동, 창원 덕천리, 진양 대평리에서는 인골상태가 비교적 양호하여 성별, 연령, 장법 등을 가늠해 볼 수 있다. 지석묘의 葬法은 伸展葬, 側臥屈葬, 屈葬, 二次葬, 火葬 등이 사용된다. 신전장은 가장 오래된 전통을 가지며, 오늘날까지도 기본적인 장법으로 사용되고 있다. 이 신전장이 변형되어 側臥屈葬으로 나타난다고 할 수 있다. 굴장은 다

45) 이상길, 「지석묘의 장송의례」, 『고문화』45집, 한국대학박물관협회, 1994.
46) 이영문, 「호남지역 청동기시대 묘제 연구의 제문제」, 『호남지역의 청동기문화』, 호남고고학회, 1999.

리를 굽혀서 앉은 상태인데, 신전장 못지 않게 많이 나타나며, 특히 석관묘에서 많이 사용되고 있다. 이 굴장이 도입된 이유로는 묘광을 파는데 노동력이 절약되고, 모태 안에서의 자세와 같아 사후에 본래의 세계로 되돌아감을 의미한다고 볼 수 있다. 이차장은 죽은자를 가매장 등을 통하여 육탈시킨 다음 뼈만 추려서 매장하는 방법이다. 이 방법은 폭이 30㎝ 이내로 좁은 석실, 소형석실이 도입된 무덤에 사용할 수 있으며, 이차장은 시신을 일정기간 육탈시켜 뼈만 추려 석실에 안치하는 풍습인데, 고대의 문헌에서도 이러한 사실이 자주 등장하고 있다. 화장은 시신을 불에 태워 석실 안에 뼈만 매장하는 방법과 석실 안에 시신을 넣고 직접 불사르는 방법이 확인되고 있다. 중병에 걸린 소아를 화장하거나, 혹은 전염병 등에 위해 죽은 자를 여러 구의 시신을 화장하는 방법도 행해진 것으로 조사되고 있다.

장법의 비율은 지역별로 약간씩의 차이는 있으나, 전남지방에서는 평균적으로 신전장이 40.1%, 굴장이 42.2%, 이차장 등이 17.7%를 점유하고 있으며, 지석묘 하부구조와의 관계에 있어서 신전장과 굴장은 支石, 積石, 蓋石이 있는 비율이 높고, 굴장이나 이차장·유아장에서는 매우 낮은 것으로 연구되고 있다.[47] 石室의 바닥은 신전장의 경우 板石이나 扁平石을 깔아 만든 비율이 높고 석실을 정교하게 만들며, 이차장·유아장은 바닥면에 별 시설 없이 맨바닥을 활용하는 비율이 월등히 높아 장법에 따라서 무덤의 규모, 시설 등이 차이가 있는 것으로 파악되고 있다. 이와 같이 보면 신전장과 굴장이 지석묘 사회에서 상당히 성행하였고 지석묘의 하부구조와 장법과의 관계가 상호 관련되고 있음을 알 수 있다.

일반적으로 선사시대 피장자의 머리 방향은 동측과 남측이 주류를 이룬다. 그 중에서도 동측이 더욱 유행한 것으로 연구되고 있으며,[48] 따라서 석실의 배치도 이러한 방위에 따른 것으로 보고 있다. 그러나 지석묘

47) 이영문, 1993, 『전남지방 지석묘사회의 연구』, 교원대학교 박사학위 논문, 1993.
48) 김원룡, 1966, 「신라묘제에 관한 일고찰」, 『신라가야문화』 1, 1966.

의 경우는 이러한 선사시대의 방위 개념보다는 주변의 자연지세의 영향이 강한 것으로 파악된다. 군집을 이루는 경우는 구릉의 능선이나 하천의 흐름의 방향과 일치하는 경우가 많다. 머리 방향은 하천이 흐르는 방향, 즉 바다 쪽으로 놓이는 게 일반적이며, 구릉인 경우는 석실의 폭이나 유물의 위치에서 보면 동측과 남측이 많은 것으로 보고되고 있다.

4) 죽음관

청동기시대의 초기 농경사회에서는 죽음이 단순히 개인의 문제가 아니라 공동체적인 관계와 직결되고 있다. 특히 공동체를 대표하는 首長의 죽음은 그 공동체의 위기이고 피장자를 위해 정성껏 제사하는 의례는 공동체 재생에 필수 불가결한 것이라 할 수 있다. 따라서 무덤은 死者를 매장하는 장소 이상으로 공동체 재생을 실현하는 儀禮의 장소이기도 하다.[49] 이 의례에는 공동체의 가치관이 표현되고 있으며, 이것이 그 시대의 문화의 한 단면으로 표현되고 있는 것이다.

청동기시대부터는 석관묘, 지석묘, 옹관묘, 적석목관묘 등 묘제가 다양화되며 여기에 상·장례의 양식도 복잡하게 혼용되어 나타난다. 이는 이 시대에 여러 종류의 문화가 혼합되고 있음을 의미하며 무덤이 지역적으로도 특징을 보이고 있어 지역적 특색, 전통이 나타나고 있음을 알 수 있다. 또한 中國과 樂浪과의 교류를 통한 문물의 유입이 상·장례의 문화에서도 확연히 나타나고 있다.

석관묘는 시신을 안치하는 것에 공간이 존재하여 신석기시대의 토광묘보다는 발전한 새로운 단계의 묘제이다. 이렇게 공간을 확보한다는 것은 단순한 시신을 처리하는 의식을 넘어서는 저승에서의 활동공간을 갖게 하는 의식에서일 것이다. 석관묘는 시신을 매장하는 의식에서 벗어나 사후 세계를 남기고자 하는 의미에서 흙과 구별되는 석관을 사용한 것

---

49) 後藤直,「朝鮮青銅器時代」,『季刊考古學』70, 雄山閣, 2000.

으로 보인다. 이러한 묘제는 금속기의 도입과 稻作농업의 시작으로 인하여 정치적, 군사적 지위나 상속, 사유재산에 대한 관념 등이 상당히 발달된 청동기시대에 필연적으로 나타날 수 있는 무덤인 것이다. 부장유물에서도 알 수 있듯이 석관묘에서는 劍·鏡·玉 등이 출토되고 있는데 이것은 주술적인 힘을 가진 유물이며, 피장자가 생전에 신분이 높고 권위있는 인물이었음을 추측하게 한다. 특히 무덤에 劍을 부장하는 것은 생전의 지위를 가늠할 수 있는 척도가 될 것이다.

지석묘는 전세계적으로 한반도가 가장 많으며, 그 중에서도 호남지역이 압도적으로 많다. 지석묘는 대개 평지 보다 약간 높은 산기슭에 자리하는 경우가 많고, 전방에 하천이 있는 입지가 많이 선정된다. 이러한 입지에 선정되는 것은 선조들이 후손을 보호해 준다는 관념에서일 것이며, 묘지 선정에 있어 조상숭배 의식이나 규율이 존재하였던 것으로 보인다. 지석묘의 축조시에는 축조의례, 매장의례, 장례의례 등의 의식이 행해진 것으로 연구되고 있어, 죽음에 대한 의식과 절차가 그 사회의 정해진 규범 안에서 정연하게 이루어진 것으로 보인다. 葬法에서도 伸展葬, 屈葬, 二次葬, 火葬 등 다양하며, 이 중에 신전장과 굴장이 주류를 이룬다. 굴장은 석관묘에서 많이 사용되고 있으며, 이 굴장이 도입된 이유는 모태안에서의 자세와 같아 사후에 본래의 세계로 되돌아감을 의미한다고 볼 수 있다. 시신을 일정기간 육탈시켜 뼈만 추려 석실에 안치하는 이차장은 좁은 석실, 소형석실이 도입된 무덤에 사용할 수 있으며, 고대의 문헌에서도 이러한 사실이 자주 등장하고 있다. 이 시기에도 화장이 있었으며, 시신을 불에 태워 석실 안에 매장하는 방법이 확인되고 있다. 석관묘와 마찬가지로 부장유물은 청동기와 더불어 각종 玉類가 출토되고 있어 피장자들은 지석묘 사회에서 상당히 높은 신분의 소유자였을 것으로 판단된다. 그리고 일반적으로 이 시대 피장자의 머리 방향은 동측과 남측이 주류를 이루고 있으나, 지석묘의 경우는 이러한 방위 개념보다는 구릉의 능선이나 하천의 흐름의 방향과 일치하는 경우가 많다.

초기철기시대 후반경에는 창원 다호리나 김해 양동리유적에서 볼 수 있듯이, 목관묘 기본적인 매장 형태가 형성되기 시작한다. 이 시기에는 부장품의 종류가 증가하고 철기의 부장이 일반화되기 시작한다. 또한 이 시기부터 樂浪과의 교섭을 통해 星雲鏡, 五銖錢, 小銅鐸 등 漢式遺物이 출현하여 분묘에 부장되기 시작하는데, 매장주체부의 양상은 도입되지 않는다. 樂浪의 묘제에서 필요한 부분만 수용하여 종래의 목관묘에 적용시킨 점이 특징이기도 하다. 또한 창원 다호리 1호분 목관묘에서 출토된 부장품에서는 철부, 철모, 동모, 소동탁, 동경, 동환, 청동대구, 칠초동검, 오수전, 붓, 각종 칠기 등 다양한데, 다른 목관묘와 비교해서 규모와 질의 면에 있어서 많은 차이가 있다. 이러한 부장유물은 고대 문헌에 신분과 계급을 나타내는 호칭이 체계화되어 있는 기사에 보이듯이, 신분이나 계급의 차이를 반영하고 있을 가능성이 높다고 볼 수 있다.

청동기시대에서부터 삼국시대에 이르기까지 무덤에 부장되는 가장 일반적인 유물은 劍이다. 청동기시대에 이미 사용되기 시작한 劍은 조상을 의미하는 것으로 여수 오림동 암각화에서처럼 조상숭배의 의식을 나타내고 있으며, 또한 생전에 피장자의 권위나 신분을 상징하는 의미로서도 劍을 부장하고 있다. 이러한 의식은 사후세계에 있어서 피장자를 보호한다는 관념도 포함하고 있을 것이다. 또한 청동기 이후에 나타나는 석관묘, 지석묘 등은 당시의 정치세력과 관련하고 이 세력은 하늘과 연결되고 있다고 해석되고 있다.[50] 또한 이들 묘제에서 부장되는 유물에는 銅劍, 銅鏡 등 현재의 巫俗 도구와 일치하는 양상이 나타나고 있다. 따라서 이 시대의 墓制를 만들었던 사회의 신앙적 배경은 巫俗이었을 것으로 보인다. 巫俗은 선사시대부터 고대국가 형성에 지대한 영향을 미쳤으며 새로운 사회와 문화를 창출하였던 것이다. 巫俗은 삼국시대의 道敎나 佛敎가 유입되기까지 지속된 것으로 보이며, 묘제에서도 삼국시대 이전

50) 정경희, 『한국고대사회 문화연구』, 일지사, 1990.

까지는 중요한 사회적 기능을 담당한 것으로 여겨진다. 또한 巫俗은 삼국시대 이후에는 민간신앙으로 전수되어 오늘날에까지 이르고 있다.

4. 원삼국시대

1) 묘제

(1) 토광목관묘

토광목관묘는 장방형의 토광을 파고 木棺을 만들어 시신을 넣어 매장하는 것이며, 토광목곽묘는 木槨을 넣고 시신은 따로 목관에 넣어 안치하는 형태이다. 또한 토광의 주변을 할석으로 채운 경우도 조사되고 있다. 원삼국시대의 목관묘에서는 이전 단계의 청동기유물이 점차 줄어들고 다수의 철기가 부장되고 있다. 그리고 실용적인 철기문화의 성행으로 청동기는 형식적이고 퇴화된 형태로 이행하고 있다. 이 시기의 토광목관묘의 대표적인 유적은 천안 청당동, 청원 송대리, 서천 오석리, 고창 예지리, 영천 어은동, 경주 사라리, 경주 조양동, 김해 양동리유적 등을 들 수 있다.

천안 청당동유적은 낮은 구릉의 사면을 이용하여 조영되었고, 묘광의 위쪽에는 말발굽 모양의 周溝가 돌려져 있다. 목관묘의 토광은 長短比가 큰 편이어서 細長形의 형태를 보인다. 부장유물은 深鉢形土器, 短頸壺 등의 토기와 青銅製馬形帶鉤, 曲棒形帶鉤, 철기, 유리옥 등이 출토되었다. 토기는 단경호와 심발형토기가 셋트를 이루고 있고, 馬韓의 특징을 보이는 청동제 마형대구는 11점이나 된다.[51]

서천 오석리유적은 오석산에서 흘러내린 구릉이 다시 독립된 산지를 형성하면서 동서로 길게 늘어진 능선에 위치한다. 이 유적에서는 청동기

---

51) 서오선 외, 「천안 청당동유적 발굴조사」, 『휴암리』, 국립중앙박물관, 1990.
서오선 외, 「천안 청당동 제2차 발굴조사」, 『송국리』Ⅳ, 국립중앙박물관, 1991.

시대의 주거지 13기, 석관묘 25기, 옹관묘 1기, 원삼국시대의 옹관묘 7기, 토광묘 17기가 조사되었다. 토광묘는 풍화암반층에 묘광을 파고, 그 내부에 목관을 배치하고 시신을 안치하는 구조이다. 부장유물은 壺形土器, 鉢形土器, 단지형토기가 기본적으로 부장되고 있고, 여기에 부분적으로 玉類와 鐵斧, 鐵刀 등의 부장품이 있다.[52)]

고창 예지리유적은 낮은 구릉의 정상부위와 남사면에 위치하며, 원삼국시대의 遺構로는 토광목관묘 10기, 주구묘 6기, 옹관묘 1기가 조사되었다. 이중 4호분은 抹角長方形의 형태를 이루며, 규모는 장축 403㎝로 대형에 속한다. 유구내의 북서측에서는 비교적 커다란 4개의 석재가 정연하게 연결되어 있으며, 부장유물은 남측의 벽면에서 완형의 環頭大刀 1점, 鐵鉾 1점, 硬質土器편이 소량 수습되었다.[53)]

경주 사라리유적은 사라리의 낮은 구릉에 위치하고 있다. 이 중 130호 목관묘는 묘광과 목관 사이에 흙과 작은 할석을 채웠으며, 목관의 바닥에는 70점의 板狀鐵斧를 7열로 깔아 놓았다. 부장유물은 목관의 위에서 八字形銅器, 甕, 주머니壺, 長頸壺 등 瓦質土器가, 목관의 내부에서는 철검, 동검, 銅環, 銅鏡(倣製鏡), 虎形帶鉤 등의 청동기와 鐵鍑, 鐵劍, 馬具 등의 철기, 유리, 수정옥, 토기는 옹, 주머니호, 장경호류의 와질토기가 출토되었다.[54)]

경주 조양동유적은 낮은 구릉에 위치하며, 원삼국시대 거의 전반에 걸친 무덤과 삼국시대에 이르기까지 각종 무덤이 조사되어, 원삼국시대의 유적을 대입시킬 수 있는 표준유적이 되었다. 이 중 38호 목관묘에서는 각종 철기와 더불어 중국 前漢代의 漢鏡, 牛角形把手付壺, 주머니壺 등 이른 시기의 瓦質土器가 출토되었다.[55)]

---

52) 공주대학교 박물관, 『오석리유적』, 1996.
53) 지도위원회 자료, 『서해안고속도로(군산~고창)건설구간내 문화재 발굴조사』, 1999.
전주대학교 박물관, 『서해안고속도로(군산~고창)건설구간내 문화유적 발굴조사 약보고서』, 2000.
54) 영남문화재연구원, 『경주 사라리유적 Ⅰ』, 1999.

(2) 목곽묘

원삼국시대에 출현하는 목관묘에는 청동기와 철기, 무문토기와 함께 새로운 양식의 토기인 瓦質土器가 부장되고 있다. 목관묘의 주체부는 통나무관이나 판재관이 사용되고 있으며, 관밑에 구덩이를 파고 유물을 매장하기도 한다. 그러나 2세기경에는 목곽묘가 등장하게 된다. 남부지방의 목곽묘는 묘광이 장방형을 이루고 부부 合葬이 거의 없어 樂浪지역의 목곽묘와는 구별된다. 부장유물로는 철제농구와 環頭大刀, 鐵鏃 등 새로운 무기가 추가되고, 臺付長頸壺, 爐形土器 등의 새로운 형태의 와질토기가 출토된다. 목곽묘는 前段階의 목관묘의 문화를 계승하면서 새로운 요소가 가미되고 있다.

울산 하대유적은 중대마을에서 저리에 이르는 산줄기의 능선과 낮은 구릉지대에 형성되어 있다. 청동기시대에서 삼국시대에 이르는 복합유적이며, 무덤이 상호간에 중복되어 묘제의 변천, 토기 편년에 좋은 자료가 되고 있다. 목곽묘는 3~4세기대의 것으로 80여기가 조사되었다. 목곽묘는 크기가 다양하며 부장유물의 성격과 유구의 상황에서 시기 구분이 가능하다.

부장유물은 환두대도, 장검, 철촉, 쇠스랑, 삽날, 따비, 재갈 등의 철기류와 臺付長頸壺, 爐形土器, 臺付直口壺, 高杯, 兩耳付壺, 鳥形土器, 陶質土器 등의 토기류, 수정제 多面玉 등의 장신구류가 출토되어 다양한 부장유물이 있음을 보여주고 있다.[56]

김해 양동리유적은 해발 90m 정도의 야산 구릉에 조성된 기원전 1세기에서 기원후 5세기까지의 다양한 묘제가 확인되었다. 그 중 162호분은 장축 500㎝ 단축340㎝의 대형목곽묘로 묘광 바닥 네모서리에는 각각 10개씩의 板狀鐵斧가 깔려 있었다. 부장유물은 劍, 鏡, 玉, 甲冑類, 環頭大刀 등이 조사되어 주목되고 있다. 또한 漢鏡, 銅鼎, 鐵鍑, 廣形銅鉾 등의

55) 崔鍾圭, 「慶州市朝陽洞遺蹟發掘調査概要その成果」, 『古代文化』35-8, 1983.
56) 부산대학교 박물관, 『울산 하대유적-고분 I』, 1997.

유물과 목곽을 태우는 장례 기법을 보여주는 유구는 당시의 伽耶가 中國, 日本 등과 활발하게 교류하였음을 나타낸다.57)

(3) 주구묘

주구묘는 매장주체부를 周溝로 돌려서 보호하는 특이한 형태로 최근에 충청과 호남지역에서 많이 조사되고 있다. 이 주구묘는 매장주체부를 활 모양 같이 돌린 형태와 四方을 周溝로 돌려 보호하는 주구묘가 존재한다. 전자는 천안 청당동, 공주 하봉리, 청주 송절동, 청원 송대리, 서천 오석리 등 주로 충청 내륙지역의 경사진 지역에 많이 분포한다. 부장유물은 短頸壺, 深鉢形土器가 組合되어 출토되는 특징을 보인다. 후자는 보령 관창리, 서천 당정리, 익산 영등동, 부안 대동리, 고창 예지리, 성남리, 영광 군동, 무안 인평리 등 주로 서해안을 따라 발견되며 군집을 이룬다.

공주 하봉리유적은 하봉리의 동남쪽으로 뻗은 능선 말단부에 위치하며, 주구묘를 비롯하여 옹관묘, 구덩유구, 溝狀遺構 등이 조사되었다. 조사된 주구묘는 10기이며, 周溝는 말발굽과 같은 蹄形을 이루고 있고, 주체부는 목관묘이다. 부장유물은 環頭大刀, 鐵鎌, 刀子, 鐵鉾, 鐵斧 등 철기류와 打捺文圓底壺와 표주박형토기 등이 출토되고 있다. 1호분의 周溝 동단에서는 대형 옹관이 파괴된 채로 부장되어 있었다.58)

서천 당정리유적은 서측으로 바닷가를 끼고 있으며, 얕은 구릉에 위치하고 있다. 따라서 어로와 농경을 동시에 영위할 수 있는 지역으로, 이곳에서 청동기시대 주거지 17기, 원삼국시대 주구묘 23기가 조사되었다. 周溝의 크기는 다양하며, 내부의 매장주체부는 확인되지 않고 있다. 아마도 매장 주체시설이 지상으로 이동되었기 때문일 것이다. 부장유물은 대형 옹관편과 11호분의 周溝 내에서 합구식 옹관이 출토되는 정도로

---

57) 한영희 외, 『김해 양동리고분 발굴조사보고서』, 국립문화재연구소, 1989.
동의대학교 박물관, 『김해 양동리 162호 토광목곽묘 발굴조사개보』, 1991.

58) 서오선, 「공주 하봉리유적 출토 일괄유물」, 『고고학지』5집, 1993.
국립공주박물관, 『하봉리 I』, 1995.

빈약한 편이다.[59)]

익산 영등동유적은 익산 동쪽 외곽의 낮은 구릉이며, 23기의 청동기시대 주거지와 구릉의 정상부위에서 4기의 주구묘가 조사되었다. 평면은 말발굽 형태의 蹄形을 이루고 있으며, 규모는 큰 것이 장폭 12m, 단폭 10.5m, 작은 것은 장폭 8.4m, 7.5정도의 크기이다. 1호 주구묘의 매장주체부에서는 철부와 철도자가 1점씩 출토되었고, 주구에서는 대형 옹관편, 타날문토기편이 수습되었다. 2호, 3호 주구묘의 주구에서도 高杯片, 軟質土器片, 대형 옹관편의 출토되었다.[60)]

고창 예지리유적에서는 청동기시대 주거지와 원삼국시대의 토광묘, 옹관묘와 함께 6기의 주구묘가 조사되었다. 주구묘의 평면은 말발굽 형태의 蹄形을 이루고 있으며, 규모는 큰 것이 장폭 8.5m, 단폭 6.5m, 작은 것이 장폭 6.6m, 단폭 6.5m 정도이다. 2호 주구묘에서는 주구내의 우측단부 가까운 곳에서는 토기편이 상당량 출토되었다. 매장주체부는 이중곽으로 보이며 장방형을 이루고 있으며, 내부에서는 57점의 옥류가 출토되었다. 3호 주구묘에는 주구내의 우측 단부 안에서는 소형 합구식옹관과 다량의 軟質土器가, 4호 주구묘의 매장주체부에서는 하단부위에서 硬質土器 1점과 중앙부위에서 環頭小刀 1점이 출토되었다.[61)]

(4) 옹관묘

목곽묘와 더불어 옹관묘도 널리 사용되고 있는데, 墳丘가 대형화하지 못하고 집단묘지적인 성격을 띠고 있다. 이 시기에는 지표상에 얕은 토광을 파고 옹관과 부장품을 넣은 형태이나 合口式과 合蓋式, 大甕과 小甕의 크기 등 다양한 형태로 나타난다. 소옹에 주옹을 끼워 맞춘 합개식

59) 국립부여문화재연구소, 『당정리』, 1998.
60) 최완규, 「익산지역의 마한과 백제묘제의 성격」, 『한국문화사상 익산의 위치』, 1996.
61) 지도위원회 자료, 『서해안고속도로(군산~고창)건설구간내 문화재 발굴조사』, 1999. 전주대학교 박물관, 『서해안고속도로(군산~고창)건설구간내 문화유적 발굴조사 약보고서』, 2000.

의 경우는 소옹으로 短頸壺, 시루, 바리, 廬形土器 등 다양하게 일상생활의 토기가 사용되고 있다. 사용된 옹관은 적갈색 혹은 회색의 軟質土器가 많고, 영남지역에서는 瓦質土器가 사용되기도 한다. 이 시기의 옹관묘는 대동강 유역의 정백동, 장진리, 복사리, 한강유역의 가락동, 석촌동, 충청지역의 서천 오석리, 논산 가야곡, 호남지역의 남원 두락리, 고창 예지리, 영암 선황리, 화순 용강리, 영남지역의 대구 팔달동, 경주 조양동, 부산 노포동, 복천동, 김해 양동리, 창원 삼동동에서 조사되었다.

서천 오석리유적은 오석산에서 흘러내린 구릉이 다시 독립된 산지를 형성하면서 동서로 길게 늘어진 능선에 위치한다. 이 유적에서는 청동기시대의 주거지 13기, 석관묘 25기, 옹관묘 1기, 원삼국시대의 옹관묘 7기, 토광묘 17기가 조사되었다. 7기의 옹관은 單甕과 合口式이 함께 조성되면서 옆으로 누인 것이 대분분이며, 뚜껑 형태의 토기로 입구를 막은 것도 있다. 부장유물은 95-1호와 95-2호의 옹관 내부에서 打捺文土器가 출토되었다.62)

고창 예지리유적에서는 구릉 남사면에서 옹관묘 1기가 조사되었다. 옹관을 매장하기 위한 墓壙의 평면은 타원형을 이루고 있으며, 大甕과 小甕을 결합한 합구식이다. 대옹은 구경 93㎝, 잔존높이 84㎝, 소옹은 구경 70㎝, 높이 82㎝ 이다. 소옹이 대옹에 결합된 양상이며, 윗면이 일부 파손되었다. 매장방법은 堀壙을 한 후에 대옹이 바닥면에 안정적으로 놓여지게 닿는 면을 일부러 파손하였으며, 그 위로 소옹을 결합하였다. 이 합구식 옹관의 내부에서는 鳥形土器가 1점이 소옹에 부장되어 있었다.63)

창원 삼동동 유적에서는 토광묘 11기, 석관묘 6기와 함께 34기의 옹관묘가 조사되었다. 옹관은 합구식이며, 합구된 길이가 90㎝ 정도에서부터 200㎝가 넘는 것도 있다. 옹관묘가 처음에는 幼兒葬이나 二次葬의 소형

---

62) 공주대학교 박물관, 『오석리유적』, 1996.

63) 지도위원회 자료, 『서해안고속도로(군산~고창)건설구간내 문화재 발굴조사』, 1999.
전주대학교 박물관, 『서해안고속도로(군산~고창)건설구간내 문화유적 발굴조사 약보고서』, 2000.

합구식옹관으로 시작되나, 토광묘에 접하면서 점차 변화를 초래하여 屈葬, 伸展葬이 가능한 중·대형 합구식옹관으로 발전한 것으로 보인다. 부장유물은 瓦質土器類, 硬質土器類, 鐵鎌과 鐵刀子의 수확용구가 있고, 부장유물 중에서도 수정, 마노, 유리 등으로 제작한 각종 玉類가 다량으로 검출되고 있다.64)

2) 부장유물의 성격

(1) 토광목관묘의 경우

토광목관묘는 장방형의 토광을 파고 목관을 만들어 시신을 넣어 매장하는 것이며, 토광의 주변을 割石으로 채운 경우도 조사되고 있다. 목관묘에서는 이전 단계의 청동기유물이 점차 줄어들고 철기가 부장되고 있다. 그리고 실용적인 철기문화의 성행으로 청동기는 형식적이고 퇴화된 형태로 이행하고 있다.

천안 청당동유적의 부장유물은 深鉢形土器, 短頸壺 등의 토기와 靑銅製馬形帶鉤, 曲棒形帶鉤, 철기, 유리옥 등이 출토되었다. 토기는 단경호와 심발형토기가 셋트를 이루어 서북지방의 목관묘 유적과의 관련성을 엿볼 수 있다. 특히 11점이 출토된 청동제 마형대구는 馬韓의 특징을 보이며, 동일한 거푸집으로 만들어진 것이 없다. 이 마형대구는 피장자의 허리부분에서 다리와 평행하게 출토되었는데, 허리띠라기보다는 별도의 부장 의례적인 측면에서 사용되었을 가능성도 있다. 고창 예지리유적의 토광묘는 규모와 형태에서는 큰 차이가 없으나 부장유물은 제각기 다르게 나타난다. 1호분에서는 단경호 2점, 4호분에서는 환두대도와 鐵鉾가 각 1점씩, 11호분에서는 환두소도 2점, 鐵鎌 1점, 경질토기 1점이 출토되었다. 이 중에 4호분이 규모도 가장 크고, 능선의 정상부근에 위치하며, 부장유물도 대형 환두대도가 출토되어 이 분묘군에서는 가장 권위있는

---

64) 부산여자대학교 박물관, 『창원 삼동동유적』, 1984.

피장자의 무덤으로 생각된다. 경주 사라리유적 130호분의 부장유물은 목관의 위에서 8자형동기, 재갈, 옹, 주머니호, 장경호 등 와질토기가, 목관의 내부에서는 철검, 동검, 동환, 동경, 虎形帶鉤 등의 청동기와 鐵鍑, 철검, 馬具 등의 철기, 유리, 수정옥, 토기는 甕, 주머니호, 장경호류의 와질토기가 출토되어 실로 다양하다. 목관 아래에서는 창원 다호리 1호분에서와 같이 구덩이가 조사되었으며, 그 안에서 유기물의 흔적이 확인되고 있다. 이 목관묘의 연대는 목곽묘로 바뀌어 가기 직전의 1세기말에서 2세기초로 추정되고 있으며, 상·장례의식의 일면에 樂浪의 영향이 미쳤음을 짐작할 수 있다.

(2) 목곽묘의 경우

토광목곽묘는 목곽을 넣고 시신은 따로 목관에 넣어 안치하는 형태이다. 원삼국시대인 약 2세기경에는 前段階의 목관묘 문화를 계승하면서 목곽묘가 등장하게 되며, 부장유물로는 철제농구와 환두대도, 유경식철촉 등 철기류의 새로운 무기와 새로운 형태의 와질토기가 추가되고 있다.

울산 하대유적의 부장유물은 환두대도, 장검, 유경철촉, 쇠스랑, 삽날, 따비, 재갈 등의 철기류와 대부장경호, 노형토기, 대부직구호, 고배, 양이부호, 오리형토기, 도질토기 등의 토기류, 수정제 다면옥 등의 장신구류가 출토되어 다양한 부장유물이 있음을 보여주고 있다. 특히 43호분과 76호분에서는 삽날과 쇠스랑이 셋트로 출토되어, 원삼국시대에는 農具類에도 철기화가 상당히 진척되어 일반화되었음을 보여주고 있다. 또한 46호분에서는 장례, 의례용인 鳥形土器가 출토되었다. 하대유적 목곽묘의 특징은 토기나 철기를 臺壺와 함께 부장하며, 토기의 부장이 점차 많아진다. 23호나 43호에서와 같이 목곽을 불태우는 형태가 있어 주목된다. 43호나 44호에서는 부장품을 의도적으로 분리하여 부장한 것도 있어 상·장례의식이나 장법의 특수한 예가 존재함을 알 수 있다. 김해 양동리 162호분의 부장 유물은 철검 6점, 漢鏡 2점, 倣製鏡 8점, 鐵鍑, 각종 철제유물, 옥류 등이 출토되었다. 특히 이 목곽묘에서 출토된 漢鏡과 鐵鍑 등의 유물은 弁韓의 대외관계를 잘 나타내고 있다. 다른 목곽묘에서도 劍, 鏡, 玉, 甲冑類 등 수장급의 목곽묘가 조사되어 주목되고 있고, 倭系文物인 廣形銅鉾 등의 유물과 울산 하대유적에서와 같이 木槨을 태우는 장례기법을 보여주는 유구가 조사되었다.

(3) 주구묘의 경우

주구묘는 매장주체부를 方形, 혹은 말발굽 같은 蹄形으로 돌려서 보호하는 형태로 특히 최근에 호남지역에서 많이 조사되고 있다. 주로 서해안을 따라 발견되며 군집을 이루고 있는데, 이 주구묘의 집단은 영산강 유역의 옹관묘 및 日本 彌生時代의 方形周溝墓와도 관계가 있는 것으로 보인다.

공주 하봉리 주구묘의 부장유물은 환두대도, 철겸, 도자, 철모, 철부, 철촉 등 철기류와 타날문 원저호와 표주박형토기 등이 출토되고 있다. 1호분의 주구 동단에서는 대형 옹관이 파괴된 채로 부장되어 있어, 별도로 묻었을 가능성이 제기되고 있다. 이러한 양상은 고창 예지리의 6호 주구묘, 서천 당정리 11호 주구묘에서도 확인되고 있다. 고창 예지리에서는 4호 주구묘의 주체부에서는 타날문토기와 환두소도, 철모 등이 확인된 반면, 2호 주구묘의 주체부에서는 丸玉과 多面玉, 小玉만이 군집된 상태로 57점이 수습되었다. 이는 당시에 玉을 보배로 여겼다는 문헌의 기록에도 있듯이 수장급의 무덤에 철기나 토기의 부장이 없이 玉類만을 부장하기도 하였음을 알 수 있다. 6호 주구묘의 주구내에서는 비교적 대형의 單甕이 확인되었는데, 이는 무덤의 축조 구조에서 보면 추가로 집어넣은 것으로 판단된다.

(4) 옹관묘의 경우

원삼국시대의 옹관묘는 중심 묘제에 부수되어 나타나는 陪葬墓的인 성격을 가진 것이 많으며, 아직은 옹관이 대형화되지 않은 단계이다. 전국적으로 비교적 널리 사용되고 있는 묘제이며, 지표상에 얕은 토광을 파고 옹관을 묻고 있다. 이 시기에는 합구식 옹관이 주류를 이루며 거의 전국적으로 분포를 보인다. 이후 영산강 유역에서는 점차로 대형 甕棺古墳으로 발전하는 양상을 보인다.

고창 예지리의 옹관에서는 鳥形土器가 부장되어 있었다. 한반도에서의 조형토기는 3세기 중반부터 제작되는 것으로 보인다. 馬韓지역에서는 서천 오석리와 영광 군동(라)유적에서 출토 예가 있으며, 경상도 지역에서는 울산 하대, 중산리, 경산 임당동, 경주 사라리, 부산 복천동, 김해 대성동 고분 등 많은 유적에서 출토되고 있다. 조형토기는 장례와 관련한 의식에 사용되었고, 피장자의 영혼 승천과 관련된 것으로 보여진다. 창원 삼동동 옹관묘의 부장유물은 와질토기류, 경질토기류, 철겸과 철도자의 수확용구가 있고, 12호, 25호, 31호 옹관묘에서는 玉類가 다량으로 출토되었다. 옥류는 수정, 마노, 유리 등으로 제작한 다양한 각종 옥류가 다량으로 검출되어 옥류가 관습화된 필수 부장품이었을 것으로 생각된다. 특히 18호 옹관에서는 부장품으로 中國 後漢代의 倣製鏡이 출토되어 3세기 전반의 시기임을 증명하고 있다.

일반적으로 청동기시대 이후 옹관묘에서의 유물은 매우 적은 편이나 원삼국시대의 경상도 지역이나 日本 九州지역에서는 유물의 질과 양에 있어서 수장급의 부장유물 성격을 띠고 있는 것이 있어 주목되고 있다.

3) 상 · 장례의식

(1) 중국 문헌자료와 관련하여

한반도 지역의 상·장례의식은 中國이나 국내의 문헌을 통해서 짐작할 수 있는 부분이 많이 있다. 비단 상·장례의식 뿐만이 아니라 社會相·生活相을 알 수 있는 문헌이 존재하고 있으며, 이러한 문헌자료가 실제로 고고학적인 조사에 의해서 실제인 부분이 많이 확인되고 있다. 특히『三國志』魏書 東夷傳은 한반도의 삼국의 지배체재가 정비되기 이전, 즉 초기 철기, 원삼국시대의 사회상을 파악할 수 있는 내용이 서술되어 있어 중요한 문헌으로 평가되므로, 여기에서 그 양상의 개요를 파악해 보고자 한다.[65]

『三國志』魏書 東夷傳 夫餘條에는「여름에 사람이 죽으면 모두 얼음을 넣어 장사지내며, 사람을 죽여서 殉葬을 하는데 많을 때는 백명 가량이나 된다. 장사를 후하게 지내는데, 棺은 사용하나 槨은 사용하지 않는다」,[66]「습속은 5개월 동안 초상을 지내며 오래 둘수록 영화롭게 여긴다. 제사지낼 때에는 날 음식과 익힌 음식을 장만한다. 상주는 장례를 빨리 지내고 싶어 하지만 다른 사람이 강근하기 때문에 실랑이를 벌이는 것을 예절로 삼는다. 喪禮에는 남녀 모두 흰옷을 입고 부인은 베로 만든 面衣를 착용하며, 패물을 몸에 지니지 않는다」,[67]「漢나라 때에는 부여왕의 장례에 玉匣을 사용하였으므로, 언제나 현토군에 미리 갖다 두었다가 왕이 죽으면 가져다 장사지냈다. 부여의 창고에는 玉으로 만든 壁·珪·瓚 등의 장례에 사용하는 물건이 있어 대대로 전해 가면서 보배로 여겼다」[68]는 기록이 있다.

상기 내용의 견해를 보면, 오랜 기간 동안 시신을 옆에 두고 장례를 서두루지 않은 것으로 보아 先祖의 죽음에 대한 후손의 배려와 가족관을 엿볼 수 있다. 죄를 지은자에게는 육체가 썩게 그대로 방치하고 있고, 그렇지 않은 경우는 얼음이나 玉匣 등을 사용해서 육탈을 막기 위한

65) 국사편찬위원회,『中國正史朝鮮傳』, 1987, 장철수,『옛무덤의 사회사』, 웅진출판사, 1995. 이건무,「유적·유물에 나타난 삼한사회의 생활상」,『한국고대국가의 형성-특별전 도록』, 국립중앙박물관, 1998.

66)「其死, 夏月皆用氷. 殺人殉葬, 多者百數. 厚葬, 有棺無槨」

67)「其俗停喪五月, 以久爲榮. 其祭亡者, 有生有熟. 喪主不欲速而他人彊之, 常諍引以此爲節. 其居喪, 男女皆純白, 婦人着布面衣, 去環珮」

68)「漢時, 夫餘王葬用玉匣, 常豫以付玄菟郡, 王死則迎取以葬. 今夫餘庫有玉璧·珪·瓚數代之物, 傳世以爲寶」

노력이 있는 것으로 보아 육체 보존이 사회적, 사상적으로 큰 의미가 있었을 것으로 생각된다. 그리고 생전에 쓰던 물품을 부장하고, 거느리던 사람을 함께 묻는 殉葬制度는 죽어서도 삶의 세계가 사후에까지 이어지도록 하는 繼世思想의 관념이 작용한 것으로 해석된다. 이러한 葬法은 상류사회에 국한되었을 것이며, 부여왕의 경우는 장례 의식에 사용하는 물품을 수입하기까지 하였다.

『三國志』 魏書 東夷傳 東沃沮條에는 「장례는 큰 槨을 만드는데, 크기가 10여丈이나 되며 한쪽을 열어 문을 만든다. 사람이 죽으면 시체는 가매장하되, 형체가 덮일 만큼 묻었다가 가죽과 살이 다 썩은 다음에 뼈만 추려 槨속에 안치한다. 한 가족을 하나의 槨에 넣어 두는데, 죽은 사람의 숫자대로 목각에 모양을 새긴다. 또 솥에 쌀을 담아서 槨에 매단다」[69]는 기록이 있다.

상기 내용의 견해를 보면, 장례시에 사용하는 槨은 크기로 보아 거주공간을 연상하게 한다. 가족을 한 槨에 안치하는 친족단위의 추가 共同葬이어서 당시 사회의 친족단위가 상당히 중요한 의미를 부여하고 있다. 여기에 문을 달아 사후에도 이승의 세계와 통하는 것으로 생각하는 의식이 엿보이며, 二次葬의 풍습이 있었음을 알 수 있다. 또한 여기에 토기 안에 쌀을 넣어 槨에 넣어 두는 것은 사후에도 생업을 영위할 수 있도록 하는 의미를 내포하고 있어 영혼불멸의 사상이 있었음을 알 수 있다. 게다가 죽은 사람 수효의 木刻을 장식하는 의례도 행해져 친족중심의 조상숭배 의식이 강하게 작용하고 있다.

『三國志』 魏書 東夷傳 濊條에는 「꺼리는 것이 많아 병을 앓거나 죽으면 옛집은 버리고 새집을 지어 산다」[70]는 기록이 있으며, 이 내용의 견해는 질병이나 죽음을 매우 꺼리는 의식을 엿볼 수 있다. 즉 질병은 곧

---

69) 「其葬作大木槨, 長十餘丈, 開一頭作戶. 新死者皆假埋之, 才使覆形, 皮肉盡, 乃取骨置槨中. 擧家皆共一槨, 刻木如生形, 隨死者爲數. 又有瓦鑑歷 置米其中, 編縣之於槨戶邊」

70) 「多忌諱, 疾病死亡輒捐棄舊宅, 更作新居」

죽음과 직결되는 것이고, 또한 노동력이 중요시되던 당시에 질병으로 인한 활동력의 제한은 곧 죽음과 같은 것으로 인식되었던 것으로 보인다.

『三國志』 魏書 東夷傳 韓條에는 「장례에는 棺은 사용하나 槨은 사용하지 않는다. 소나 말을 탈 줄 모르기 때문에 소나 말은 모두 장례용으로 사용한다. 구슬을 귀히 여겨 옷이나 몸에 장식을 하지만, 金銀錦繡는 보배로 여기지 않는다」[71]는 기록이 있다. 이 내용으로 보면, 槨은 사용하지 않고 棺을 사용하는 것으로 보아 追加葬, 合葬 등은 하지 않은 것으로 보인다. 실제로 원삼국시대 전반기의 묘제는 槨이 없는 목관묘가 주류를 이룬다. 소나 말은 동아시아의 선사, 고대에 무덤과 주위에 殉葬되는 경우가 많이 보고되고 있다.

『三國志』 魏書 東夷傳 弁辰條에는 「큰 새의 깃털을 사용하여 장사를 지내는데, 그것은 죽은 사람이 새처럼 날아다니라는 의미이다」[72]는 기사가 보인다. 이 내용으로 보아 새의 깃털은 영혼불멸 사상에 의한 死者의 승천을 돕고자 하는 뜻에서 사용된 것으로 보인다. 새는 이승과 저승을 연결하는 역할을 한 것으로 보인다.

(2) 고고자료와 관련하여

『三國志』 魏書 東夷傳 夫餘條에는 「사람을 죽여서 殉葬을 하는데 많을 때는 백명 가량이나 된다」는 순장의 풍습은 부여지역에서는 아직 확인되지 않고 있으나, 남부지방에서는 삼국시대의 고분에서 많이 조사되고 있다. 殉葬은 선사·고대사회에 이미 中國의 殷, 周, 秦에 걸쳐 성행한 것으로 알려져 있으며,[73] 한반도에서도 3~6세기대 정도까지 행해지고 있었음이 조사되고 있다. 순장의 의미는 무덤에서도 현세와 같은 생활을 영위하려 하는 繼世思想에 바탕을 두고 있다. 원삼국시대 말기에서 삼국

71) 「其葬有槨無棺, 不知乘牛馬, 牛馬盡於送死. 以瓔珠爲財寶, 或以綴衣爲飾, 或以縣頸垂耳, 不以金銀錦繡爲珍」

72) 「以大鳥羽送死, 其意欲死者飛揚」

73) 김정배,「중·일에 비해 본 한국의 순장」, 『백산학보』6, 1969.

시대에 걸쳐 축조된 경산 임당유적, 특히 조영C1-1호분에서 본다면 피장자와 순장자의 발견 상황이 현세에서의 삶의 내용을 그대로 옮겨온 듯한 출토 양상을 보이고 있다.[74] 매장주체부가 主槨과 副槨으로 나누어져 피장자와 순장자를 구별하고, 또한 순장자 중에서도 서열과 그 성격을 파악할 수 있는 자료가 많이 출토되고 있다. 殉葬은 삼국시대 초반까지 경주 황남대총, 양산 부부총, 부산 복천동고분, 합천 옥전고분, 고령 지산동고분 등지에서 그 예가 조사되고 있다.[75] 그러나 이러한 순장은 『三國史記』 新羅本紀 智證王 3년(502)에 법률로 금하는 명을 내림으로 약 200여년간 지속되어 온 순장제도가 소멸되기 시작한다. 그 배경으로는 역시 농업을 국가 경제의 기반으로 삼겠다는 강력한 의지, 즉 牛耕의 시작과 함께 농경에 참여해야 할 인력의 확보가 큰 관건이었고 殉葬이라는 비인도적인 풍습으로 인하여 노동력을 낭비하는 폐습을 막는다는데 의미가 있었을 것이다.

『三國志』 魏書 東夷傳 夫餘條, 韓條에 「棺은 사용하나 槨은 사용하지 않는다」는 내용은 초기철기시대 후반(기원전 1세기)~원삼국시대 전반기(기원후 2세기 전반)에 걸쳐 많이 사용되는 槨이 없는 목관묘가 주류를 이루는데 여기에 부합된다고 할 수 있다. 또한 전라도 지역에서 비교적 많이 사용되는 옹관묘도 槨을 사용하지 않은 것으로 보아, 문헌과 일치하고 있다. 그러나 2세기 후반 이후의 원삼국시대의 후반기에는 樂浪의 영향으로 인하여 목곽묘가 출현하고 사용되고 있어, 夫餘條, 韓條는 목곽묘가 출현하기 이전의 상황을 기재한 것으로 판단된다.

『三國志』 魏書 東夷傳 濊條에 「병을 앓거나 죽으면 옛집은 버리고 새 집을 지어 산다」는 내용의 견해는 당시 濊의 사회는 질병이나 죽음을 매우 꺼리는 의식을 엿볼 수 있으며, 질병은 곧 죽음과 직결되는 것이

74) 영남대학교 박물관, 『경산 임당지역 고분군 Ⅳ』, 1999.
75) 권오영, 「고대 영남지방의 순장」, 『한국고대사 논총』4, 1992.
김재현, 「한국의 순장연구에 대한 검토」, 『문물연구』창간호, 1997.

고, 또한 노동력이 중요시되던 당시에 질병으로 인한 활동력의 제한은 곧 죽음과 같은 것으로 인식되었던 것으로 보인다. 고고학적 조사에 있어서 중복되는 주거지나 화재로 인한 주거지 폐기 등의 예가 많이 조사되고 있어, 원삼국시대 이전의 시기, 또는 주변국에서도 같은 양상을 많이 확인할 수 있어 상기 문헌자료의 내용이 사실임을 밝혀주고 있다.

『三國志』 魏書 東夷傳 韓條에는 「소나 말을 탈 줄 모르기 때문에 소나 말은 모두 장례용으로 사용한다. 구슬을 귀히 여겨 옷이나 몸에 장식을 하지만, 金銀錦繡는 보배로 여기지 않는다」는 기록의 고고학적 견해를 보기로 한다. 나주 복암리 2호분을 둘러싸고 있는 周溝에서는 말을 葬事하여 묻어 놓은 것이 발굴 조사되었고,[76] 이 시기의 馬韓 지역에서는 馬具가 발견되지 않은 점에서도 문헌과 일치함을 보여주고 있다. 또한 이 시기에 금과 은은 玉에 비해 가치가 없고 거의 사용되고 있지 않고 있는 것으로 보아, 옥을 이용한 장신구가 많이 사용된 것으로 보이며, 사후에도 귀중하게 여기던 물건을 부장하는 관습이 생겨난 것으로 판단된다. 원삼국시대의 매장주체부에는 철기나 토기 등을 함께 부장하지만 고창 예지리 2호 주구묘나 창원 다호리 1호분, 창원 삼동동의 12호, 25호, 31호 옹관묘에서와 같이 옥류가 다량으로 출토되는 것으로 보아 옥에 대한 중요성이 문헌과 거의 일치하는 경향을 엿볼 수 있다.

『三國志』 魏書 東夷傳 弁辰條에는 「큰 새의 깃털을 사용하여 장사를 지내는데, 그것은 죽은 사람이 새처럼 날아다니라는 의미이다」라는 기사는 고고학적인 측면에서도 이를 입증할 수 있는 유물이 많이 출토되고 있다. 鳥形土器는 3세기 중반부터 제작되며 처음에는 瓦質이었으나 陶質로 변화해 간다. 와질이 주류를 이루는 전반기의 조형토기는 울산 하대, 중산리, 경산 임당동, 경주 사라리, 부산 복천동, 김해 대성동고분에서 출토되고 있다. 조형토기는 문헌에서도 보이듯이 辰韓과 弁韓지역인 경

76) 전남대학교 박물관, 『복암리고분군』, 1999.

상도에서 주로 출토되고 있다. 조형토기는 장례와 관련한 의식에 사용되었으며, 영혼의 승천을 돕고자 하는 뜻에서 피장자와 동시에 안치된 것으로 보여진다. 이러한 장례, 의례용으로 조형토기 이외에도 삼국시대의 유적인 고성 동외동에서는 주거지역의 제사유구에서 鳥文 청동기가 출토되기도 하였다.

선사인들에게 새는 이승과 저승을 연결하는 역할을 한 것으로 보이며, 그래서 매우 신성시되어 왔다. 이러한 유물을 제사장이나 수장급의 중요인물이 소지하여 제사를 집행할 때 쓰인 것으로 보이며, 또한 사후에는 피장자와 함께 매장했던 것으로 추정된다. 최근에는 馬韓지역인 고창 예지리 옹관묘내의 조형토기와 서천 오석리, 영광 군동유적에서 조형토기가 출토되어 三韓지역에서 폭넓게 조형토기가 사용된 것으로 보인다.

『三國志』 魏書 東夷傳 韓條에 「각각 우두머리가 있는데, 큰 곳은 臣智라 하고, 다음은 邑借라 한다」,[77] 弁辰條에 「각각 渠帥가 있는데, 큰 고을에서는 臣智라 하고, 다음이 險側이라 하고…」[78]라는 신분과 계급을 나타내는 호칭이 체계화되어 있는 기사가 보인다. 창원 다호리유적의 목관묘에서 출토된 부장품은 漆鞘 속에 목검, 철검, 동검 등 다양하며, 다양함 속에서도 규모와 질의 면에 있어서 차이가 있으나, 이러한 부장유물이 신분이나 계급의 차이를 반영하고 있을 가능성이 높다.

이와 같이 중국의 正史인 『三國志』 魏書 東夷傳은 3세기대에 쓰여진 역사서로 그 이전의 시기까지 기록하고 있다. 한반도의 삼국이 정립되기 이전의 사회와 국가체제 등을 서술하고 있어, 고대사 연구에 귀중한 자료가 되고 있다. 이 東夷傳은 확대 해석되거나 잘못 기록된 부분도 있지만, 그 중에는 고고학적인 자료의 내용과 부합되는 부분도 많이 보이고 있다.

---

77) 「各有長帥, 大者自名爲臣智, 其次爲邑借」
78) 「各有渠帥, 大者名臣智, 其次有險側…」

4) 묘제의 성격 및 죽음관

(1) 목관묘에서 목곽묘로의 계승

원삼국시대에는 집단묘지가 많이 발견되고 있는 특징을 보인다. 초기 철기시대 후반인 기원전 1세기에는 창원 다호리나 김해 양동리고분에서처럼 유력 집단의 묘지가 축조되기 시작하는데, 이 시기에는 부장품의 종류가 증가하고 특히 철기의 부장이 일반화된다. 창원 다호리 1호분과 같이 점차 원삼국시대 목관묘의 기본적인 매장형태가 형성되고 있다. 또한 이 시기부터 樂浪과의 교섭을 통해 漢式遺物이 출현하여 위신재로서 분묘에 부장되기 시작한다. 그러나 당시의 樂浪 묘제는 목곽묘가 주류를 이루었는데, 이는 남부지방의 목관묘와는 다른 양상을 보이는 것이다. 즉 남부지방에는 樂浪의 매장주체부의 양상이 도입되지 않고 漢式遺物의 의미도 크게 변형되어 나타난다. 樂浪의 묘제에서 필요한 부분만 수용하거나, 혹은 변용을 시켜서 종래의 목관묘에 적용시킨 점이 원삼국시대 목관묘의 특징이기도 하다. 2세기가 되면 울산 하대고분군이나 김해 양동리의 162호분과 같은 대형목곽묘가 남부지방의 上位階層의 분묘로서 출현하게 된다. 이러한 대형목곽묘는 樂浪 상위계층을 상징하는 분묘이고 3세기대까지 축조되는 것이다. 김해 양동리 162호분에서 漢鏡이 부장되어 있는 것으로 보아 樂浪의 영향에 의한 것은 분명하다. 다만 부장품의 배치에 있어서는 前時期의 목관묘의 영향이 그대로 답습되고 있어 樂浪의 목곽묘를 그대로 수용하지 않고 있음을 알 수 있다. 즉 목곽묘의 새로운 묘제가 채택이 되었어도 부장행위 그 자체는 목관묘의 系譜上에 있는 것이다.

(2) 옹관묘에서 옹관고분으로의 발전

원삼국시대의 옹관묘는 중심 묘제에 부수적으로 나타나는 陪葬墓의 성격이 강하다. 이 시기에는 합구식옹관이 주류를 이루며 거의 전국적으로 분포를 보인다. 원삼국시대의 옹관에서는 부장유물이 많지 않으나 고창 예지리나 창원 삼동동의 예에서 본다면, 죽음의 의식과 상·장례의 양상을 다소나마 파악할 수 있다. 고창 예지리 옹관내에서의 鳥形土器는 馬韓지역에서는 예가 드문 것이어서 주목되고 있다. 조형토기는 장례와 관련한 의식에 사용되었으며, 장례 후에 피장자와 동시에 부장된 것으로 보여진다. 조형토기는 옹관이 아닌 다른 묘제에서도 사용되고 있어 묘제의 양상과 관계없이 선사시대에 의례적인 의미에서 폭넓게 사용된 것으로 보인다. 창원 삼동동유적의 옹관묘에서는 옹관묘가 처음에는 幼兒葬이나 二次葬의 소형 합구식옹관으로 시작되나, 토광묘에 접하면서 점차 변화를 초래하여 屈葬, 伸展葬이 가능한 중·대형 합구식옹관으로 발전한 것으로 보인다. 부장유물은 각종 玉類가 다량으로 검출되어 옥류가 관습화된 필수 부장품이었을 것으로 생각되며, 아울러 농경과 관련하여 피장자가 생전에 사용했던 수확용구류를 부장하여 농경에 의한 富의 축적이 권력의 핵심이 되고 있음을 짐작하게 한다.

이후 영산강 유역에서는 원삼국시대 후기가 되면 이전 시기의 목관묘나 지석묘가 소멸하고 대신에 토광묘나 옹관묘가 유행하게 된다. 토광묘는 옹관묘와 封土내에서 공존하는 양상을 보이며, 이후 옹관을 매장시설로 하는 대형의 封土古墳으로까지 발전하여 馬韓의 특징적인 묘제가 된다. 이러한 현상은 서울과 충청지역과도 유사한 문화양상을 보이고 있다. 이후 墳丘墓가 등장하고 그 대표적인 예가 함평 만가촌과 영암 만수리 4호분, 영암 신연리 9호분인데, 이 대형 분구묘에서는 토광묘가 매장주체부로 등장하게 된다. 이것이 옹관묘로 이동된 후에 거대화하는 양상을 보인다. 영산강 유역의 甕棺古墳은 토광목관묘와 함께 사용되었으나, 점차 옹관이 위주가 되고 대형화되어 성행한 것으로 보인다. 이와 같이 3세기대에 발생하여 나주와 영암지역에서 4~5세기에 걸쳐 성행한 옹관고분은 5세기 후반에 이르러 쇠퇴하게 된다. 이 지역이 백제의 통치하에 들어가고 石室墳이 수용되면서 점차 소멸하게 되며, 나주 복암리 3호분에서와 같이 石室내에 대형옹관이 부장되는 양상으로 나타나기도 한다.

(3) 부장유물과 관련하여

부장유물은 내용과 종류, 수량 등은 피장자 생전의 사회적 지위에 비례하고 있다. 따라서 죽어서도 생전의 신분과 삶을 그대로 유지하기 위한 방안의 하나로 비생산적인 부장행위가 지속되었던 것이다. 즉 사람이 죽으면 육체와 영혼이 분리되고 영혼은 불멸하는 것으로 인식되었던 것이다. 죽음은 단순한 육체의 소멸이며, 영혼은 저승에서 삶을 연장하거나 재생한다는 신앙을 가졌던 것이다.

이 시기에는 출토된 부장유물에서 상·장례의식에 사용되었을 것으로 보이는 각종 儀器의 발달이 본격화된다. 1~2세기 전후의 목관묘유적의 부장유물은 철기와 더불어 실용성이 떨어지는 儀器性 청동기가 피장자와 같이 매장이 된다. 辰韓과 弁韓지역에서는 실용성이 없는 銅劍, 銅戈, 銅鉾 등의 무기류가 부장유물로 많이 사용되고 있다. 좀더 시기가 지난 3세기경에는 목곽묘에서 의기성 철기 무기류가 부장되고 있다. 有刺利器는 3세기 전반대에 목곽묘유적에서 나타나기 시작하며, 여기에 붙어 있는 고사리모양의 장식은 실용성이 배제된 것으로 장식성을 높이는 기능을 하며, 피장자와 관련한 儀器的인 성격이 강한 것이다. 이 고사리문양은 3세기 후반 이후에는 토기와 철기 등 전반적인 요소에 채용이 된다. 有刺利器의 발생지역은 경주와 울산을 중심으로 하지만 점차 주변 지역으로 확산되어 5세기에는 낙동강 서안 지역에도 출현한다.

또한 이 시기에는 부장유물로 玉을 포함한 장신구가 많이 출토되고 있다. 『三國志』 魏書 東夷傳 韓條에 「구슬을 귀히 여겨 옷이나 몸에 장식을 하지만, 金銀錦繡는 보배로 여기지 않는다」는 기록이 있듯이, 이 시기에 금과 은은 옥에 비해 가치가 덜했고 거의 사용되고 있지 않고 있다. 金銀 대신에 옥을 이용한 장신구가 많이 사용된 것으로 보이며, 사후에도 귀중하게 여기던 옥을 부장하는 관습이 생겨난 것으로 판단된다. 원삼국시대의 매장주체부에는 철기나 토기 등을 함께 부장하지만 고창 예지리 2호 주구묘에서와 같이 丸玉, 小玉, 多面玉 등 玉만이 다량으로 출토되는 경우도 있고, 창원 다호리 1호분 목관 내부에서도 三花形, 사각형 등 다량의 유리옥이 출토된 것으로 보아 옥에 대한 중요성이 문헌과 일치하는 경향을 보인다. 창원 다호리에서는 70여기의 분묘 중에 3기에서만 옥이 출토되어 옥은 신분이 높은 피장자에게만 귀중하게 사용된 것으로 보인다. 이러한 옥은 대부분 벽옥, 수정, 활석, 유리, 마노 등으로 제작되고 있으며, 곡옥, 다면옥, 관옥, 유리환옥 등이 일반적으로 부장유물로 많이 출토된다. 이 시대의 유리제작 기술은 제철기술과 함께 漢이나 樂浪과의 교류로 인하여 이루어진 것이다. 후에는 유리옥 등의 鎔范이 한반도 각 유적에서 출토되는 것으로 보아 자체적으로 생산이 이루어져 많이 사용된 것으로 보인다.

(4) 조형토기와 관련하여

오리모양을 한 토기로서 넓은 의미에서 鳥形土器로 불린다. 부리와 눈이 사실적으로 표현된 머리부분과 몸통부분으로 간략하게 제작한 것이다. 조형토기는 弁韓과 辰韓지역인 경상도에서 주로 출토되고 있다. 조형토기는 3세기 중반부터 제작되고 장례와 관련한 의식에 사용되었다. 瓦質이 주류를 이루는 전반기의 조형토기는 울산 하대, 중산리, 경산 임당동, 경주 사라리, 부산 복천동, 김해 대성동 고분에서 출토되고 있다. 최근에는 馬韓지역인 고창 예지리 옹관묘의 내부, 서천 오석리, 영광 군동유적에서 조형토기가 출토되고 있다.

鳥形土器는 영혼불멸 사상에 의한 피장자의 승천과 관련하여 장례 후에 동시에 안치된 것으로 보여지며, 새는 이승과 저승을 연결하는 역할을 한 것으로 보인다. 이러한 유물은 제사장이나 수장급의 중요 인물이 소지하여 제사를 집행할 때 쓰였을 것이며, 또한 사후에는 피장자와 함께 매장했던 것으로 추정된다. 한반도에서는 초기철기시대의 鳥形農耕文

을 시작으로 각 시대별로 제사용기나 생활용기로 사용되기 시작한다. 부장유물 이외에도 農耕儀禮에 필요한 祭器 등에도 사용되었다. 국가라는 권력체계가 생기면서 조형토기는 재질이나 형태가 다양화되면서 금속류에도 사용되기 시작하며, 수장급의 권력의 상징물에 투영된 것으로 보인다. 이후 삼국시대에는 보다 현실적이고 대중적인 형태의 瓦當이나 骨壺에서 수호신으로 등장하기도 한다. 그 만큼 鳥形土器나 그와 관련한 유물은 한반도에서는 매우 중요하게 인식되어지고 있다.

5. 맺음말

한반도에 있어서 각 시대별로 다양한 묘제형태가 나타나고, 부장유물의 성격과 죽음의 처리 방법도 다양하게 존재한다. 신석기시대의 土壙墓, 洞窟墓, 甕棺墓, 청동기시대와 초기철기시대의 石棺墓, 支石墓, 甕棺墓, 積石木棺墓, 원삼국시대의 土壙木棺墓, 木槨墓, 周溝墓, 甕棺墓 등 다양한 묘제가 존재하며, 축조기법도 목제와 석제가 단독, 혹은 혼용되어 사용되기도 한다. 이것은 지역적, 시기적으로 죽음관을 포함한 문화의 차이가 있었음을 의미하며, 이것이 지역 문화의 전통으로 나타나고 있다.

한반도의 신석기시대는 기본적으로 수렵과 채집이 주를 이루고 있으며, 생업을 위해 쉴새없이 이동해야 했기에 죽음으로 인한 墓制의 축조에 노동력과 시간을 많이 투자되지 않은 土壙墓가 주류를 이루었던 것으로 보인다. 신석기시대 죽음관의 몇 양상은 피장자를 묻을 때의 머리를 두는 방향이 일정하지 않아 한반도의 각 지역이 통일된 양상을 보이지 않는다는 점, 매장방법에 있어서 일반적으로 앙와신전장이 주류를 이룬다는 점, 이 시기에는 일반적으로 單獨葬이 대부분이나 合葬의 풍습도 있었다는 점, 신분이나 지위의 高下가 있었던 것으로 추정된다는 점, 신석기시대 中期에 이미 火葬의 풍습이 있어 二次葬이 행해졌다는 점을 들 수 있을 것이다.

청동기, 초기철기시대에는 석관묘, 지석묘, 옹관묘, 적석목관묘 등 묘제가 다양화되며, 여기에 상·장례의식도 복잡하게 혼용되어 나타난다. 이 시기에는 시신을 그대로 묻는 것이 아니라 석관묘나 지석묘와 같이 공간을 확보하거나, 목관, 옹관과 같이 관을 사용하였다는 점에서 단순히 시신을 처리하는 의식을 넘어 저승에서의 활동공간을 부여했다는데 큰 의의가 있다. 이러한 묘제는 금속기의 도입과 稻作농업의 시작으로 인하여 정치적, 군사적 지위나 상속, 사유재산에 대한 관념 등이 상당히 발달된 시기에 나타날 수 있는 무덤인 것이다. 연구가 진척된 지석묘에서 보더라도 묘제의 축조시에는 축조의례, 매장의례, 장례의례 등의 의식이 그 사회의 정해진 규범 안에서 정연하게 이루어지고 있음을 알 수 있다. 葬法도 일반적으로 많이 사용되는 伸展葬, 석관묘에서 많이 사용되는 屈葬, 시신을 일정기간 육탈시켜 뼈만 안치하는 二次葬, 시신을 불태워 석실 안에 뼈만 매장하는 火葬 등 다양하게 파악되고 있다. 각 묘제에서는 劍鏡玉 등이 셋트로 출토되고 있는 경우가 있는데, 이는 선사시대 사회에 있어서 수장급의 무덤으로 상정되는 것들이다. 또한 각 묘제에 부장되는 銅劍, 銅鈴 등은 현재의 巫俗도구와 일치하고 있다.

원삼국시대에는 집단묘지인 목관묘가 주류를 이루고, 목곽묘로의 계승이 이루어진다. 이 시기에는 부장품의 종류가 증가하고 특히 철기의 부장이 일반화된다. 또한 이 시기부터 樂浪과의 교섭을 통해 漢式遺物이 분묘에 부장되는데, 낙랑의 묘제에서 필요한 부분만 수용하여 종래의 목관묘에 적용시킨 점이 이 시기 목관묘의 특징이다. 2세기가 되면 대형목곽묘가 남부지방의 상위계층의 분묘로서 출현하여 3세기대까지 축조된다. 이 시기에는 출토된 부장유물에서 상·장례의 의식에 사용되었을 것으로 보이는 각종 儀器의 발달이 본격화된다. 1~2세기 전후 목관묘유적의 부장유물은 철기와 더불어 실용성이 떨어지는 儀器性 청동기가 피장자와 같이 매장이 된다. 辰韓과 弁韓지역에서는 실용성이 없는 동검, 동과, 동모 등의 무기류가 부장유물로 많이 사용되고 있다. 좀더 시기가 지난 3세기경에는 목곽묘에서 의기성 철기 무기류가 부장되고 있다. 또한 부장유물로 옥을 포함한 장신구가 많이 사용되고 있으며, 문헌에도 보이듯이 옥은 귀중하게 여겨 신분이 높은 피장자에게만 귀중하게 사용된 것으로 보인다. 경상도에서 주로 출토되고 있는 鳥形土器는 3세기 중반부터 제작되고 장례와 관련한 의식에 사용되었으며, 최근에는 馬韓지역인 충청, 호남지역에서도 출토되고 있다. 이러한 鳥形土器는 영혼불멸사상에 의한 피장자의 승천을 돕고자 하는 뜻에서 사용되었으며, 이러한 유물을 제사장이나 수장급의 중요 인물이 소지하여 제사를 집행할 때 쓰인 것으로 보인다.

이상과 같이 한반도의 선사시대에 해당하는 구석기~원삼국시대까지의 묘제와 상·장례의식, 죽음관에 대해 살펴보았다. 선사시대의 죽음관을 효율적으로 파악하기 위해서는 묘제에 대한 한정된 일반적인 조사보다는 무덤이 포함된 주변의 생활유적의 조사와 함께 당시의 문화·사회상이 동시에 연구되어야 할 것이다. 또한 각 묘제의 기원, 기능, 주변 묘역과의 관련성 등의 연구가 공반되어야 할 것이다. 그럼으로써 각 묘제에서 출토되는 부장유물을 통하여 제사의 복원, 장례의식 등을 복원하기가 한층 수월해질 것으로 기대하고 있다. 앞으로 한국 고고학계에서도 문화, 사회상의 복원을 위한 소프트웨어적인 면에 심혈을 기울이고 있고, 또한 발굴조사로 인하여 지금보다 더욱 많은 자료가 축적된다면 선사인의 풍속, 신앙, 상·장례문제, 죽음관의 양상이 보다 명확히 밝혀지리라 기대한다.

VI. 고고학에서 본 백제문화의 이해

Ⅵ. 고고학에서 본 백제문화의 이해

1. 백제역사의 개요

백제는 BC18년 고구려에서 내려온 온조와 비류가 한강유역에 정착하여 백제국(百濟國)을 세웠다. 백제국은 한성(漢城)지역을 중심으로 세력을 확장해 나갔으며, 온조왕 때인 AD9년에 마한의 중심세력인 목지국을 통합하였다. 3세기 무렵의 고이왕대에는 고대국가의 면모를 갖추게 되었다. 이 시기에는 백제의 영역이 경기도 일원으로 확대되고, 4세기 중반에는 충청도에까지 확산된다. 근초고왕대에는 영토확장을 진행하여 북으로 평양, 남으로는 전남지역에까지 진출하나 4세기말경에는 고구려 광개토대왕의 남진정책에 의해 영토가 축소된다. 장수왕의 남침에 의해 풍납토성을 비롯한 도성이 함락당하고, 개로왕이 전사하는 비운을 맞게 된다.

문주왕은 475년 수도를 웅진(熊津)으로 옮겨 국가체재를 재정비 하였고, 무녕왕은 고구려의 침략을 저지하며, 왕권을 강화하고 국가의 안정을 도모하고자 하였다. 그러나 웅진은 수도로서의 입지가 협소하고, 충북 청원까지 진출하여 계속 압박을 가하는 고구려의 남진정책에 의해 계획적으로 사비로의 천도를 단행하게 된다.

성왕은 새로운 국가발전의 터전을 마련하고자 538년 사비(泗沘)로 수도를 옮겨 국가 중흥의 기틀을 삼고자 하였다. 성왕은 중국의 남조(南朝)와 교류를 갖고 백제문화의 발전에 이바지 하였으며, 일본으로 선진문물을 전수하였다. 내부적으로는 중앙과 지방의 제도를 확립하였으며, 신라와 군사적으로 연합하여 한강유역의 영토를 회복하려고 노력하였다.

삼국의 치열한 각축 속에 의자왕 말기에는 국정이 문란해지고 나당연합군에 의해 660년 멸망하고 말았다.

백제의 도읍은 한성에 정착한 이후 2번에 걸쳐 천도를 단행하고 있다. 백제의 문화는 도읍을 중심으로 문화가 발전한 관계로 3기로 구분하여 볼 수 있다. 한성기(BC18~475년)는 서울에 있는 풍납토성과 몽촌토성이 중심 지역이었으며, 세트를 이루는 도성체재였다. 중심을 이루는 풍납토성은 길이 3.5㎞에 달하는 성으로 판축으로 쌓았으며, 3중 환호(環濠)도 확인되었다. 내부에서는 의례용 건물, 수혈주거지, 목조 우물 등 각종 유구가 조사되었다. 한성기의 성은 토성이 주류를 이루었으며, 한성기 후반에는 교통로상을 따라 석성이 축조되기도 한다. 고분으로는 토광묘, 적석총, 즙석식 봉토분 등이 있다. 석촌동에는 고구려식의 적석무덤과 토착세력의 토광묘가 분포되어 있고, 방이동에는 석실분이 많이 남아 있다. 이들 고분에서 출토된 유물로는 철제품, 화분모양의 토기, 단지, 세발토기 등이 있고, 중국의 도자기와 고구려식의 토기가 출토되어 교류관계도 파악할 수 있다.

웅진기(475~538년)는 공주의 공산성이 중심을 이루고 있으며, 성의 내부에서는 많은 건물터, 연못, 우물 등의 유적이 조사되었다. 왕궁의 위치는 공산성의 외부에서 아직까지 조사되지 않은 점으로 보아 내부설이 제기되고 있다. 웅진기의 성은 공산성을 중심으로 동심원상으로 산성들이 배치되어 있다. 이 시기의 고분은 대개 횡혈식석실분이 중심을 이루고 있지만, 석곽묘, 와관묘, 전축묘, 화장묘 등도 사용된다. 송산리고분에서는 횡혈식석실분과 전축분이 축조되었다. 특히 송산리 6호분과 무녕왕릉은 중국 남조의 영향을 받아 벽돌로 쌓은 전축분이 축조되었으며, 벽에는 사신도가 그려져 있다. 무녕왕릉은 도굴되지 않은 상태로 조사되어 국보급의 많은 양의 화려한 유물이 쏟아져 나왔다. 또한 매지권에 기록된 문헌에서 무덤의 주인공과 당시의 장례풍속도 파악할 수 있다. 이 시기에는 일본지역의 왜와도 문화적으로 활발한 교류가 이루어졌다.

사비기(538~660년)는 문화적으로 가장 왕성한 시기이며, 백마강을 낀 부소산성과 부소산 남쪽에 왕궁을 마련하고, 외곽에 나성을 쌓아 도성의 모습을 갖추었다. 사비도성은 부소산성을 배후에 두고, 왕궁, 관청, 사원 등이 배치되고, 멀리 궁남지라는 정원까지 만들어진다. 도성내부에서는 계획적으로 만든 도로가 조사되었다. 성은 도성외곽과 국경지대, 그리고 그 사이의 요충지에 성을 쌓았으며, 웅진기에 비해 규모가 커지고 높은 곳에 입지한다. 능산리에 위치한 왕릉급 무덤은 모두 석실분이며, 그 중의 1호분은 고구려 벽화의 전통이 남아있는 사신도의 그림이 그려져 있다. 그러나 아쉽게도 내부는 일제시대에 이미 도굴되어 유물이 별로 남아 있지 않았다. 사비기에는 수량은 적지만 수혈식석곽묘나 횡구식석곽묘도 축조되고 있다. 또한 이 시기에 불교문화가 융성하여 부여 정림사지, 익산 미륵사지 같은 사찰이 세워지고, 세련된 도안의 기와와 벽돌이 많이 출토되고 있다.

근래에는 사비기 이후 무왕에 의해 익산 금마로의 천도설이 제기되고 있으며, 그와 관련된 미륵사지, 왕궁리유적, 미륵산성, 익산 쌍릉, 제석사지 등이 조사되었다. 익산 금마에는 왕도로서의 기반시설인 궁궐, 사찰, 산성, 왕릉이 갖추어져 있어, 천도를 준비하고 있었던 것으로 보인다. 다만 천도를 단행하기 전에 백제가 멸망하여 공식적인 천도로 기록되지는 못하였다.

2. 백제의 문화

1) 백제의 주거

백제인들은 보다 좋은 주거환경을 위해 그 구조를 편리한 방향으로 개선하기 위해 끊임없는 노력을 지속하였다. 백제의 주거유적은 100기가 넘는 규모가 큰 마을과 10여기 정도의 작은 마을이 공존하였다. 이러한 마을 유적의 입지는 강변을 중심으로 한 충적지나 낮은 구릉지에 위치한다. 특히 퇴적 단구상에 발달하는 경우가 많은데, 이러한 입지는 물이 풍부하고 경작지의 확보가 용이하기 때문일 것이다. 또한 강변을 따라 취락이 발달하는 경우는 강을 따라 이동하는 접근성이 용이하기 때문이기도 하다. 초기 백제시대 지방유형의 마을은 방사상의 구상유구로 구획하고 각각의 구획에 다양한 평면형태의 주거지와 고상주거, 수혈유구 등으로 마을을 구성하는 다양한 유구가 복합되어 있다.

사진1. 미사리 몸자형주거지

백제의 주거형태는 원형, 방형, 장방형, 凸자형, 呂자형, 5각형, 6각형, 대벽주거지, 고상가옥 등 실로 다양하게 나타난다. 이러한 주거지의 평면모습은 백제 한성기와 웅진, 사비기의 양상이 차이가 있으며, 전라도 지역은 마한의 영향을 강하게 받았음을 알 수 있다. 주거의 내부구조에 있어서도 서울, 경기 일원과 전라 일원에서는 화덕, 부뚜막, 온돌시설, 기둥구조, 공간분할 등의 양상이 다르게 나타난다.

한성기의 주거 형태는 한강유역 일대에서는 6각형 또는 呂자형 주거지가 확인되고 있다.(사진1) 이에 비하여 당 시기에 경기 남부의 기흥 구갈리, 화성 당하리유적 등에서는 주로 방형계 집자리가 확인되고 있다. 이것은 한성 백제시대에 있어서 경기 남부지역이 아직 백제에 귀속되지 못하고 모든 사회적, 문화적 규범이 마한 체재에 속해 있었음을 의미하며, 주거에서 출토되고 있는 유물에서도 동일한 양상을 엿볼 수 있다. 일반적으로 서울·경기 일원의 주거지 형태변화는 출토유물이나 유구의 중복관계 등에서 보면, 장방형에서 6각형이나 원형으로, 呂자형에서 凸자형으로, 출입구가 있는 것에서 없는 것으로 변화하는 양상을 보인다.

전라 일원은 3세기대에는 원삼국시대, 즉 마한에 해당이 되며, 이 시

사진2. 정지산유적 대벽건물지

기의 주거지 평면형태는 장방형 혹은 방형을 이루고 있다. 내부시설은 벽구(壁溝)시설과 배수시설, 점토의 화덕자리, 4주식의 기둥구멍 등이 확인되고 있다. 이러한 주거 형태의 특징은 마한 거의 전 지역에 걸쳐 공통적인 양상을 보인다. 그러나 3세기 중반 이후 한강유역 일대에는 풍납토성, 몽촌토성, 하남 미사리 등과 같이 한성 백제시대가 이미 국가단계의 체재를 구축하고 있었을 것으로 보고 있다. 같은 시기의 주거의 모습도 한강유역과 차령산맥 이남의 주거 양상과는 다르게 나타나고 있다. 충청 북부 일원에서는 4세기대가 되면 주거의 형태나 내부구조에 있어서 변화가 있지만, 같은 시기에 금강 이남의 지역에서는 출토유물을 포함하여 마한 주거의 전통이 계속 이어지고 있다. 이것은 차령산맥을 경계로 마한과 초기 백제의 정치, 사회적인 변동이 있었음을 시사하고 있다.

특히 근래에 일본과의 교류측면에서 주목된 대벽건물지(大壁建物址)는 공주 공산성, 공주 정지산, 공주 안영리, 부여 군수리·화지산, 부여 서라성, 익산 신동리, 고창 우평리, 석교리 등에서 조사되었으며, 시기는 5세기 중반 이후로 연구되고 있다. 대벽건물은 네 벽이 들어갈 곳을 파내고 그 사이에 기둥을 촘촘히 박아 넣은 건물이며, 기존의 일반 주거 건물과 비교하면 한 단계 발전한 주거이다. 이 건물은 백제인들이 제사 등의 특수한 목적으로 건립한 것으로 보인다. 공주의 정지산유적에서 출토된 대벽건물지는 궁궐에서만 사용하는 기와와 와당이 출토되고 사용된 토기도 일반 주거에서 출토된 토기와는 다른 장고모양 그릇, 세발토기, 등잔, 벽돌 등이 출토되었다.(사진2) 이 대벽건물지는 일본 내에서도 5세기대부터 조사되고 있으며, 분포의 중심은 긴끼(近畿)지방에서 큐슈(九州)지방에까지 광범위한 지역에서 확인되고 있다. 대벽주거지는 일본 내에서 40

여개소의 유적이 조사되었으며, 한반도와 관련한 유적으로 도래인과의 관계를 상정할 수 있다.

2) 백제의 묘제

백제의 묘제는 백제기 초기의 한성기와 이후 천도한 웅진, 사비기에 따라 시대적인 변천을 보여주고 있다. 또한 분포의 밀집도에 있어서도 도읍을 중심으로 한 지역이 주류를 이루고 있다. 또한 영산강유역의 옹관묘와 같이 지역적으로 독특한 무덤이 조성되기도 한다. 백제의 묘제는 그 출발이 고구려의 적석총(積石冢)에서 보듯이, 고구려의 양식이었으나 횡혈식석실분과 같이 점차적으로 백제화 되어가는 과정을 거치게 된다. 묘제의 종류도 적석묘(積石墓), 목관묘(木棺墓), 석곽묘(石槨墓), 석실묘(石室墓), 전축분(塼築墳), 화장묘(火葬墓), 옹관묘(甕棺墓) 등이 있으며, 이 묘제들의 변천과정은 지역과 시기에 따라 다양하게 나타난다.

한성기에는 서울 석촌동과 가락동, 방이동 일대에 집중되어 있었으나, 지금은 도심의 개발에 밀려 소수만이 남아 있다. 이 지역에서 조사된 묘제는 토광묘, 적석총, 봉토분(封土墳) 등이 있다. 적석총은 강돌을 이용하여 외형을 방대형 계단식으로 축조한 것으로, 주로 한강유역에 분포하고 있다. 고구려 초기의 적석총과 유사하며, 백제의 초기 최고의 지배층 무덤으로 보인다. 이전에는 서울 석촌동 일대에 많이 있었으며, 석촌동 3호, 4호분이 대표적이며, 이중에 3호분은 한변 길이 55m, 높이 4.3m로 현재 3단까지 남아있으며, 근초고왕릉으로 추정하고 있다.(사진3) 봉토분은 지상에 흙으로 쌓은 봉분 내부에 목관과 옹관 등 매장주체부가 있는

사진3. 석촌동 적석총

묘제로 가락동 1호, 2호분 등이 있다. 시기는 3세기 중반부터 축조되며, 유물은 백제 초기의 토기들이 출토되고 있다. 방이동고분의 석실분은 기존에는 백제의 묘제로 인식하였으나, 백제의 석실분과는 축조기법이 다르고 부장품도 6세기 후반 이후의 신라토기가 출토되어 신라고분으로 재평가 되고 있다.

한성지역을 벗어난 지방에서는 천안 청당동, 보령 관창리 주구토광묘, 천안 용원리에서는 수혈식석곽묘 등이 등장하기도 하며, 서산 기지리, 부장리, 완주 상운리에서 한성기의 백제유물이 출토되는 분구묘가 조사되었다. 한성기의 횡혈식석실분은 서울, 경기 일원의 서울 우면동, 성남 판교동, 화성 마하리, 원주 법천리 등에서도 조사되고 있으며, 시기가 가장 빠른 것은 4세기 후반까지 올라가는 화성 마하리 석실분이다. 공주 수촌리유적에서는 토광묘, 석곽묘, 석실분이 순차적으로 축조되는 모습을 보여주고 있다.

웅진기 이후에는 횡혈식석실묘를 중심으로 석곽묘, 와관묘, 전축분, 화장묘, 영산강유역의 옹관묘 등이 사용되고 있다. 횡혈식석실묘는 주로 구릉의 남사면에 입지하고 있으며, 백제의 고분양식 중 가장 일반적인 것이다. 백제의 전 지역에서 발견되나 부여, 공주 일원에서 많이 조사되고 있다. 공주의 송산리고분은 무녕왕릉을 포함하여 9기가 조사되었다. (사진4) 1호에서 5호분까지는 궁륭식의 횡혈식석실분이며, 한성기 석실분의 다양한 구조와는 달리 정형화된 모습을 보여준다. 이중에는 6호분과 무녕왕릉은 벽돌을 쌓아 만든 장방형의 터널식을 가진 전축분이다. 6호분은 벽에 진흙을 바르고 사신도를 그린 벽화고분이며, 아치형 천정과 널길에는 오수전이 새겨진 벽돌로 정연하게 쌓았다. 부여

사진4. 송산리고분 횡혈식석실

의 저석리에서도 석곽형태의 전축분이 발견되었다. 전축분은 6세기대에 중국 남조에서 유행하던 무덤양식으로 그 영향을 받은 것이다. 무녕왕릉에서는 금제관장식, 귀걸이, 허리띠장식, 금동제신발, 환두대도 등 왕의 권위를 상징하는 많은 유물이 출토되었다. 능산리고분군은 횡혈식석실분으로 천정형식이 터널형에서 괴임식으로 변화하였다. 1호분은 벽의 사방에 사신도와 천정에 연꽃과 구름이 그려져 있는 벽화고분이다.

이 외에도 백제에는 목관묘, 석곽묘, 화장묘, 옹관묘 등의 묘제가 있다. 목관묘는 원삼국시대의 목관묘의 전통을 이은 것이며, 백제의 전 지역에서 발견되고 있다. 서울 가락동, 석촌동 일대와 청주 신봉동 목관묘가 유명하다. 화장묘는 불교가 전래되면서 화장하는 풍습이 생겨나게 되었다. 풍화 암반에 구덩이를 파고 뼈단지를 넣은 다음, 납작한 돌이나 기와 등으로 덮은 형태이다. 부여지역에서 많이 유행했으며, 전주 화산동에서도 뼈단지를 묻은 화장묘가 발견되었다. 옹관묘는 백제의 전 지역에서 발견되고 있다. 서울, 공주, 부여, 영산강 유역에서 발견예가 많으며, 영산강 유역에서는 마한의 전통을 이어가는 합구식 옹관이 많이 발견되고 있다.

3) 백제의 불교문화

불교는 우리 민족의 사상과 문화 및 민속에 영향을 미치며, 한국문화 형성과 발전에 지대한 공헌을 하였다. 한국인의 삶에 있어서 철학적 체계를 확보한 것은 불교를 통해서였다. 삼국시대에 불교문화를 받아들이기 전에는 토속신앙, 자연숭배신앙 등의 문화형태 속에서 생활을 영위하였다. 그러나 당시에 우리 선조들은 외래의 종교이며 새로운 사상을 동반한 불교문화를 받아들이게 되어 민족의 고대 신앙이나 고유관습 등 종래의 문화와 잘 융화되어 훌륭한 민족문화로 형성되었던 것이다. 중국으로부터 들어온 불교문화는 육로를 통해서 고구려에 전해졌고, 바다를 건너서 백제 땅으로 전하여졌다. 고구려에서 받아들인 불교문화는 주로 전진을 비롯한 북방 중국의 불교문화였으며, 백제는 주로 동진을 비롯한 남쪽 중국의 불교문화를 받아들였다. 신라는 처음 고구려로부터 불교문화가 들어왔고, 그 뒤에는 백제와 중국 등지에서도 전래되었다.

백제의 사찰터는 부여 정림사지, 금강사지, 용정리사지, 군수리사지, 왕흥사지, 능산리사지, 익산 미륵사지, 보령 오함사지 등 주로 사비기의 것이 조사되었다. 백제 사찰의 가람배치는 금당과 탑이 일렬로 배치되는 일탑형(一塔形)이 기본을 이루고 있으며, 익산 미륵사지와 같이 3개소에 탑이 있는 품자형(品字形)을 이루는 경우도 있다. 탑은 초기에는 목탑이었으나, 부여 정림사지 5층석탑이나 익산 미륵사지 석탑과 같이 점차 내구성이 강한 석탑으로 번안되었다. 따라서 이들의 석탑은 옥개석 단부의 반전, 배흘림 기법의 기둥, 기단부의 기초 등 곳곳에 목탑의 양식을 남기고 있는 모습이다.

부여 정림사지 5층석탑(국보9호)은 정림사지 경내에 있다.(사진5) 기단은 각 면의 가운데와 모서리에 기둥이 끼워져 있으며, 탑신부의 각 층 몸돌에는 기둥을 세워 놓았다. 기둥은 목조건물의 양식을 모방하여 만든 배흘림 기법을 이용하였다. 옥개석은 처마의 네 귀퉁이에서 들려져 있으며, 이것 역시 목조건축의 모습이다. 이 탑은 목조건물의 형식을 충실히 이행하면서도 단순한 모방이 아닌 세련되고 창의적인 조형을 보여주고 있다. 1층 탑신 4면에는 당나라 소정방이 백제를 멸망시킨 후, 백제를 평정했다는 명문이 새겨져 있다.

사진5. 정림사지 5층석탑

백제에서 가장 오래된 불상은 서울에서 발견된 4세기대의 불상이지만, 서산 보원사지의 금동여래입상, 부여 군수리사지의 금동보살입상과 같이 사비기의 것이 많이 알려져 있다. 백제의 불상은 남조, 특히 양나라와 깊은 관련에 있는데, 부여 군수리의 납석제불좌상이나 서산 마애삼존불상의 따뜻한 미소나 자연스러운 곡선에서 한국적인 인간미와 부드러운 조형감각을 느낄 수 있다. 전체적으로 온화하고, 미소가 강조되어 친근미를 더하고 있으며, 불상의 신체는 매우 세련된 모습을 보여주고 있다. 처음에는 금동불을 제작하였으나 점차로 마애불이나 석불을 제작하였다. 또한 부여 정림사지나 익산 제석사지에서 출토된 바와 같이, 흙으로 빚어서 만든 소조불도 사비기에 만들어졌다. 불상은 사회가 점차로 안정되는 사비기에 주로 만들어지며, 서산 보원사지 금동여래입상, 부여 군수리사지 금동보살입상, 군수리 석조여래좌상, 부여 부소산 금동삼존불입상, 부여 규암면 금동관세음보살입상, 부여 신리 금동여래좌상 등이 알려져 있다. 이중에 보원사지 금동여래입상, 군수리사지 금동보살입상은 시기가 빠른 것으로 알려져 있다. 부소산 금동삼존불입상, 신리 금동여래좌상은 전체적으로 세련된 백제 불상의 특징을 보여주고 있으며, 소박한 인상을 주고 있다. 약간 후대에 만들어진 서산 마애삼존불상, 부여 금동관세음보살입상은 신체가 좀더 세련되고 화려한 모습이며, 미소를 띠는 불상 모습으로 발전하게 된다.

이중에 금동관세음보살입상(국보 293호)은 부여군 규암면의 절터에서 발견되었으며, 높이는 21.1㎝이다.(사진6) 머리에 작은 부처가 새겨진 관을 쓰고 있으며, 크고 둥근 얼굴에는 부드러운 미소를 띠고 있다. 목에는 목걸이, 가슴에 둘러진 옷은 2줄의 선으로 표시되었다. 어깨에서부터 늘어진 구슬장식은 허리부분에서 교차되고 있다. 치마는 허리에서 발등까지 길게 내려와 있

사진6. 금동관세음보살입상

으며, 양다리에서 가는 선으로 주름을 표현하고 있다. 오른손은 위로 올렸으며, 왼손은 아래로 내려져 옷자락을 잡고 있다. 대좌는 2중의 둥근 받침에 연꽃무늬가 새겨진 형태이다. 얼굴의 자연스러운 미소, 입상의 형태, 조각수법에서 보면 7세기 초의 불상임을 알 수 있다.

3. 백제의 유적

1) 공주 공산성

사진7. 공산성 전경

공산성(사적 12호)은 금강변 야산의 계곡을 둘러싼 산성으로, 원래는 흙으로 쌓은 토성이었으나 조선시대에 석성으로 고쳤다. 한성기에서 웅진기로 천도할 때, 서둘러서 쌓은 성이다.(사진7) 사방에 문터가 확인되는데, 남문인 진남루와 북문인 공북루가 남아있고, 동문과 서문은 터만 남아있다. 암문, 치성, 고대, 장대, 수구 등의 방어시설이 남아 있으며, 성 안에는 쌍수정, 영은사, 연지, 임류각지, 만하루지 등이 있다. 또한 연꽃문양 와당을 비롯하여 백제 기와, 토기 등의 유물들과 고려, 조선시대의 유물들이 많이 출토되었다. 백제 멸망 직후에 의자왕이 잠시 머물기도 하였으며, 백제부흥운동의 거점지이기도 하였다. 최근에는 공주대학교 박물관에 의해 백제 건물지 7기, 통일신라 건물지 2기, 백제의 석축기단, 저장시설, 저수시설, 기와퇴적층 등의 유구가 조사되었다.

2) 공주 송산리고분

사진8. 송산리고분군

송산리 고분군(사적 13호)은 송산을 주산으로 뻗은 구릉 중턱의 남쪽 경사면에 위치하며, 무령왕릉을 포함한 7기가 존재한다.(사진8) 계곡을 사이에 두고 서쪽에는 무령왕릉과 5, 6호분이 있고, 동북쪽에는 1~4호분이 있다. 1~6호분은 일제시대에 조사되어 구조와 형식이 밝혀졌고, 무령왕릉은 1971년 5, 6호분의 보수공사 때 발견되었다. 1~5호분은 모두 횡혈식석실분으로, 무덤 입구에서 현실에 이르는 널길이 널방 동쪽벽에 붙어 있는 것이 특징이다. 1~4호분은 바닥에 냇자갈을 깔아 관대를 만들었다. 전축분인 6호분은 활모양 천장으로 된 이중 널길과 긴 네모형의 현실로 되어 있으며, 현실 벽에 7개의 등자리와 사신도, 일월도 등의 벽화가 그려져 있다. 무령왕릉도 6호분과 같이 연꽃문양 벽돌로 벽을 쌓았으며, 무덤주인을 알 수 있게 해주는 지석 등 많은 유물이 출토되었다. 이러한 형식의 전축분은 중국의 영향을 받은 것이며, 벽화는 고구려의 영향을 받은 것으로 보인다.

3) 무녕왕릉

송산리고분군에 있는 무령왕릉은 송산리 5호분과 6호분의 침수방지를 위한 공사 중 발견되었으며, 백제 25대 무령왕과 왕비를 합장한 무덤이다. 구조는 장방형의 이도와 현실 벽은 연화문이 새겨진 벽돌로 정연히 쌓아졌고 왕과 왕비의 합장 관대가 있다. 3벽에는 주칠과 화염문을 그린 보주형 등이 5개가 장식되었고, 그 아래에는 마치 창과 같은 모양의 구조로 되어 있다. 중국 남조의 전축분의 양식을 받아들였으며, 치밀한 구조와 완벽한 아치형 천장은 백제의 독자적인 기술이 가미된 것이다. 이 왕릉에서 출토된 유물은 108종 2,906점에 달해 공주박물관에 진열하고 있으며, 이중 12점이 국보로 지정되었다. 무녕왕릉에서는 지석이 발견됨으로써 피장자와 구조연대를 알 수 있는 유일한 자료가 되었다. 무령왕릉에서 출토된 대표적인 국보급 유물로는 왕과 왕비의 금관, 왕비의 금제 경식(頸飾), 왕의 금제 뒤꽂이, 왕비의 은제 팔찌, 청동 신수경(神獸鏡), 석수(石獸), 지석(誌石), 두침(頭枕), 족좌(足座) 등이 있다.

(1) 금제관식

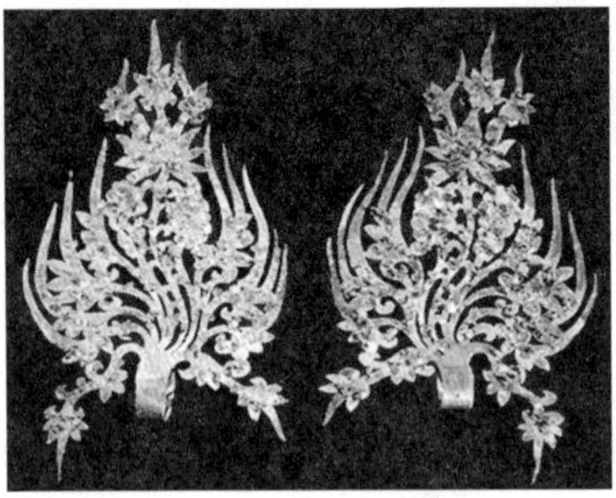

사진9. 무녕왕릉 출토 금제관식

금제관식(국보 154호)은 금으로 만든 왕관, 장식 한쌍이다.(사진9) 높이는 각각 30.7㎝, 29.2㎝이고, 너비는 각각 14㎝, 13.6㎝이다. 무령왕릉이 조사되었을 때, 왕의 관 안쪽 머리 부근에서 포개진 상태로 발견되었다. 금판을 뚫어서 덩굴문양을 장식했으며, 밑으로는 아래위로 2, 3개의 작은 구멍이 있는 줄기가 있다. 좌우로 벌어진 줄기 중간에는 꽃문양을 배치하였으며, 불꽃이 타오르는 모양새를 보여준다. 앞면에는 전체에 걸쳐 구슬모양 장식을 금실로 꼬아서 달았다.

(2) 두침

두침(국보 164호)은 무령왕릉 목관 안에서 발견된 왕비의 머리를 받치기 위한 장의용 나무 베개로, 위가 넓은 사다리꼴의 나무토막 가운데를 U자형으로 파내어 머리를 받치도록 하였다.(사진10) 표면에는 붉은색 칠을 하고 금박을 붙여 거북 등 문양을 만든 다음, 칸칸마다 흑색, 백색, 적색 금선을 사용하여 비천상과 날개를 펴고 날아가는 봉황, 어룡, 연꽃,

덩굴문양을 그려 넣었다. 베개의 양옆 윗면에는 암수 한 쌍으로 보이는 목제 봉황머리가 놓여 있다.

사진10. 무령왕릉 출토 두침

(3) 석수

석수(국보 162호)는 돌로 만든 동물상으로 궁전이나 무덤 앞에 세워두거나 무덤 안에 놓아두는 무덤 수호의 관념에서 만들어졌다.(사진11) 무령왕릉의 석수는 높이 30.8㎝, 길이 49㎝, 너비 22㎝로 통로 중앙에서 밖을 향하여 놓여 있었다. 입은 뭉뚝하며, 콧구멍 없는 큰 코에 눈과 귀가 있다. 머리 위에는 나뭇가지 형태의 철제 뿔이 붙어있다. 몸통 좌우, 앞뒤 다리에는 불꽃문양이 조각되어 있는데, 이는 날개를 나타낸 것으로 보인다. 꼬리가 조각되어 있으며 배설 구멍이 표현되어 있다.

사진11. 무령왕릉 출토 석수

4) 공주 정지산유적

정지산유적(사적 474호)은 공주시 금성동 무령왕릉이 위치한 정지산의 북쪽자락에 있으며, 금강쪽으로 돌출된 구릉의 정상부와 남북사면에 위치한다.(사진12) 능선 정상부를 편평하게 다지고, 기와건물과 대벽건물의 특수한 건물을 세워 주위를 목책으로 돌린 모습이다. 이러한 건물은 일반 건물과는 다른 제사유적으로 알려지기도 한다. 실제로 기대나 삼족토기 등 제사와 관련된 유물이 출토되었다. 대벽건물지(大壁建物址)는 정상부에서 3동, 남사면에서 4동이 조사되었으며, 무령왕과 왕비의 빈전(殯

사진12. 정지산유적 전경

殿)일 가능성도 제기되고 있다. 주거지는 능선의 정상부와 남쪽 사면에 35기가 분포되어 있다. 주거지 내부에서는 발형토기, 옹, 고배, 삼족토기, 개배 등의 백제토기가 비교적 많이 출토되었다. 이 유적의 중심연대는 5세기 후반~6세기 초로 추정된다.

사진13. 부소산성

5) 부여 부소산성

부소산성(사적 5호)은 백제 성왕 16년(538)에 왕궁을 수호하기 위하여 쌓은 성이다.(사진13) 백마강 남쪽 부소산의 산정을 중심으로 테뫼식 산성이 동서로 나뉘어 붙어 있고, 다시 그 주위에 북동쪽의 계곡을 둘러쌓은 포곡식산성을 동반한 복합식 산성이다. 성에는 동,서,남문 3개소의 문지가 있다. 성내에는 사자루, 영일루, 반월루, 고란사, 낙화암, 군창지 등의 건물 및 건물지가 있다. 부소산성에서 가장 높은 표고 106m 정상을 중심으로 다양한 주거지가 발견되기도 하였다. 산성은 백제부터 조선시대까지 수축, 개축을 거치며 사용되었고, 성벽과 치성 및 특수한 시설과 내부의 여러 가지 양상이 연대순으로 밝혀졌다.

6) 부여 정림사지

정림사지(사적 301호)는 백제가 부여로 도읍을 옮긴 시기의 중심 사찰이다.(사진14) 1980년의 발굴조사를 통하여 금당지, 중문지, 강당지, 회랑지 등이 확인되었고, 또한 석탑 기초의 판축, 다량의 와당과 격목와 등이 발견되어 백제시대에 창건되었음이 밝혀졌다. 가람의 배치형식은 일탑형 배치로 남으로부터 중문, 석탑, 금당, 강당의 순서로 일직선상에 세워졌으며, 주위를 회랑으로 구획하였다. 경내에는 연못이 있었고, 백제 때에 세워진 5층석탑(국보 9호)과 고려시대에 만들어진 석불좌상(보물 108호)이 남아 있다. 출토유물로는 백제와 고려시대의 장식기와를 비롯하여 백제 벼루, 토기와 흙으로 빚은 불상들이 있다.

사진14. 정림사지 전경

7) 부여 능산리고분

능산리 고분군(사적 14호)은 산의 남사면 중턱에 자리잡고 있으며, 모두 7기가 존재한다.(사진15) 고분의 분구는 모두 원형봉토분이다. 1호분인 동하총은 장방형 현실과 연도로 이루어진 단실묘이다. 현실의 네 벽과 천정에는 벽화를 그렸는데, 벽에는 사신도가 그려져 있다. 2호분인 중하총은 장방형의 석실과 비교적 긴 연도로 이루어진 단실묘이다. 천정형식은 터널형이며, 벽체는 긴 장대석으로 축조하였다. 3호분인 서하총은 장방형석실과 비교적 짧은 연도로 이루어진 단실묘이다. 천정의 형식은 평사천정이며, 벽체는 거대한 판석 1매로 구성하였다. 4호분인 서상총, 5호분인 중상총, 6호분인 동상총 등은 판석조의 단실묘이며, 천정형식은 평사천정으로 이루어졌다. 7호분은 장

사진15. 능산리고분군 전경

방형석실과 짧은 연도로 된 단실묘이며, 벽체와 천정은 각면 4매의 판석으로 조립하였다. 이 고분군은 도굴되어 조사시에는 약간의 유물이 수습되었을 뿐이다.

8) 능산리사지

부여 능산리사지는 능산리고분과 부여나성 사이에 있는 위치하고 있다. 능산리고분의 주차장을 건립하기 위해 좌측의 공터를 정비하던 중에 발견되어 조사를 하였는데, 많은 건물지와 우물터 등이 있는 사찰터로 확인되었다. 이곳에서는 목탑터 심초석에서 백제 창왕명 석조사리감과 우물에서 백제금동대향로가 출토되어 세간의 주목을 끌었다. 이 사찰은 왕실의 기원사찰임이 확인되었고, 발굴조사 결과 중문, 목탑, 금당, 강당이 있는 일탑형의 가람배치를 하고 있음이 밝혀졌다. 유물은 석조사리감과 백제금동대향로 이외에도 각종 토기와 기와, 목간, 금속공예품 등이 출토되었다.

(1) 백제금동대향로

백제금동대향로(국보 287호)는 1993년 부여 능산리사지 제3건물지 중앙칸 서쪽의 한 구덩이에서 출토되었다.(사진16) 향로는 높이 61.8㎝, 무게 11.8㎏이며, 몸체와 뚜껑으로 구분되어 있다. 뚜껑에는 23개의 산, 5인의 악사, 16인의 인물상, 봉황, 용을 비롯한 상상의 날짐승, 호랑이, 사슴 등 39마리의 동물들이 표현되어 있다. 뚜껑 위에는 봉황이 여의주를 품고 날개를 펼친 모습이며, 봉황의 앞가슴과 악사상 앞, 뒤에는 5개의 구멍이 뚫려 있어 향의 연기가

사진16. 백제금동대향로

올라오게 하였다. 몸체는 연꽃을 연상시키고 있으며, 연잎에는 불사조와 물고기, 사슴, 학 등 26마리의 동물이 배치되어 있고, 받침대는 한 마리의 용이 표현되어 있다. 이 향로는 창의성과 조형성이 뛰어나고 생동감이 넘치며, 불교와 도교가 혼합된 양상을 보이고 있다. 백제시대의 공예와 미술문화, 종교와 사상을 연구하는데 귀중한 자료가 되고 있다.

(2) 백제 창왕명 석조사리감

사진17. 창왕명 석조사리감

창왕명 석조사리감(국보 288호)은 능산리사지의 탑의 심초석 윗면에서 출토되었다.(사진17) 화강석제의 이 사리감은 감실이 마련되어 있으며, 위쪽은 원형, 아래쪽은 높이 74㎝, 가로, 세로 50㎝인 터널형태이다. 감실의 좌우 양쪽에 예서풍의 글자가 10자씩 새겨져 있다. 명문은 백제창왕십삼년태세재(百濟昌王十三季太歲在) 정해매형공주공양사리(丁亥妹兄公主供養舍利)라 쓰여 있다. 이 사리감은 성왕의 아들인 창왕에 의해 567년 만들어 졌으며, 창왕의 여동생 공주가 사리를 공양하였다는 내용이다. 이 사리감은 사리를 봉안한 연대와 공양자가 유물에 의해 명확하게 밝혀졌으며, 아울러 같은 장소에서 발굴된 백제금동대향로의 연대도 가늠할 수 있게 되었다.

9) 익산 미륵사지

미륵사지(사적 150호)는 백제의 무왕이 창건하였다. 절의 배치는 동·서로 석탑이 있고, 중간에 목탑이 있는 품자형(品字形)이며, 탑 뒤에는 금당이 자리한다. 금당의 규모는 앞면 5칸, 옆면 4칸이고 바닥에는 빈 공간이 있는데, 이것은 바닥마루의 습기에 대비한 것으로 보인다. 출토된 유물로는 기와, 토기, 금속, 목재 등 다양하며, 글자를 새긴 기와도 많이 발견되었다. 서쪽 금당 앞의 석탑(국보 11호)은 현재 남아있는 석탑 중 가장 오래된 것으로 목조건축의 기법을 사용하여 만들었다. 미륵사지 유물전시관에는 미륵사의 복원된 모형이 있다. 미륵사는 신라의 침략을 불교의 힘으로 막고자 지은 호국(護國) 사찰로서 백제가 망할 때까지 중요한 역할을 하였다.

(1) 미륵사지석탑

미륵사지석탑(국보 11호)은 미륵사지 내에 있으며, 현존하고 있는 국내 최고, 최대의 석탑이다.(사진18) 백제 후기인 무왕대에 건립된 것으로 추정된다. 탑의 구조를 살펴보면 화강암을 이용하여 조성하였고 정면3칸, 측면3칸의 정방형으로 축조되어 있는데, 중앙의 1칸에는 탑 내부로 들어갈 수 있는 출입구가 있으며, 그 내부의 교차되는 중심에 방형의 초반석이 놓여 있다. 초반석 중앙에는 심주석이 서있고, 이러한 석주가 지탱하고 있는 것도 목탑과 같은 형식이다. 1층에는 민흘림 기법을 갖춘 장방형 석주를 세우고 그 위에 평방과 창방을 가설하였으며, 이 돌들을 통하여 기둥으로 탑 상부의 수직 하중을 전달하게 되어 있다. 그 위에는 목조건물에서 공포에 해당하는 3단의 옥개받침이 옥개석을 받치고 있는데 이것 또한 목조건물의 가구 수법을 본받고 있다.

사진18. 미륵사지 석탑

(2) 미륵사지 석탑 출토 사리함

2009년 1월 미륵사지석탑 해체조사 중에 심주석 상면 중앙에서 사리공이 발견되고 내부에서 금제사리호, 금제사리봉안기 등 505점의 유물이 출토되었다.(사진19) 사리공 모서리에 원형합 6개를 두고, 합들의 사이에 녹색 유리구슬을 채운 뒤, 남측에 은제관식과 금제 소형판들을 두었다. 북측에는 직물에 싼 도자 5자루, 서축에는 2자루의 도자를 올려놓았다. 그리고 남측의 벽면에 금제사리봉안기를 올려놓고, 중앙에 금제사리호를 안치하였다. 이 외에도 3~5종의 직물이 있었고, 금실 등 각종 실들과 크고 작은 금괴도 섞여 있었다.

사진19. 미륵사지 석탑 출토 사리함

10) 익산 왕궁리유적

왕궁리유적(사적 408호)은 마한 도읍지설, 백제 무왕의 천도설이나 별도설, 안승의 보덕국설, 후백제 견훤의 도읍설이 전해지는 유적이다.(사진20) 발굴조사 결과, 이 유적은 백제 후기~통일신라 후기에 만들어진 것으로 보인다. 석탑 동쪽으로 30m 지점에서 통일신라시대 것으로 보이는 기와 가마 2기를 발견했다. 특히 탑을 에워싼 주변의 구릉지를 중심으로 직사각형 모양의 평지성으로 생각되는 성곽 유구를 찾았다. 성곽 안팎으로 폭이 약 1m정도로 평평한 돌을 깔아 만든 시설이 발견되어 성곽 연구에 좋은 자료가 되고 있다. 또한 화장실 유구, 공방, 왕궁 내의 정원 등이 조사되기도 하였다.

왕궁리 5층석탑(국보 289호)과 절터의 배치를 알 수 있게 하는 유구, 바깥쪽을 둘러싸고 있는 직사각형의 성이 발견되어, 백제 후기의 익산 천도설이나 별도설을 뒷받침하는 중

사진20. 왕궁리유적 전경

요한 유적으로 평가된다.

사진21. 쌍릉 대왕묘

11) 익산 쌍릉

쌍릉(사적 87호)은 남북으로 2개의 무덤이 나란히 자리잡고 있으며, 무덤의 봉분과 돌방의 크기가 큰 북쪽의 것을 대왕묘라 하고, 남쪽의 작은 것을 소왕묘라고 부른다.(사진21) 무덤 안의 구조는 백제 후기 횡혈식석실묘이며, 2기 모두 원형의 봉토무덤으로 흙을 높이 쌓아 만든 봉분 이외에 별다른 장식이 없다. 1916년 조사할 당시 무덤은 이미 도굴이 되어 유물이 남아 있지 않았다. 다행히 대왕묘 안에서 나무로 만든 관이 일부 발견되어 원래의 모습대로 복원할 수 있었다. 또한 관 고리에는 연꽃문양이 있었던 것도 확인되었다. 출토유물은 없지만 무덤 안의 구조로 보아 백제 후기의 것이다. 쌍릉은 미륵사를 세운 백제의 무왕과 그 왕비인 선화공주의 무덤일 것으로 알려지고 있었으나, 미륵사지석탑에서 출토된 명문으로 인하여 소왕묘의 주인공이 누구인지 불분명해졌다.

4. 백제의 대외관계

1) 대외관계의 개요

백제인은 대외교류에 적극적이었으며, 국제적인 감각이 뛰어나 일찍부터 중국과 교류하여 문물을 받아들였다. 이를 더욱 발전시켜 백제문화를 완성하였고 일본에까지 지대한 영향을 주었다. 중국과의 관계는 삼국사기에는 백제 근초고왕 27년(372)에 중국 진나라에 사신을 보내 조공한 기록이 있으나, 고고학적으로 보면 이보다 훨씬 이전에 교류가 이루어졌음을 알 수 있다. 한성기의 유적에서 중국 동전, 양모양 청자, 청자 등 중국의 위진 남북조시대의 유물이 발견되고 있고, 웅진기에는 중국과의 교류가 한층 더 활발해지면서 중국식의 전축분, 도자기 등이 발견되고 있다. 사비기에도 중국과의 교류는 지속되었으며, 여러 유적에서 중국의 동전이나 청자 등이 발견되고 있다.

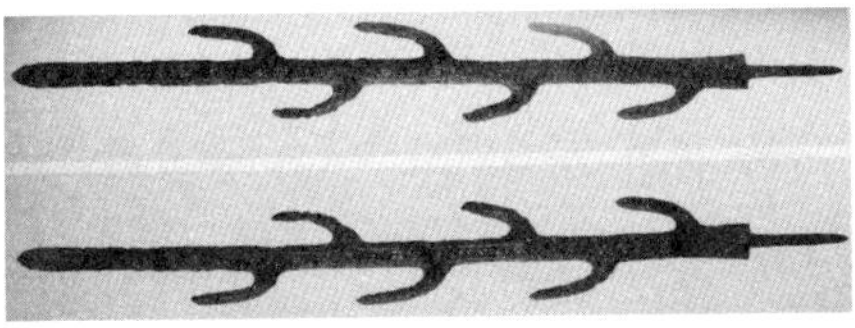

사진22. 칠지도

4세기 중엽부터는 중국 동진과 국교를 맺는 한편, 왜와도 교류하였다. 일본은 백제를 통하여 선진문물을 받아들이는데, 그 관계는 칠지도에서 엿볼 수 있다.(사진22) 칠지도는 백제의 근초고왕 때 왕세자가 왜왕에게 보낸 칼인데, 현재는 나라현 이소노카미신궁(石上神宮)에 보관되어 있다. 칠지도의 칼에는 칼을 만들 때 재질, 제작방법, 만든 사람과 받는 사람, 만든 목적 등이 새겨져 있어 백제와 일본과의 관계를 알 수 있는 유물이다.

5세기 전후가 되면, 한성에서 멀리 떨어진 백제지역에서도 중국의 도자기가 많이 발견되고 있다. 원주 법천리, 천안 화성리, 익산 입점리에서 출토된 중국 청자와 공주 수촌리, 천안 용원리에서 출토된 흑유계수호 등이 있다. 최근에는 가야지역의 남원 월산리에서도 출토 예가 있다. 이러한 중국 도자기는 위세품으로 중앙에서 하사한 것으로 파악하고 있다.

웅진기에는 중국 남조(南朝)의 남제(南齊)와 송(宋), 양(梁)에 사신을 파견하고 활발한 교류가 이루어진다. 공주 송산리고분의 전축분, 무녕왕릉의 중국 도자기 등이 그 예이다. 일본과의 관계는 웅진기에 이르러 가장 적극적인 교류가 이루어진다. 백제의 문화가 왜로 전해져 고대국가로 성장하는데 크게 기여하고 있다. 무녕왕릉에서 출토된 목관이 일본에서 자라는 금송이 사용되거나, 청주 신봉동 갑옷 출토, 영산강 유역의 전방후원분 등에서 관련성을 엿볼 수 있다. 전방후원분에서는 단지, 뚜껑접시, 원통형토기와 같은 왜와 관련된 유물이 많이 발견되고 있다.

사비기에는 중국과 더욱 활발히 교류를 진행한다. 중국에 들어온 유물은 금속품과 도자기가 있다. 중국의 동전, 첩화문청자, 흑유관, 도용, 백자벼루 등은 중국과의 교류를 통하여 들어온 것으로 보인다. 백제의 토기 중에는 중국의 동제품이나 긴목병, 호자, 정병, 접시 등의 중국 도자기를 모방한 것이 포함되어 있다. 백제는 지속적으로 왜와 교류를 하는데, 나주 복암리 3호분에서 출토된 장식대도, 규두대도(圭頭大刀)는 왜계 유물로 알려지고 있다. 부여 관북리 왕궁터에서 발견된 스에끼도 왜와의 교류에 의한 산물이다.

2) 백제와 일본과의 교역

백제와의 대외관계에 있어서 특히 일본과의 교역은 매우 활발하게 이루어졌으며, 많은 문물이 일본으로 건너가 일본고대국가의 기틀을 다졌다. 교역과 관련하여서는 일본서기에 599년 백제에서 앵무새를 보냈다는 기록이 있고, 낙타도 전해지고 있음을 알 수 있다. 이를 확인이라도 하듯이 근래에는 아스카의 판개궁터에서 동물을 사육한 흔적이 확인되었으며, 문헌에는 천무천황이 백금후원이란 정원에 낙타, 앵무새 등 진기한 동물을 길렀다는 기록도 있다. 한반도에 없는 동물들이 백제에서 일본에 전해진 것인데, 어떻게 가능하였을까? 1994년에 부여의 능산리에 부속한 절터에서 발견된 백제금동대향로에는 42종의 동물이 조각되어 있는데, 그 중에 코끼리, 사자, 악어 등이 있다. 이는 백제인이 동남아시아 각국을 다니며 교역에 종사하였을 것으로 보인다. 미륵불광사적기에 의하면, 백제 성왕 4년(526년) 승려 겸익이 항해로 인도에 이르렀다는 기록이 있고, 일본서기에는 543년 백제가 부남국(캄보디아)에서 재물과 노비 2명을 보내왔다고 기록하고 있다. 또한 일본 아스카에서 출토된 화려한 구슬은 그 산지가 인도에서 가져온 것이 입증되었으며, 공주 무녕왕릉에서도 같은 성분의 유리구슬이 출토되었다. 이와 같은 양상에서 본다면 백제인들에 의한 우수한 교역망은 동남아-한반도-일본으로의 교역루트가 활발히 진행되었음을 알 수 있다. 일본은 백제를 통해 세계문물을 받아들이고 세계문화와 접하고 있었던 것이다.

고고학적인 자료도 의식주나 저수시설, 성곽 등 다양한 분야에서 문물교류의 양상이 확인되고 있다. 5세기경 가시하라시에서 고대 일본에서 지어진 주거와는 전혀 다른 형태의 주거가 발견되었다. 그것은 대벽건물지인데 한반도에서 건너간 백제계 도래인들에 의해 세워진 것이다. 이러한 대벽건물은 한반도의 공주의 정지산에서 조사되었으며, 그 구조가 일본에서 발견된 것과 거의 동일하다. 아울러 오오츠시(大津市)에서도 대벽건물지가 조사되었으며, 온돌시설도 확인되고 있다. 이러한 대벽건물은 일본에서 6~7세기경까지 만들어지고 있다.

아울러 6세기경에는 시루가 만들어져, 증기를 이용한 식료요리가 본격적으로 행해졌다. 일본에서 부뚜막이 등장하는 것도 이 시기이다. 시루를 만드는 토기기술이나 부뚜막 시설은 한반도에서 이미 백제 이전에 개발된 것이며, 백제시대에는 일반화된 기술이었다.

아스카시에는 백제의 옷과 관련된 신사가 있다. 구레쯔히꼬신사에는 옷의 신이 모셔져 있는데, 일본서기에 의하면, 그 신은 백제계 도래인이라 전해지고 있다. 당시 일본에서는 백제의 옷을 만드는 기술자를 신으로 모실 정도로 추앙하였던 것이다. “천수국수장” 그림에는 백제식을 엿볼 수 있는 복식 그림이 그려져 있으며, 백제의 것으로 추정되는 베틀이 유적에서 발견되기도 하였다. 또한 한반도와 밀접한 관련이 있는 후지노끼고분(藤ノ木古墳)에서 염류기술을 알 수 있는 일본에는 없는 잇꽃의 꽃씨가 발견되기도 하였다. 이 시기에 일본에서는 백제의 새로운 문화, 복장, 소지품 등이 관료나 귀족들이 앞 다투어 구입하였던 것이다. 백제에 의한 주거문화와 음식문화, 그리고 복식문화가 이미 고대에 일본에 전해져 구다라(百濟) 열풍을 선도하고 있었다.

백제인에 의한 저수시설은 오오사카에 지금도 현존하고 있는 사야마

사진23. 오오사까 사야마 저수지

저수지(峽山池)가 있다.(사진23) 이 저수지는 백제인들에 의해 616년에 만들어졌으며, 지하에 수로도 발견되었다. 길이 300m의 제방을 갖춘 저수지는 당시로서는 고도의 토목기술을 요하는 공사였다. 그 기술은 나뭇가지와 나뭇잎을 섞어서 쌓는 백제의 기술인 부엽(敷葉)공법을 이용하여 축조하였다. 백제의 이러한 공법은 서울의 풍납토성, 부여의 나성, 김제의 벽골제 등에서 확인되었고, 백제의 초기에 이미 백제 지역에서 흔히 사용되는 선진화된 기술이었다. 사야마 저수지의 축조로 인하여 주변은 비옥한 농경지가 형성되었으며, 농업을 기반으로 주변의 인구가 증대하게 되었다. 오오사카(大阪)는 고대 백제의 토목기술에 의해 고대도시로 탈바꿈하였으며, 일본 제2의 거대도시 기반은 1400년 전까지 거슬러 올라간다.

5. 백제 최후의 백강전투

사진24. 주류성

백강과 주류성은 나당연합군과 백제가 3차에 걸쳐 수륙공방전을 펼쳤던 장소이다. 그렇다면 백강과 주류성은 어디인가? 1960년대 이후 고고학적인 조사, 군사지리학적 조사에서 부안의 주류성(우금산성) 일대와 백강(동진강)이라는 사실이 확인되었다. 주류성은 부안 능가산에 있는 현재의 우금산성이며, 산성의 둘레 4㎞ 정도의 석성으로 수구가 한군데만 있어 은폐와 방어에 유리하게 축성되어 있다.(사진24) 내부에는 우물과 왕궁터 등이 남아 있으며, 전주대학교 박물관에 의해 조사되었다.

제1차 백강전투는 의자왕 20년(660) 나당연합군이 사비왕도를 공략하기 전에 백강에 상륙한 전투이다. 소정방이 이끄는 당나라 군사는 중국 산동반도의 성산에서 출발하여 6월 21일 덕물도에서 신라 왕자 김법민과 만나 7월 10일에 백제의 남쪽에서 합류하게 되며, 소정방은 이후 왕도를 포위하기까지 두 차례에 걸쳐 백제군과 전투를 진행한다. 첫 번째 전투의 장은 「伎伐浦之岸」으로 지금의 동진강에 해당하는데, 고고학적으로도 동진반도에는 맙발굽형태의 해안에 연하여 구지리토성, 용화동토성, 용정리토성, 수문산성, 반곡리산성, 백산토성 등 많은 백제의 토성들이 남아 있다. 제1차 백강전투와 관련하여 보면, 동쪽 기슭에는 북으로 흐르는 동진강이 있는데 이 지형은 사료에 나오는 내용과 맞아 떨어지며, 금강 유역에는 이 지형을 찾아볼 수 없다. 그렇다면 기벌포 전투는 어떠한 상황 하에서 전개되었을까? 당군의 소정방은 6월 21일에 와서 신라의 김법민과 7월 10일에 합류하기로 하고 12일에 사비 왕도를 포위하게 되는데, 그 사이의 20일간 당나라 군사들은 어딘가에 상륙해 있었을 것이다. 육지에 상륙하여 왕도를 함락하기 이전에 13만명분의 음식료 보급과 군사들의 휴양, 군대의 정비, 하절기 해상폭풍의 대피 등을 위한 육상의 교두보가 필요하였던 것이다. 동진반도의 기벌포 전투는 이렇게 당군의 교두보 확보가 꼭 필요한 시점에서 전개되었던 것이다. 두 번째 전투는 왕도 함락 최후의 결전이다. 웅진강에 들어선 나당연합군은 사비 왕도 남쪽 20리 지점에서 백제군과 전투하여 백제군 만여명이 희생되고 왕은 북방으로 도망하였다.

제2차 백강전투는 사비 왕도가 함락되고 난 다음해(661) 신라군이 독자적으로 두량이성(주류산성)을 공격하였으나 실패하고 고사비성으로 철수한 전투이다. 13만 대군의 나당연합군에게 백제의 왕도가 함락 당하자, 백제의 유민들은 임존성과 주류성에 의지하여 당나라 주둔군을 포위하고 저항하게 된다. 신라 태종무열왕 8년(661)에는 당군이 백제군에게 포위당하자 이를 구원한다는 명분으로 백제군을 공격하는데, 신라군은 백제의 두량이성(우금산성)을 빼앗지 못한다. 신라군이 두량이성을 함락하려면 먼저 백제군이 주둔하고 있는 주류산성 동방의 전초기지가 바로 사산리산성과 소산리산성을 넘어야 한다.

제3차 백강전투는 신라 문무왕 3년(663) 재차 나당연합군이 결성되어 백강에서 왜의 수군과 해전을 벌이나 주류성이 함락당하는 전투이다. 이 전투는 나당연합군과 백제·왜와의 4개국이 개입한 국제적인 전쟁의 성격을 띠고 있다. 백제의 복신장군과 백제부흥군은 일본에 머물러 있던 왕자 부여풍을 영입하였고, 복신(무왕의 조카)과 승려 도침이 주류성을 거점으로 저항하였다. 귀국한 부여풍은 왕으로 추대하여 백제 부흥운동이 시작되었다. 663년 7월 17일 두 번째로 나당연합군이 결성되어 당나라 장군 손인사와 신라 문무왕 등이 이끄는 육군이 웅진을 출발하여 8월 13일 주류성 아래에 도착하는데, 이 무렵 왜의 지원병도 백강 하구에 정박한다. 왜는 백제에 군사 27,000명, 400여척의 배를 지원하였으며, 당나라 수군 170여척의 선단은 8월 17일 백강 앞바다에 집결하였다. 8월 27일과 28일 양일간에 걸친 해전 결과 당군이 승리하였으며, 부여풍은 고구려로 망명하였다. 백제군과 왜군은 동진강 하구의 조수간만의 시간을 고려하지 않고 공격하였다가 금방 조수가 빠져버리는 바람에 뱃머리를 돌릴 겨를도 없이 당의 수군에게 일격을 당하였던 것이다. 동진강유역 일대의 지세를 파악하지 못했던 것이 결정적인 패인이 되었다. 백강에서 패한지 열흘 뒤인 9월 7일에 주류성도 함락되었으며, 663년 백강전투는 백제 최후의 전쟁이 되었다.

■ 참고문헌

KBS 역사스페셜, 「최초의 한류, 구다라 열풍」, 2006.
국립공주박물관, 『박물관 이야기』, 1999.
국립부여박물관, 『박물관 들여다보기』, 2006.
국립부여박물관, 『백제의 문물교류』, 2004.
노중국 외, 『한성백제의 역사와 문화』, 서경문화사, 2007.
미륵사지 전시관, 「미륵사지석탑 사리장엄, 특별전」, 2009.
민두기, 『일본의 역사』, 지식산업사, 1976.
백제사연구회, 『백제와 금강』, 서경문화사, 2007.
이남석, 『백제 석실분연구』, 학연문화사, 1995.
이남석, 『백제의 무덤이야기』, 주류성, 2004.
이상균 · 이재운, 『백제의 음식과 주거문화』, 주류성, 2005.
이상균 외, 『부안문화유산자료집』, 부안군, 전주대학교 역사문화연구소, 2004.
이상균, 『전북지역의 고고학』, 전주대학교 출판부, 2011.
임영진, 『백제의 영역변천』, 주류성, 2006.
장경호, 『아름다운 백제 건축』, 주류성, 2004.
조법종 외, 『이야기 한국고대사』, 청아출판사, 2007.
한국고고학회, 『한국고고학 강의』, 사회평론, 2010.
한국고대사학회, 『한국고대사연구의 새동향』, 서경문화사, 2007.
한국방송공사, 『역사스페셜 1』, 효형출판사, 2000.
한국방송공사, 『역사스페셜 3』, 효형출판사, 2001.
한일관계사학회, 『한일관계 2천년-고·중세』, 경인문화사, 2006.

Ⅶ. 전북 순창의 훈몽재터에 대한 문헌 및 고고학적 검토

Ⅶ. 전북 순창의 훈몽재터에 대한 문헌 및 고고학적 검토

1. 머리말

훈몽재는 조선시대 성리학의 태두인 河西 金麟厚가 지금으로부터 460여년전에 전북 순창군 쌍치면 둔전리 방백산 자락에 세운 講學堂이다. 김인후는 전라도 출신으로서 유일하게 文廟에 배향된 분으로 그의 인물에 대해서는 우암 송시열이 그의 신도비에서 "國朝人物 道學節義文學或有品差 其兼有而不偏者 無幾矣 天佑我東 鍾生河西金先生 則殆庶幾焉"라 한데서 충분히 짐작할 수 있다.

김인후가 서울에서 관직생활을 하다가 士禍를 피하여 전남 장성으로 이거한 후, 순창 점암촌으로 옮겨온 것은 39세 때인 1548년(명종3)이었다.[1] 그는 이곳에 정착한 후, 이 지역의 유생들을 지도하기 위하여 훈몽재를 창건하였던 것이다. 김인후가 훈몽재를 지은 후 이곳에서는 정철을 비롯하여, 조희문, 양자징, 변성온, 기효간 등 조선 중기를 대표하는 유학자들이 하서로부터 가르침을 받았다. 이러한 까닭에 훈몽재는 한 때 전라도 유학의 본거지로 여겨지기도 하였다.

---

1) 河西 김인후는 1510년(중종 5년) 전라도 장성현 대맥동리에서 아버지 金齡과 어머니 玉川 趙氏 사이에서 태어났다. 그는 18세까지 고향에서 소학과 사서오경 등을 수학하였으며, 19세부터는 서울로 올라가 성균관에서 공부하였고 3년 후인 22세에 司馬試에 합격하였다. 그 후 31세 때에는 別試文科 丙科에 급제하였고, 다음해 弘文館 正字가 되었다. 34세 때 弘文館 博士 兼 世子侍講院 說書가 되어 세자교육을 담당, 세자와 두터운 관계를 형성하였으며, 그해 6월 弘文館 副修撰 兼 經筵檢討官으로 승진되어 36세까지 관직생활을 하였다.

그런데 이처럼 역사적인 가치가 있는 훈몽재가 유감스럽게도 오랜 세월을 흐르면서 지금은 그 흔적조차 남아 있지 않은 실정이다. 다행히도 최근 순창군에서 훈몽재를 복원하여 김인후의 유업을 기리고자 하는 계획을 세우고, 훈몽재에 대한 문헌 및 고고학적 조사를 전주대학교 역사문화연구소에 의뢰한 바가 있었다.

그런데 훈몽재에 관한 문헌자료를 검토하는 과정에서 우리는 몇 가지 중요한 점을 발견하게 되었다. 우선 460여년전 훈몽재가 있었던 위치가 일반적으로 알고 있는 것과는 전혀 다르다는 점이었고, 또한 한번만 지어진 것이 아니라 몇 차례의 중수 및 이건이 되었다는 사실이다.[2] 따라서 본고에서는 훈몽재의 역사적, 문화적 가치와 매우 밀접한 관련이 있다고 생각되는 훈몽재 터에 대한 사항을 남아있는 문헌 및 고고학적 자료를 중심으로 정리해 보고자 한다.

2. 훈몽재터의 자연환경 및 위치

훈몽재가 있었던 곳은 모두 3군데로, 모두 순창군 쌍치면 둔전리 일대에 위치하고 있다.(도면1) 구체적으로 말한다면, 쌍치면 소재지에서 21번 국도를 타고 금정마을 쪽으로 가다보면 쌍갈마재가 나오고, 여기에서 우회전하여 29번 국도를 타고 정읍방면으로 4㎞ 정도에 위치한 둔전리의 점암과 어암마을에 자리하고 있다.

쌍치면은 순창군의 서부지역에 해당하며, 전남 담양군 용면과 경계를 이루는 지역이다. 그런가 하면 노령산맥의 동쪽에 위치한 산간지대로서, 훈몽재가 처음 지어진 대학암 주변의 산세만 보아도 백방산(655m), 장군봉(606m)을 비롯하여, 전남과 경계를 이루는 복흥산(710m), 용추봉(578m), 강천산(583m), 금성산(598m) 등 비교적 높은 봉우리들이 즐비하다. 이러

2) 전주대학교 역사문화연구소, 『훈몽재 복원 기본구상 및 타당성조사 보고서』, 2003.

한 봉우리의 골짜기를 따라 하천이 흐르며, 하천주변의 작은 분지에 마을이 형성되어 있다.

훈몽재가 처음 세워졌던 지점은 어암마을에서 송정자마을을 거쳐 1.5㎞ 정도 떨어져 있는 방백산 아래에 위치한다.(도면1, 제1지점) 앞으로는 추령천[3])이 흐르고, 그 기슭에는 김인후와 정철이 함께 대학을 읽었다는 대학암이 자리하고 있다. 그러나 이곳의 훈몽재는 그 뒤 김인후의 집이 있던 곳으로 이주하는데, 그 곳은 현재 "河西先生遺墟碑"가 서있는 장군봉 아래 점암마을이다.(도면1, 제2지점) 그리고 마지막으로 훈몽재가 있었던 곳은 "漁巖書院遺墟碑"가 있는 곳으로 이곳의 훈몽재는 한국전쟁 때 불탔던 것으로 알려져 있다.(도면1, 제3지점)

3. 훈몽재의 창건 및 이건에 관한 문헌검토

1) 하서 김인후의 훈몽재 창건(도면1, 제1지점)

조선 명종 3년인 1548년 김인후가 전남 장성에서 순창으로 온 후, 정착한 곳은 鮎巖村이었다.[4]) 점암촌은 마을 앞 하천에 있는 "메기바위" 때문에 붙여진 지명이었다. 부모와 함께 점암에 정착한 김인후는 자신이 거처할 집을 한 채 지었는데, 그 형태가 田字였다고 한다. 그리고 집 앞에 마련한 연못이 心字의 모습이어서 사람들은 하서의 이 집을 으레 思齋라고 불렀다고 전한다.[5]) 사재가 있던 정확한 위치는 현재 "河西先生遺墟碑"가 있는 곳으로부터 서북쪽으로 약 50m 떨어진 곳이다. 마을 사람

3) 추령천은 정읍의 내장산 기슭에서 발원하여 복흥면과 쌍치면의 소하천을 흡수하며 동류하다 다시 북상하여 정읍 산내면에 있는 운암호에 흘러들어 간다. 추령천은 내장산에서 발원하는 섬진강의 지류인 셈이며, 복흥면에서는 해발 300여m, 쌍치면에서는 250여m 정도의 높이로 흐르고 있다.
순창군지 편찬위원회, 『순창군지』, 1982.

4) 『淳昌郡誌』, 1957.

5) 金時瑞, 『自然堂遺稿』.

들 중 몇 몇은 사재 터를 정확히 기억하는 자들도 있었다.

김인후가 훈몽재를 지은 곳은 대학암 위, 그러니까 思齋가 있던 곳이나, 현 "漁巖書院遺墟碑"가 서 있는 곳으로부터 앞쪽으로 약 1.5㎞ 쯤 떨어진 장소였다. 당시 松蘗洞(현 송정자)이라고 불렀던 이곳은 흔히 "栢山之下 靈江之上"이라고 표현되었던 곳으로 가히 "천하제일의 명당"이라고 부를만한 곳이었다. 훈몽재가 있던 터 뒤로는 야트막한 訓蒙嶝이 펼쳐져 있고 앞으로는 추령천의 맑은 물이 흐르는 참으로 경치 좋은 곳이다. 오랜 세월의 흐름 속에 훈몽재의 옛 모습은 찾아 볼 길이 없었지만, 김인후가 思美人曲의 저자 송강 정철과 마주 앉아 『大學』을 논하였다는 추령천변의 대학암은 옛 모습 그대로이다.

김인후가 훈몽재를 창건한 이유는 물론 이곳의 후학들에게 학문을 지도하기 위해서였다. 분명하지는 않지만, 이곳 쌍치면에서 학문지도를 위해 일종의 강학당이 지어진 것은 훈몽재가 처음이 아니었을까 한다. 쌍치면은 궁벽한 산간 지역이라 할 수 있어, 학문을 연마하기 위한 조건들이 부족한 면이 많았으리라 여겨진다. 김인후는 이러한 점을 염두에 두고 훈몽재를 창건하였다고 생각된다.

그러나 김인후가 창건한 이 훈몽재는 그리 오래 가지 못했다. 임진왜란의 참화가 결정적인 이유였다.[6] 당시 순창으로 진격한 왜군에 의해 불에 타버린 것이다. 이와 함께 김인후가 순창을 떠난 이후, 훈몽재가 사람들의 기억으로부터 점차 멀어지게 된 것도 또 하나의 이유였다. 훈몽재가 민가로부터 멀리 떨어져 있어 사람들의 시야에서 멀어지고 그래서 관리가 제대로 되지 못하였다는 이유도 있었던 것이다.

2) 김시서의 훈몽재 중건(도면1, 제1지점)

임진왜란의 참화 속에 부서졌던 훈몽재가 복원되어 이곳에 학자들의

6) "訓蒙齋重修記", 『聿修齋世蹟』上.

발길이 이어진 것은 약 130여년 후의 일이었다. 김인후의 5대손이 되는 金時瑞가 1680년경에 훈몽재가 있었던 대학암 위 터에 훈몽재를 복원한 것이다.[7] 호를 自然堂이라고 하였던 김시서는 진사시 합격자로 전국의 유림들로부터 "小河西"라고 불릴 정도로 학문이 높았던 자이며, 河西의 뒤를 이어 순창의 울산 김씨를 다시 세상에 알린 사람이다. 사실 자연당이라는 김시서의 호도, 김인후가 훈몽재에 머무르면서 지었던 "自然堂歌"를 따서 지은 것으로 알려져 있다. 그만큼 김시서는 김인후를 존경하고 있었던 것이다.

한편 자연당 김시서는 훈몽재를 복원하면서 그 부근에 자신이 머무를 곳도 마련하였다. 그리고 그 이름은 자신의 호를 따 자연당으로 하였다. 아마도 자연당은 발굴조사 결과, 3호 건물지일 것으로 추정하고 있다. 김시서는 산 좋고 물 맑은 자연 속에서 김인후의 遺志를 받들고자 한 그 지극한 정성을 충분히 짐작할 수 있다.

김시서가 훈몽재를 복원한 후, 이곳에는 당시 유명한 학자들의 발길이 거의 매일 끊이지 않았다. 西人의 거두요, 孝宗 때 北伐論의 주창자이며, 김인후의 신도비를 쓴 尤庵 宋時烈도 그 중 한 사람이었다. 송시열은 훈몽재를 찾은 후 先祖의 유업을 소중히 여기고 기리고자 하는 김시서로부터 깊은 감명을 받고 "自然堂"이라는 현판을 친히 써 주었다고 한다[8].

그러나 안타깝게도 김시서가 지은 훈몽재도, 그리고 자연당도 그 수명은 그리 길지 못했다. 기록이 남아 있지 않아 정확한 바는 알 수 없으나, 아마 김시서가 세상을 떠난 후, 예전의 훈몽재가 그러했던 것처럼 사람들의 기억 속에서 멀어지고, 그래서 찾는 이가 드물었던 것 같다. 그것은 민가로부터 너무 멀리 떨어져 있었다는 것이 가장 결정적인 이유였다고 생각된다. 그 결과 훈몽재는 점차 퇴락하고 사람들의 기억 속에서도 점차 멀어지고 있었던 것이다.

---

7) "訓蒙齋重修記", 『聿修齋世蹟』上.
8) 金時瑞, 『自然堂遺稿』, 墓表.

3) 훈몽재의 1차 이전 건립(도면1, 제2지점)

17세기 후반 김시서가 복원한 훈몽재 마저 퇴락하자, 순창 점암에 살던 김인후의 후손이나 또는 인근의 유림들은 훈몽재의 모습을 더 이상 볼 수 없다는 사실을 매우 안타까워했다. 그리하여 그들은 때때로 훈몽재의 복원에 대한 강한 의지를 보였지만,[9] 그러나 그 일은 결코 쉽지 않았다. 우선 조선후기라는 어려운 시대 속에서 복원에 드는 막대한 비용을 마련하는 일이 매우 어려웠을 것으로 추정된다. 그러나 이러한 어려운 여건도 훈몽재의 복원을 향한 후손들의 집념을 꺾지 못했다. 그 집념의 결과, 1827년(순조 27년) 드디어 훈몽재를 복원하기에 이르렀던 것이다. 김인후가 전남 장성에서 순창 점암으로 옮겨 와 대학암 위에 훈몽재를 지은 지 근 280여 년이나 지난 때요, 김시서가 자연당을 지은 후 150여 년만의 일이다. 순창에 살던 하서의 후손들이 선대 어른의 유지를 얼마나 소중하게 생각하고 있었는지 충분히 짐작하고 남음이 있다.

그런데 김인후의 후손들과 순창 유림들이 힘을 모아 재건한 훈몽재는 기존의 것과는 몇 가지 점에서 차이가 있었다. 우선 그 장소가 바뀌었다. 1827년에 지은 훈몽재는 대학암 위 훈몽재 등 아래(제1지점)에 있었던 것이 아니라 김인후의 집 즉, 思齋가 있던 점암이었던 것이다. 장소를 이렇게 바꾼 가장 큰 이유는 무엇보다도 관리의 편리함 때문이었다. 이전에 훈몽재들이 민가로부터 멀리 떨어진 곳에 있었다보니 관리를 제대로 할 수가 없었고, 그래서 지은 지 그리 오래지 않아도 퇴색해 버렸다는 사실을 잘 알고 있었기 때문이었다.[10] 점암으로 옮겨 지은 훈몽재는 비록 원래의 자리에 세운 것은 아니라 할지라도 그 의의는 매우 컸다고 할 수 있다. 김인후가 거주했던 집터에 훈몽재를 짓는 것은 河西의 유지를 기리는 데 훨씬 더 효과적이었을 것으로 생각된다. 당시 훈몽재

---

9) 田愚, "訓蒙齋記", 『聿修齋世蹟』.

10) 이에 대한 이야기는 율수재세적에 보이는 훈몽재에 관한 여러 기록에서 확인할 수 있다.

를 복원하는 일에 순창에 살고 있는 김인후의 후손만이 아니라 전국의 유림들의 적극적인 지지를 보낸 것도 이와 관련이 있었으리라 본다.[11)]

한편 사재 터에 훈몽재를 복원하면서 후손들은 김인후를 기릴 수 있는 또 하나의 일을 계획하였다. 그것은 바로 하서와 그의 후손 김시서, 하서와 함께 훈몽재에서 글을 읽었던 송강 정철, 그리고 대 유학자이신 율곡 이이 선생의 위패를 모시는 사당 즉 어암서원을 짓는 것이었다.[12)] 이 사당이 지어진 구체적인 장소는 사재터로부터 동남쪽으로 약 400여m 떨어진 산 아래, 즉 현재 "漁巖書院遺墟碑"가 서 있는 뒤쪽 산 아래였다. 그러나 사재 터에 복원한 훈몽재나 어암서원도 유감스럽게도 그리 오래 가지는 못했다. 우선 어암서원은 1867년 그러니까 고종 5년, 대원군이 내린 전국 서원훼철령에 결정적인 피해를 당하였다. 이때 서원에서 모시고 있는 4분 선생님의 위패는 다른 곳에서 소중히 보관하도록 하였다. 구체적으로 말한다면 하서와 율곡 두 분의 위패는 순창 향교의 교궁 내에 埋安하였고, 송강의 신위는 창평의 松江 本院으로 모셔졌다. 그리고 자연당의 위패는 어암서원 뒷산 중턱에 묻고 돌로 잘 쌓아두었다.[13)]

그러나 사재 터에 지었던 훈몽재에 대해서는 관련기록이 남아 있지 않아 자세한 바를 알 수 없다. 추측컨대 이즈음, 그러니까 대원군의 전국 서원훼철령에 의해 어암서원이 부서지고 나서 그리 멀지 않은 때에 훈몽재도 퇴락한 듯하다. 이 점은 점암 혹은 어암에서 태어나 지금은 80 고령의 연세에 이르신 분들조차 사재 터에 훈몽재가 있었다는 사실을 기억하는 분이 거의 없다는 사실에서 짐작할 수 있다.

4) 훈몽재의 2차 이전 건립(도면1, 제3지점)

훈몽재가 마지막으로 있었던 장소는 현재 어암서원 유허비가 있는 곳

11) "訓蒙齋重修記", 『聿修齋世蹟』.
12) "建元事蹟", 『聿修齋世蹟』.
13) "建元事蹟", 『聿修齋世蹟』.

이다. 그러나 유감스럽게도 이곳의 훈몽재가 언제 누구에 의해서 세워졌는지를 구체적으로 아는 사람은 아무도 없다. 다만 여러 정황으로 미루어 보건대 일제의 식민지시대가 아니었을까 추측될 뿐이다. 이 훈몽재는 1951년까지 남아 있었다. 그러나 그해 순창을 근거지로 활동하는 빨치산을 소탕하기 위한 소개 작전 때 경찰에 의해 불 타버리고 말았다.

4. 훈몽재터의 고고학적 검토

1) 지표조사

(1) 제1지점

어암마을에서 송정자마을을 거쳐 1.5㎞ 정도 거리의 백방산 아래에 위치한다. 추령천의 제방길을 이용하면 대학암까지 자동차로 진입이 가능하다. 훈몽재터가 있는 곳은 백방산이 시작되는 말단에 있으며, 지금은 밭으로 경작되고 있다. 훈몽재의 건물지가 있었던 곳으로 추정되는 지역에서는 16세기부터 사용된 것으로 보이는 다량의 암키와와 약간의 수키와, 분청자, 백자편 등이 산포되어 있는 양상이다. 훈몽재터가 있던 전방에는 청동기시대의 남방식 지석묘 2기가 현존하고 있다.[14)]

이곳에서 수습한 자기류(도면2-1~5)는 분청자, 백자편 등이 대부분이다. 시기를 보면, 분청자는 16세기에 사용된 것으로 판단되며, 백자편, 백자발, 백자접시, 백자대접 등은 17세기에서 18세기까지 사용된 것으로 보인다.[15)] 이곳에서 수습된 자기류에서 보면, 훈몽재가 건립된 1548년부터의 시기에는 분청자류가 사용되며, 1680년대에 중건된 시기 이후부터는 백자류가 사용되는 것으로 보인다. 유물에서도 문헌상에 나타난 기록의 연대와 거의 동일한 양상을 보이고 있다. 기와류(도면2-6~9)는 암키

---

14) 전북향토문화연구회, 『순창군 문화유적 지표조사 보고서』, 1989.
15) 강경숙, 『한국도자사』, 일지사, 1989.

와, 수키와 다양한 편이다. 문양은 수파문계, 복합선문계, 집선문계 등 조선 중기의 양상을 나타내고 있다.16) 분할도흔은 그 깊이가 얕고, 내부에서 외부 방향으로 그어 올린다. 포목흔은 대부분 존재하며, 가끔 내부에 횡방향으로 한 줄의 매듭흔이 돌려져 있는 경우가 있는데, 이 지역의 특징적인 기와제작 기법인 것으로 보인다. 이곳에서 수습된 기와 종류도 훈몽재가 건립된 시기인 16세기 이후에 제작된 특징을 보이고 있다.

(2) 제2지점

장군봉 아래의 점암마을에 있는 하서 유허비가 있는 부근에 해당한다.17) 유허비의 좌측 서쪽으로 개간된 밭이 김인후의 고택인 사재터로 알려지고 있는 곳이다. 그리고 밭의 뒤편으로는 우물터가 있고, 그 주변의 평탄한 공간이 훈몽재터였던 것으로 추정된다. 이 부근에서 조선 후기에 해당하는 기와편 다수를 수습하였다. 제2지점과 제3지점의 기와는 특징에 있어서 조선 후기의 양상을 보이고 있다. 그 특징은 문양이 수파문계이며, 분할도흔은 확인되지 않는다. 또한 포목흔은 보이지 않으며, 5~8열의 횡방향 침선이 돌려져 있는 특징이 있다.

(3) 제3지점

제3지점은 어암마을 29번 국도변 슈퍼마켓 옆의 어암서원 유허비가 세워져 있는 건물지에 해당하는데, 이곳에 있었던 훈몽재는 한국전쟁의 와중에 불타 없어졌다고 한다. 이곳에서는 건물의 위치와 그 영역이 확인되고 있다. 건물이 있던 자리에는 근래에 비석을 세웠으며, 훈몽재터라는 안내판이 세워져 있다. 이곳에서도 조선 말기에 해당하는 기와편

16) 서오선, 『한국 平瓦文樣의 시대적 변천에 관한 연구』, 충남대학교 석사학위 논문, 1985.

17) 일명 "매화골"로도 불리운다. 일제시대 까지는 이곳이 매화나무로 가득했다고 전하며, 점암마을에서도 주민들 사이에 하서 선생의 생가가 있었다고 구전되어 오고 있다.

다수를 수습하였다.

2) 발굴조사

발굴조사는 지표조사를 토대로 하였고, 김인후가 처음 훈몽재를 세운 것으로 알려진 제1지점에 대하여 이루어졌다. 조사결과, 표토에서 10~20㎝의 아래에서 3기의 건물지가 조사되었으며, 건물지의 초석들은 중복되거나 오랜 경작에 의해서 유실된 채, 적심석만 남이 있는 상태였다.(도면3)[18]

(1) 1호 건물지

1호 건물지는 2호 건물지와 중복되어 있으며, 시기적으로는 2호 건물지보다 빠른 시기임이 확인되었다. 건물지의 적심열 방향은 10°이며, 초석은 모두 유실되었다. 건물의 구조는 정면 5칸, 측면 2칸이며, 적심의 간격은 270㎝이다.

출토된 유물은 기와류가 가장 많으며, 복합선문, 집선문계통의 암키와가 다량으로 수습되었다.(도면4-1~4) 기와의 제작은 대부분 와도에 의한 분할 도흔의 깊이가 얕고, 포목흔이 존재한다. 가끔 내부에 횡방향으로 한 줄의 매듭흔이 돌려져 있는 경우가 있는데, 이 지역 기와제작 기법의 특징으로 생각된다. 동쪽 적심열의 북쪽방향 3번째 적심석에서는 진단구의 성격을 띠는 것으로 보이는 흑유소호, 분청자덤벙문발, 갓끈 장식용으로 이용된 구슬이 출토되었다. 흑유소호는 흑갈색 유약을 고르게 시유하였으며, 죽절굽 형태를 띤다.(도면4-5) 흑유소호의 뚜껑으로 사용한 분청자덤벙문발은 절반 정도가 파손되었으며, 덤벙기법으로 백토분장 하였으며, 유색은 회청색을 띤다.(도면4-6) 굽은 죽절굽 형태이며, 5개의 내화토 비짐을 놓고 포개구이 하였다. 구슬은 흑유소호의 내부에서 출토되었다.(도면4-7) 구슬은

18) 전주대학교 박물관, 『순창 훈몽재지』, 2007.

짙은 남색을 띠며, 뚫려진 구멍으로는 갓끈을 연결한 것으로 보인다.

(2) 2호 건물지

2호 건물지는 초석이 모두 유실되었으며, 적심열의 방향은 10°이다. 건물의 구조는 정면 6칸, 측면 2칸이며, 정면 270㎝, 측면의 후칸이 300㎝, 전퇴가 있는 앞칸은 180㎝이다. 건물지의 서쪽, 동쪽의 기단과 적심열이 남아 있으며, 북쪽과 남쪽의 기단은 경작에 의해 모두 유실되었다. 기단축조에 사용된 석재는 약 70㎝ 정도이며, 높이는 20~30㎝ 정도이다. 동쪽기단의 중앙부에는 계단으로 추정되는 출입시설이 있으며, 토사방지를 위한 석축도 확인되었다.

출토된 유물은 수파문계 암키와, 복합선문계 암키와, 집선문계 암키와 및 수키와, 무문계 수키와 등 다량의 기와편이 있으며,(도면5-1~3) 분청자덤벙문접시, 분청자덤벙문발, 분청자덤벙문호, 백자접시, 백자소발 등의 그릇이 있다.(도면5-4~7) 이외에도 문고리와 문고리 걸이, 용도미상의 철기, 지환, 붓솔, 토제품, 석제품 등이 출토되었다.(도면5-8~10) 이중에 붓솔은 말총의 재질이며, 현판, 편액 등을 쓸때 사용하는 것이며, 석제품은 문진으로 사용한 것도 있다. 토제품은 어망추로 추정되는 것들이다.

(3) 3호 건물지

3호 건물지는 2호 건물지에서 동남쪽으로 5m 정도의 거리에 있다. 건물지의 적심열 방향은 10°이며, 초석은 모두 유실되어 적심석만 남아 있다. 건물의 구조는 정면 5칸, 측면 2칸의 구조이다. 적심의 간격은 정면이 255㎝, 측면이 240㎝ 이다. 기단은 서쪽에만 남아 있으며, 기단의 규모는 11m 정도이다. 서쪽 기단 밖에는 배수로로 추정되는 유구가 확인되었으며, 암키와를 남북방향으로 맞물려서 축조하였다.

출토된 유물은 수파문계 암키와, 복합선문계 암키와, 집선문계 암키와 및 수키와, 무문계 수키와가 있으며,(도면6-1,2) 분청자편, 분청자귀얄문

대발편, 백자접시편, 백자발의 그릇이 있다.(도면6-3~7) 이외에도 어망추인 토제품과 철정 등이 출토되었다.(도면6-8)

(4) 발굴조사의 성과

발굴조사에서는 모두 3기의 건물지가 조사되었다. 이중에 1호와 2호 건물지는 중복되어 있는 양상이고, 3호 건물지는 약간 이격된 거리에 있다. 1호 건물지는 잔존 정면 5칸, 측면 2칸이며, 270㎝ 정도의 간격을 보이고 있으나, 좀더 규모가 컸을 가능성이 있다. 건물지의 중앙부분에서는 진단구가 발견되었다. 1호 건물지는 3기의 건물지 중에 시기가 가장 빠르다. 따라서 1호 건물지는 하서 김인후가 1548년 후학을 양성하고, 학문의 연구를 시작하였던 최초의 훈몽재터였을 것으로 판단된다. 그러나 1호 건물지는 임진왜란으로 인하여 불타버리고 말았다. 2호 건물지는 정면 6칸, 측면 2칸이며, 정면 270㎝, 측면 180~300㎝ 정도이다. 동쪽기단의 중앙부에 계단시설이 있다. 2호 건물지는 1호 건물지와 약간의 중복을 이루는데, 문헌상에서 보이는 바와같이, 임진왜란 이후 1680년경 김인후의 5대 후손인 김시서가 중건한 훈몽재터였을 것으로 추정된다. 3호 건물지는 정면 5칸, 측면 2칸의 구조이며, 적심의 간격은 정면 255㎝, 측면 240㎝ 정도이다. 서쪽기단 밖으로는 기와를 이용하여 축조한 배수로가 발견되었다. 이 3호 건물지는 김시서가 거주했던 자연당으로 추정되는 건물이다. 따라서 2호 건물지와는 거의 동일한 시기에 축조된 것으로 볼 수 있다.

출토된 유물은 지표조사에서 출토된 것들과 동일한 양상이며, 기와류, 자기류, 석제품, 토제품, 금속유물이 출토되었다. 기와류는 경질이며, 암키와의 출토량이 많다. 기와의 문양은 수파문계, 복합선문계, 집선문계 등이 있으며, 이중에 수파문계와 복합선문계가 주류를 이루고 있다. 수키와는 무문계와 집선문계가 있으며, 무문계의 기와가 주류를 이룬다. 와도의 흔적은 대부분 분할도흔의 깊이가 얕고, 포목흔이 존재한다. 자기는 대부분 덤벙기법의 분청자가 많으며, 백자류는 소량에 불과하다. 이같은 분청자의 덤벙기법은 임진왜란 이전에까지 보이는 기법이다. 특히 1500년대에 이르러 생산이 증가하며, 일반 반상기로도 사용된다. 따라서 발굴조사에서 출토된 분청자의 제작시기를 가늠해 볼 수 있으며, 문헌상의 기록과도 부합되고 있음을 알 수 있다. 백자는 15세기 중반~17세기, 흑유자기는 15세기 중반~16세기 중반으로 편년되고 있다.

이와 같이 자기류의 양상에서 본다면, 3기의 건물지는 15세기 중반~17세기대에 사용된 것임을 알 수 있다. 1호 건물지에서는 분청자류만이 출토되고 백자가 출토되지 않는 것을 보면, 당시 건물지의 운영이 1호 건물지→2, 3호 건물지로 시기상의 차이를 엿볼 수 있다.

이 외에도 1호 건물지에는 건물의 붕괴를 방지하고 액을 방지하는 수단으로 묻어두는 진단구가 출토되었다. 진단구는 대개 건물 사용주와 관련되는 것임을 감안할 때, 자기류와 내부에서 나온 갓끈 장식용 구슬은 김인후의 유품일 가능성이 높다. 2호 건물지에서 출토된 붓솔과 지환은 김시서와 관련된 것으로 보이며, 석제품 중에는 붓글씨를 쓸 때에 종이를 고정시키는 문진이 함께 출토되었다.

5. 맺음말

지금으로부터 460여년전에 河西 金麟厚가 순창 쌍치면에 세운 훈몽재는 호남을 대표하는 강학당이었다. 그간 숫한 역경 속에서도 중수에 중수를 거듭하면서도 그 명맥을 이어왔었지만, 한국전쟁의 와중에 소실된 뒤로는 그 모습을 볼 수 없게 되었다. 다행히 순창군에서는 이 훈몽재를 복원하여 하서의 유지를 받들고 잊혀져 가는 전통문화를 계승하겠다는 계획을 세웠고, 이에 전주대학교 역사문화연구소가 조사, 연구에 참여하게 되었다.

그러나 문헌조사 도중에 김인후가 1548년에 훈몽재를 지은 장소는 어암마을의 漁巖書院遺墟碑가 있는 곳이 아니라, 이곳으로부터 1.5㎞ 정도 떨어진 백방산 아래 대학암 위였으며, 1680년경에 이르러 하서의 5세손이 되는 自然堂 金時西에 의해 개건이 되었다는 사실이 밝혀졌다. 또한 19세기 초에 이르러 훈몽재는 김인후의 古宅이 있던 점암마을에 옮겨지어졌다가, 그 후 우리가 일반적으로 알고 있는 현 漁巖書院遺墟碑가 있는 자리로 이전 건립되는 등의 변화를 보이고 있다.

고고학적 조사결과, 3기의 건물지가 조사되었으며, 1호 건물지는 김인후가 건립한 최초의 훈몽재터이며, 2호, 3호 건물지는 130여년 뒤에 후손인 김시서가 중건한 것임을 알 수 있었다. 이것은 문헌상의 기록내용과 일치하는 것이다. 출토된 유물의 모습에서도 훈몽재터에 대한 시기를 파악할 수 있다. 1호 건물지에서는 분청자류가 출토되고, 2호, 3호 건물지에서는 백자류가 추가되고 있는 양상을 보여주고 있다. 훈몽재가 건립된 1548년경의 시기에는 분청자류가 사용되며, 1680년경 훈몽재가 중건된 시기 이후부터는 백자류가 사용되는 것으로 보인다. 제1지점의 기와류는 암·수키와 다양하며, 문양은 수파문계, 복합선문계, 집선문계 등 조선 중기의 양상을 나타낸다. 대부분 분할도흔의 깊이가 얕고, 포목흔이 존재한다. 가끔 내부에 횡방향으로 한 줄의 매듭흔이 돌려져 있는 경우가 있는데, 이 지역 기와제작 기법의 특징이다.

순창의 훈몽재는 호남출신인 하서 김인후가 창건하고, 가사문학의 대가 송강 정철이 수학한 곳으로 호남 유학 발전의 한 중심축이었다. 임진왜란과 서원훼철령 등의 역경 속에서도 중수와 이건을 거듭해 왔지만 한국전쟁시에 완전히 소실되었다. 그러나 다행히도 순창군에서는 훈몽재를 복원하여 김인후의 유지를 받들고, 강학당으로서의 면모를 갖추기 위한 계획을 세우고 문화재조사를 실시하였던 것이다. 지금은 훈몽재에 대한 복원이 이루어졌으며, 이제는 공백으로 남아 있는 이 지역의 사상사적 전통을 되찾는 작업이 지속되어야 할 것이다.

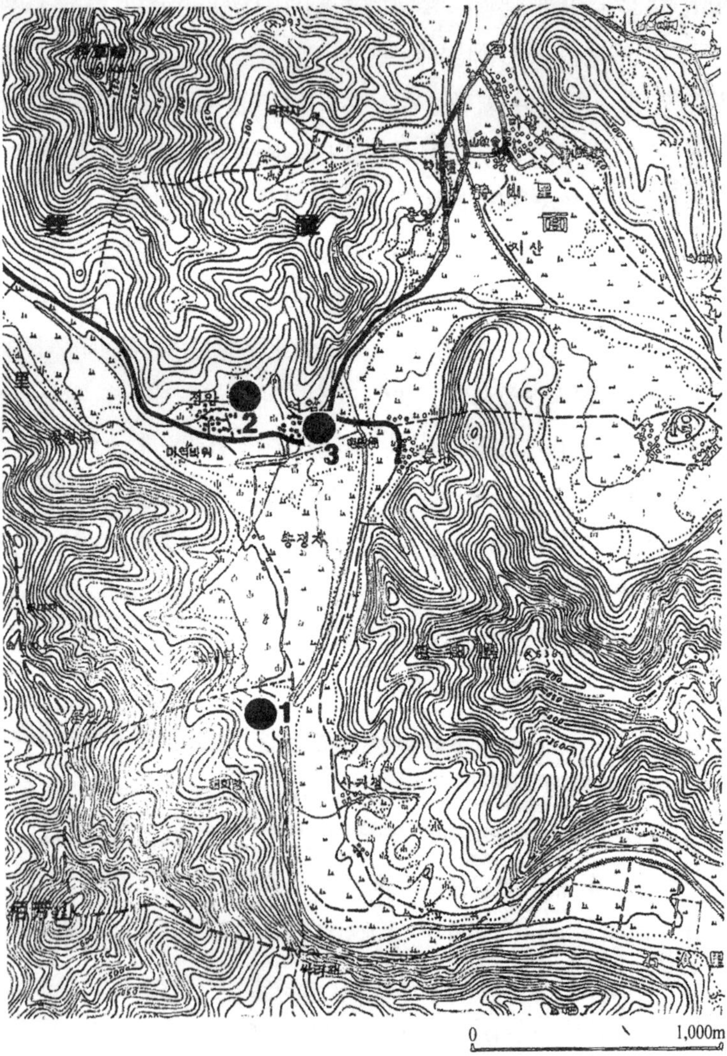

도면1. 훈몽재터의 위치도

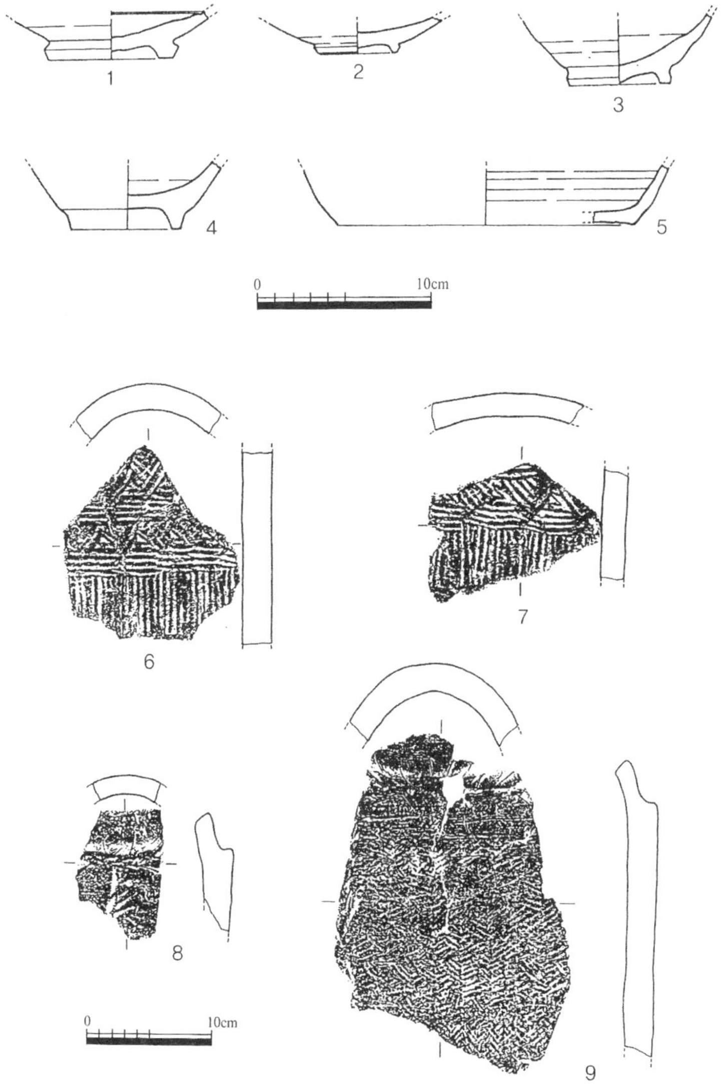

도면2. 지표조사 수습유물

도면3. 훈몽재터 건물지

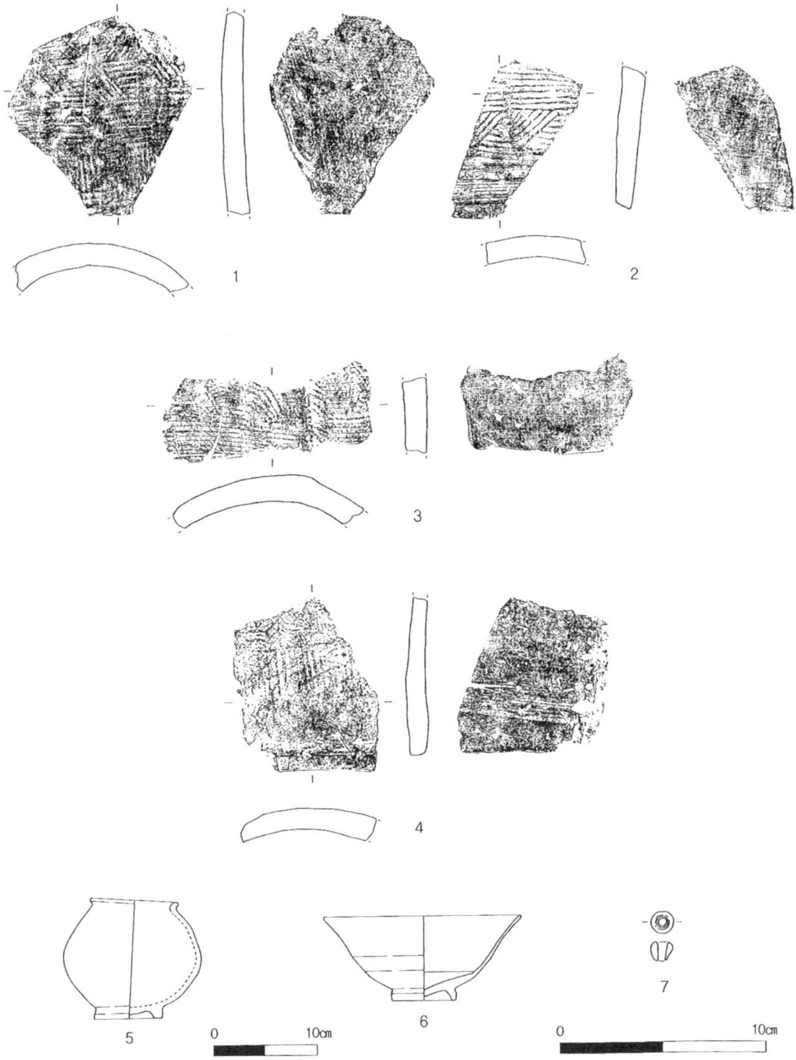

도면4. 1호건물지 출토유물

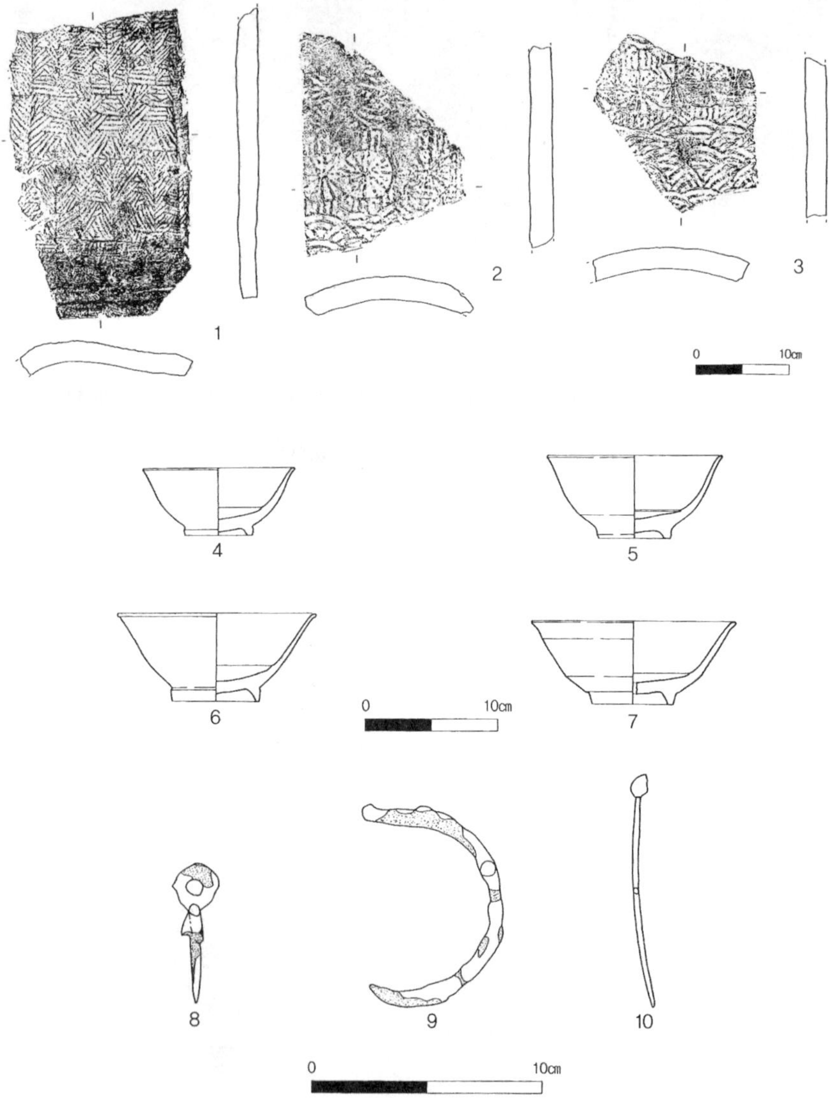

도면5. 2호건물지 출토유물

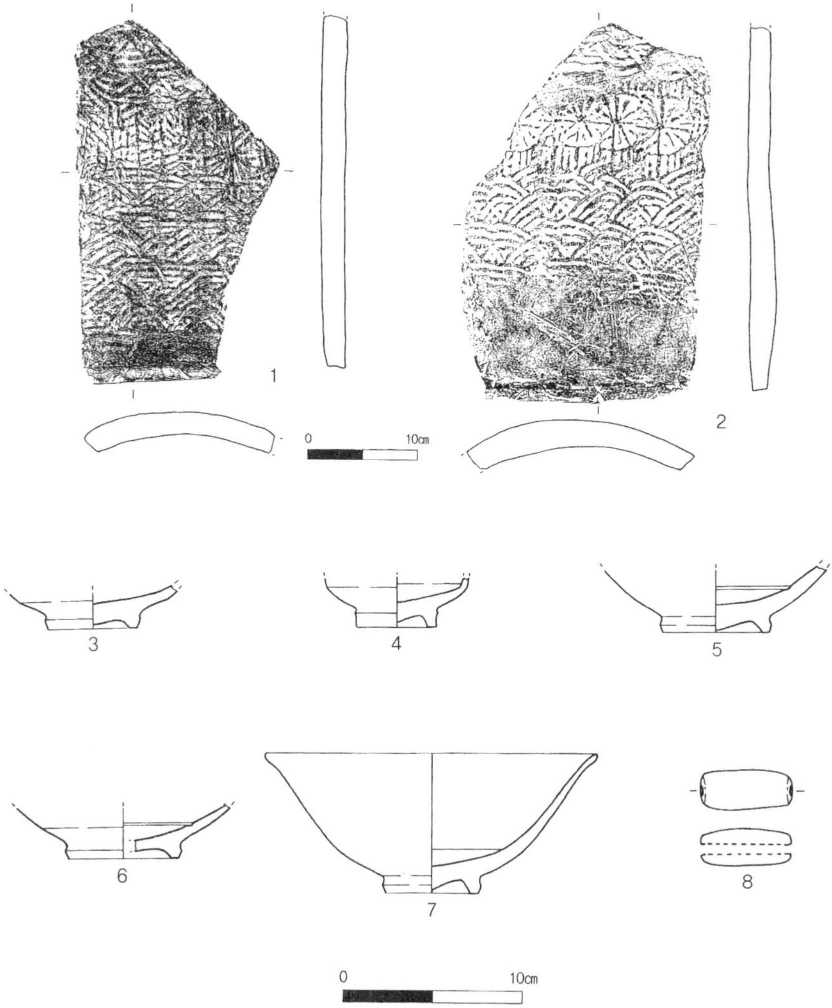

도면6. 3호건물지 출토유물

VIII. 진안 단양리 기와가마 유적

Ⅷ. 진안 단양리 기와가마 유적

1. 머리말

진안 단양리 기와가마터는 조사 당시에 이미 "진안 북부 예술관광단지 조성사업"의 진행으로 인하여 주변이 삭평된 상태였으며, 그 과정에서 연도부분과 소성부가 일부 깍여져 나갔다. 기와가마는 비교적 단단한 풍화 화강암층을 뚫어 조성한 지하식 등요이며, 소성부의 천장이 그대로 보존되고 있다. 소성부는 空洞된 상태로 노출되어 있으며, 주변에는 소량의 기와편과 窯壁으로 보이는 덩어리들이 흩어져 있었다. 관광단지조성 이전에는 이곳이 민가의 화단이 있었으며, 화단조성과 하수도 공사로 인하여 연소부분이 일부 파괴되었음을 알 수 있었다.

그러나 단양리 기와가마터는 파괴가 진행되었음에도 불구하고 가마의 요전부, 아궁이부, 연소부, 소성부가 비교적 잘 남아 있어, 그 구조를 어느 정도 파악할 수 있을 것으로 보였다. 또한 유물은 암키와, 수키와가 출토되었고, 내부에서 분청사기편이 소량 수습되어 어느 정도 시기를 가늠할 수 있게 되었다.

따라서 본고에서는 단양리 기와가마터의 구조적인 양상과 출토된 유물의 특성 등에 대하여 상세하게 알아보고, 그 시기를 규명하고자 한다.

2. 유적의 위치와 주변환경

진안 북부예술관광단지 조성지구내의 단양리 기와가마터는 진안읍 단양리 외사양마을 입구에 위치하고 있다(도면1). 진안읍에서 마이산을 들어가는 도로를 따라 1.5㎞ 정도 가다보면 마을 입구의 우측으로 그린원이란 식당이 있고 가마터는 바로 옆의 산자락에 자리하고 있다. 이곳은 마이산에서 북측으로 뻗어 내린 해발 350m 정도의 경사가 급한 산자락에 해당하며, 전방의 좁은 충적지에는 논밭이 형성되고 있다.[1] 외사양마을 위쪽으로는 사양저수지가 있고, 마을 주변과 가마가 있는 전방의 좁은 충적지에는 계단식 논밭이 경작되고 있다.

한편 가마터가 있는 북측에서는 2001년 4월에 유물산포지에 대한 시굴조사를 실시하였다. 이곳에서 조선 중, 후기에 해당하는 적심유구와 함께 많은 기와편이 출토되었으며, 분청사기, 백자편 등도 수습되었다.[2] 본 가마터에서 출토된 기와편과 거의 동일한 것이 출토되고 있다. 또한 근교의 산자락에서도 기와 가마가 더 있었음을 마을 주민들에 의해 확인할 수 있었다.

3. 가마터

단양리 기와가마터는 산의 자연경사면을 이용한 지하식 등요이며, 천장의 잔존부위가 비교적 넓게 남아있다. 가마는 아쉽게도 예술관광단지 조성사업에 의한 공사로 인하여 연도부가 깍여 나가긴 하였으나 요전부, 아궁이부, 연소부, 소성부가 거의 완전하게 잔존하고 있다. 소성부에서 천장부위도 거의 원형대로 잔존하며, 연도부 근접한 곳에서 출입시설 내지는 불길의 유입을 원활히 하기 위한 부속시설이 존재한다. 가마터의 주축은 동서방향이며, 소성부에서 연도부까지는 23도 정도의 경사를 이룬다. 규모는 잔존길이 약12.5m 정도이고, 폭은 아궁이부 0.7~1.1m, 연

1) 진안군, 『진안군사』, 1992.
2) 전주대학교 박물관, 『진안 북부 예술관광단지조성지구내 시굴조사 약보고서』, 2001.

소부 2.4m, 소성부 1.4~2.1m 정도의 크기이다.(도면2, 사진1)

1) 요전부

요전부는 아궁이에 불을 지피는 공간이며, 규모는 장폭 2.6m, 단폭 1.0m, 깊이 0.5m 정도의 장방형을 이루고 있다. 요전부의 면적은 넓지 않으며, 구조는 아궁이부로 갈수록 깊어지고 있다. 요전부 앞쪽으로는 땔감을 쌓아 놓은 평지가 있었던 것으로 보인다. 요전부를 가로질러 수도관 공사가 진행되어 일부 파괴되었으며, 부분적으로 재층이 보이고 있다. 유물은 약간의 기와편이 출토되었다.

2) 아궁이부

아궁이는 천장의 일부가 유실되었으며, 폭 0.7~1.1m 정도로 굴광하여 축조하였다. 아궁이의 양벽은 풍화 화강암층이며, 암반을 뚫어서 아궁이를 축조한 모습이다. 좌측벽면에 비교적 큰 할석이 있으며, 바닥면에는 기와편과 흑갈색의 재가 비교적 두껍게 깔려져 있고, 군데군데 탄화된 목탄이 혼입되어 있다. 구조는 아궁이 입구에서 소성부 안쪽으로 점차 넓어짐과 동시에 깊어지고 있다. 이 구조에서 본다면 이 아궁이는 처음부터 장작을 넣어 불을 지피는게 아니라, 연소부 좌우측을 통해 땔감을 넣고 불을 지핀 후에 화력을 조절하는 역할을 하였던 것으로 보인다. 아궁이의 규모로 보아 기와를 소성하기 위해 출입할 수 있는 크기는 아니다.

3) 연소부

연소부는 교란이 이루어져 근래의 쓰레기나 합판 등이 묻혀있으나 일부의 벽면과 바닥면은 원형대로 잔존한다. 규모는 장폭 2.4m, 단폭

1.8m, 깊이 0.9m 정도의 장방형이다. 소성부가 끝나는 지점에서 크게 段差가 형성되고 있으며, 그 좌우에 땔감을 넣거나, 소성실에 기와를 넣을 수 있는 출입시설이 설치되어 있다. 출입시설로 보이는 양측에는 1m 전후의 폭에 연소부쪽으로 경사져 있어, 기와를 소성실로 운반하거나, 땔감을 넣기 쉬운 구조를 보여주고 있다. 바닥면은 깊게 형성되어 있으나, 아궁이쪽으로 갈수록 점차 높아지게 이어지고 있다. 바닥에는 기와편과 목탄, 재 등이 혼입되어 퇴적되어 있다. 연소실의 벽면은 고온의 화열로 인해 풍화 화강암층이 녹아 굳어져 회청색인 경질의 벽체를 이룬다.

4) 소성부

소성부는 연소부의 段差가 있는 곳에서부터 8m 정도가 잔존하며, 폭은 연도부쪽이 1.4m, 연소부쪽이 2.1m 정도, 각도는 23도 정도이다. 소성부는 연도부로 갈수록 점차 좁아지는 구조를 보이고 있다. 벽면은 천장부위까지 완형으로 잔존하며, 반원형의 터널과 같은 형태를 이룬다. 천장부위는 3.8m 정도 남아있으며, 천장 높이도 1.1~0.85m로 연도부에 이를수록 폭이 좁아지고 높이도 낮아진다. 천장과 벽면은 조업시 고온의 화열로 인해 굳어져 경질된 상태이며, 편평한 바닥에는 암키와편이 깔려 있는 양상이다. 출토된 기와편은 문양이 없는 것이 약간 있으며, 區劃魚骨文+圓文, 曲集線文 등의 문양이 주류를 이룬다. 소성부 위쪽에서는 가마와 관련된 부속시설이 확인되었다.

5) 소성부의 부속시설

소성부 위쪽, 즉 연도부에 가까운 쪽에서는 출입시설 혹은 불길의 유입을 원활하게 하기 위한 부속시설이 확인되었다. 이 시설은 단단한 풍화 화강암층을 굴착하여 바깥쪽으로 입구를 조영하였다. 폭이 1.0m이상,

높이는 0.9m 정도의 타원형을 이루며, 발견 당시에는 기와편이 입구의 주변에 돌려져 있었다. 바닥에는 수키와가 한 줄로 정연하게 배치되어 있는 양상이다.

4. 출토유물

1) 암키와(도면3~6, 사진2)

(1) 길이 39㎝, 장폭 28㎝, 두께 2.8㎝

우측하부가 결손되어 있으며 나머지는 잔존상태가 양호하다. 문양은 상부에서 10여cm 정도의 공간을 두고 그 하부쪽으로 시문하고 있다. 문양은 타날구에 의해 시문되며, 타날구의 폭은 6cm 정도이다. 문양은 어골문+원문이며, 이 문양이 반복되어 타날되고 있다. 뒷면은 비교적 정연하며, 엷은 포목흔이 있다. 기와의 分割刀痕은 안쪽에서 확인되므로, 안쪽에 瓦刀를 넣어 그어 올리는 방법이다. 이때에 생기는 와도흔의 깊이는 얕다. 색조는 회갈색이며, 굵은 석립의 태토에 소성상태는 양호하다.

(2) 길이 18㎝, 장폭 15㎝, 두께 2㎝

이면상태 비교적 양호하다. 타날의 단위가 확인되고 있으며, 타날구의 폭은 6cm 정도이다. 문양은 상부에 공백을 두지 않고 시문되며, 어골문+원문이 반복되어 타날되고 있다. 뒷면의 포목흔은 엷으며, 와도흔의 깊이는 얕다. 색조는 회갈색이며, 굵은 석립이 포함된 태토에 소성상태는 양호하다.

(3) 길이 10㎝, 장폭 18.5㎝, 두께 2㎝

외면상태 비교적 정연하며, 문양은 어골문+원문이 반복되어 타날된다. 문양이 타날된 후에 손질한 흔적이 확인된다. 뒷면의 포목흔은 엷으며,

와통의 연결흔 1줄이 돌려져 있다. 와도흔의 깊이는 얕고, 경질의 암흑갈색을 띤다. 태토에 석립이 약간 포함되며, 소성상태는 양호이다.

(4) 길이 14㎝, 장폭 18㎝, 두께 2.5㎝

외면상태 비교적 양호하며, 타날단위의 폭은 5㎝ 정도이다. 문양은 어골문+원문이 반복되어 타날된다. 뒷면의 포목흔은 엷으며, 분할한 와도흔의 깊이는 얕다. 경질의 암황갈색을 띠며, 정선된 태토에 소성상태는 양호하다.

(5) 길이 10㎝, 장폭 18㎝, 두께 2.2㎝

외면에 군데군데 균열이 있으며, 문양은 어골문+원문이 반복되어 타날된다. 뒷면의 포목흔은 엷으며, 분할한 와도흔의 깊이는 얕다. 경질의 암황갈색을 띠며, 정선된 태토에 소성상태는 양호하다.

(6) 길이 7㎝, 장폭 10㎝, 두께 1.6㎝

외면상태는 비교적 양호하며, 문양은 어골문+원문이 타날된다. 문양은 전면에 시문되어 있으나 상부 5㎝ 정도까지는 문질러서 지워져 있다. 뒷면은 전면에 포목흔이 있으며, 와도흔의 깊이는 얕다. 경질의 암회갈색을 띠며, 정선된 태토에 소성상태는 양호하다.

(7) 길이 9.5㎝, 장폭 14㎝, 두께 1.7㎝, 단부두께 1㎝

외면상태는 정연하지 못하며, 기와의 단부로 갈수록 두께가 얇아진다. 문양은 어골문+원문이 선명하게 타날되어 있으며, 상부의 문양이 지워져 있다. 문양의 폭이 각기 다른 것으로 보아 타날구는 2종류로 보인다. 뒷면은 포목흔이 있으며, 와통의 연결흔으로 보이는 여러 줄의 침선이 횡방향으로 돌려져 있다. 경질의 암회갈색을 띠며, 정선된 태토에 소성상태는 보통이다.

(8) 길이 16.5㎝, 장폭 14㎝, 두께 2.3㎝, 단부두께 1㎝

외면은 군데군데 움푹하며, 기와의 단부로 갈수록 두께가 얇아진다. 문양은 어골문이 타날되어 있으며, 단부쪽이 많이 지워져 있다. 뒷면의 포목흔은 약하며, 횡방향으로 많은 침선이 돌려져 있다. 분할도흔은 깊지 않다. 경질의 암흑갈색을 띠며, 석립을 약간 포함한 태토에 소성상태는 양호하다.

(9) 길이 9㎝, 장폭 11㎝, 두께 2㎝

외면상태는 양호하며, 기와의 단부에 각이 진 상태이다. 문양은 어골문이 타날되어 있으며, 단부쪽이 많이 지워져 있다. 뒷면의 포목흔은 약하며, 분할도흔은 깊지 않다. 회청색을 띠며, 정선된 태토에 소성상태는 양호하다.

(10) 길이 13㎝, 장폭 5㎝, 두께 1.8㎝

외면상태는 양호하며, 기와의 단부에 각이 진 상태이다. 문양은 어골문이 타날되어 있으며, 문양이 옅은 상태이다. 상부에는 문양이 많이 지워져 있다. 뒷면의 포목흔은 약하며, 와통의 연결흔은 2개소에 있다. 경질의 회청색을 띠며, 정선된 태토에 소성상태는 양호하다.

(11) 길이 9㎝, 장폭 5.5㎝, 두께 2㎝

외면상태는 양호하며, 문양은 사침선이 엇갈리게 중복 시문하여 격자문양 같이 보인다. 뒷면의 포목흔은 없으나 비로 쓸어내린 흔적이 있고, 와통의 연결흔은 한줄로 돌려져 있다. 경질의 회청색을 띠며, 정선된 태토에 소성상태는 양호하다.

(12) 길이 8㎝, 장폭 7㎝, 두께 2㎝

외면에 균열이 있으며, 문양은 사침선이 엇갈리게 중복 시문하여 격자

문양을 보이고 있다. 뒷면은 일부 균열이 있으며, 포목흔은 약하다. 경질의 회청색을 띠며, 굵은 석립을 포함한 태토에 소성상태는 좋지 않다.

(13) 길이 24㎝, 장폭 17.5㎝, 두께 1.7㎝

외면상태는 양호하며, 기와 단부에 각이 진 상태이다. 문양은 듬성듬성한 曲集線文을 타날하고 있으며, 일부 원문도 확인된다. 문양의 단위폭은 5.5㎝ 정도이다. 뒷면의 포목흔은 뚜렷하며, 와통의 연결흔은 2줄이 돌려져 있고, 분할도흔은 깊지 않다. 경질의 회갈색을 띠며, 정선된 태토에 소성상태는 양호하다.

(14) 길이 17㎝, 장폭 18㎝, 두께 2.2㎝, 단부두께 1㎝

외면에 요철이 심한 편이며, 기와 단부가 점차 얇아지며 각이 진 상태이다. 문양은 곡집선문을 타날하고 있으며, 일부 어골문이 중복되어 있다. 뒷면은 균열과 요철이 있으며, 포목흔은 약하고 분할도흔은 깊지 않다. 경질의 회갈색을 띠며, 정선된 태토에 소성상태는 양호하다.

(15) 길이 13.5㎝, 장폭 12㎝, 두께 2.1㎝

외면상태는 양호하며, 약간의 요철이 있다. 문양은 곡집선문이 중복되어 있으며, 타날 단위의 폭은 4.5㎝ 정도이다. 뒷면에는 약간의 균열이 있고, 포목흔이 약하게 확인된다. 경질의 회청색을 띠며, 정선된 태토에 소성상태는 양호하다.

2) 수키와(도면7, 8, 사진2)

(16) 길이 30㎝, 장폭 17㎝, 두께 2~2.5㎝, 미구 길이 3㎝

외면상태는 양호하며, 언강과 미구가 있는 유단식 수키와이다. 미구가 안으로 내경하는 형태이다. 문양은 曲集線文이 타날되어 있으며, 물손질로 인하여 거의 지워진 상태이다. 뒷면 상태는 양호하며, 포목흔이 전면에서 확인되고 분할도흔은 깊지 않다. 경질의 회청색을 띠며, 정선된 태토에 소성상태는 양호하다.

(17) 길이 22㎝, 장폭 13㎝, 두께 2.5㎝

외면상태는 양호하며, 횡방향으로 물손질의 흔적이 뚜렷하다. 문양은 곡집선문이 타날되 있으나 대부분 지워져 희미하게 확인되고 있다. 뒷면의 포목흔은 약하며, 분할도흔은 깊지 않다. 경질의 회청색을 띠며, 정선된 태토에 소성상태는 양호하다.

(18) 길이 15㎝, 장폭 12㎝, 두께 2.5㎝, 미구 길이 2.7㎝

외면에 군데군데 균열이 있으며, 언강과 미구가 있는 유단식이다. 문양은 확인되지 않으며, 횡방뱡으로 물손질의 흔적이 있다. 뒷면은 정연하지 않으며, 포목흔은 약하다. 분할도흔은 얕게 가다가 점차 깊어진다. 암황갈색을 띠며, 정선된 태토에 소성상태는 보통이다.

(19) 길이 27㎝, 장폭 15㎝, 두께 2.5㎝

수키와의 동체부편이며, 문양은 집선문이 희미하게 확인된다. 뒷면은 요철이 있고, 뚜렷한 포목흔에 분할도흔은 깊지 않다. 암황갈색을 띠며, 정선된 태토에 소성상태는 좋지 않다.

(20) 길이 17㎝, 장폭 17㎝, 두께 2.5㎝

수키와의 동체부편이며, 외면에 일부 균열이 있다. 문양은 집선문이 희미하게 확인되며, 물손질한 흔적이 있다. 뒷면의 포목흔은 약하며, 분할도흔은 깊지 않다. 경질의 회청색을 띠며, 정선된 태토에 소성상태는 양호하다.

3) 도자기류(도면8)

(21) 저경 5.6㎝, 잔고 3.1㎝, 기벽두께 0.5㎝

구연부가 결실된 인화분청사기편이다. 기내저면 중앙에 국화문이 시문되어 있으며, 그 주변으로는 우점문이 방사상으로 인화되어져 있다. 내면 기벽에는 문양을 달리하여 연판문이 시문되어져 있으며 굽은 내경한다. 유색은 회청색을 띠며, 기내 저면에는 내화토빚음 받침 흔적이 있다.

(22) 저경 6.2㎝, 잔고 2.7㎝, 기벽두께 0.6㎝

분청자편으로 기내외면에 산화가 심하게 이루어졌다. 기내벽에는 2조의 음각선대가 돌려져 있으며, 굽은 죽절굽형태로 외경한다. 기내 저면은 비교적 넓고 편평한 편이다. 유색은 회청색을 띠며, 기내 저면에는 태토빚음 받침 흔적이 있다.

5. 맺음말

"진안 북부 예술관광단지 조성사업" 지구내의 단양리 기와 가마터는 막새종류가 출토되지 않은 암, 수키와의 전용 와요이다. 여기에서 제작된 기와의 수급처는 주변의 사찰이 있던 건물지였을 가능성이 높다. 본 가마터가 있는 북측에서 조선 중, 후기에 해당하는 적심유구와 함께 많은 기와편이 출토된 바 있고, 또한 분청사기, 백자편 등이 수습되었기 때문이다. 이러한 유물은 본 가마터에서 출토된 기와편과 거의 동일한 양상을 보이고 있다.

단양리 기와가마터는 경사면을 이용한 지하식 등요로 요전부, 아궁이부, 연소부, 소성부가 잘 남아 있어, 이 시기 가마의 구조를 어느 정도 파악할 수 있었다. 아궁이는 풍화 화강암층을 뚫어서 축조하였으며, 아궁이에서 연소실로 이어지면서 점차 넓어지는 구조이다. 아궁이부는 특별한 시설 없이 연소실에 비해 입구가 매우 좁은 점으로 보아, 연소부 좌우측을 통해 미리 땔감을 넣고 불을 지핀 후에, 아궁이에서는 화력을 조절하는 역할을 하였던 것으로 보인다. 본 가마터에서는 연소부의 좌우에 땔감을 넣거나, 소성실에 기와를 넣을 수 있는 출입시설이 양 측면에 설치되어 있어, 당시의 연소부의 구조가 파악되었다. 소성부가 끝나는 지점에서 크게 段差가 형성되고 있는데, 이와 유사한 구조는 담양 용추사 기와가마터[3)], 광주 풍암동유적[4)], 창녕 여초리 기와가마터[5)], 창원 상곡리 기와가마터[6)]에서도 확인되고 있다. 소성부는 천장이 남아 있어, 반원형의 터널과 같은 구조, 연도부에 이를수록 폭이 좁아지는 구조임을 확인하였다. 또한 소성부 윗쪽의 우측에서 출입시설 내지는 불길의 유입을 돕는 부속시설을 확인할 수 있었는데, 담양 용추사 3호 기와가마터에서도 연도와 소성실 후단을 파고 들어간 원형상의 굴광과 유사하다.

기와는 암키와가 주류를 이루며, 소성실 내부에서 많이 출토되었다. 그 외 소성실에서 흘러내린 기와가 연소실 바닥에도 깔려 있으며, 아궁이에서는 소량의 기와가 수습되었다. 일부 수키와가 존재하나 출입시설 혹은 불길의 유입을 원활하게 하기 위한 시설부분과 소성실과의 연결부위의 자재로 사용 것으로 판단된다. 암키와는 외면상태가 전반적으로 양호하며, 문양은 타날에 의한 어골문+원문, 곡집선문, 집선문 등이 있으며, 타날 시문구의 난위를 확인할 수 있는 것도 있다[7)]. 어골문은 구획된 문양 안에 어골문을 반복적으로 시문하고 있으며, 변형된 형태도 있다. 원문은 어골문과 같은 문양이나 구획을 두고 원문을 추가하여 시문하는 방법이다. 기와의 제작기법을 보면[8)], 안쪽에서 바깥쪽으로 分割刀痕이

3) 국립광주박물관, 『담양 용추사 기와가마터』, 2001.
4) 전남대학교 박물관, 『광주 풍암동·금호동유적』, 1999.
5) 국립진주박물관, 『창녕 여초리 기와가마터』, 1991.
6) 국립진주박물관, 『창원 상곡리 기와가마터』, 1992.
7) 서오선, 『한국 평와문양의 시대적 변천에 대한 연구』, 충남대학교 석사학위 논문, 1985.
8) 최태선, 『평와제작법의 변천에 대한 연구』, 경북대학교 석사학위 논문, 1993.

보이며, 瓦刀의 사용흔적은 일반적으로 1회이다. 와도의 분할도흔의 깊이는 깊지 않으나 간혹 깊게 그어 올린 경우도 있다. 와통은 원통형으로 2장, 혹은 4장으로 분할하여 사용하고 있으며, 대부분 포목흔이 확인되고 있다. 이러한 방법은 창녕 여초리와 유사하다.

수키와는 언강과 미구가 있는 유단식이며, 미구가 안으로 내경하는 형태가 많다. 문양은 곡집선문, 집선문 등이 많으나 지워진 부분이 많아 확인하기 어려운 것이 대부분이다. 제작기법은 안쪽에서 바깥쪽으로 瓦刀의 사용흔이 있으며, 와도의 분할도흔의 깊이는 깊지 않으나 간혹 깊게 그어 올린 경우도 있다. 와통은 원형을 사용하고 있으며, 일부 2~3쪽의 모골흔적이 있는 경우도 있다. 포목흔은 대부분의 기와에서 확인되고 있다.

자기류는 분청사기와 백자편 등이 소량 수습되었다. 백자편은 소성실 내부에서, 분청사기는 보조연통 시설이 있는 곳에서 출토되어 가마의 조업시기를 가늠할 수 있을 것으로 보인다. 가마의 조업시기는 내부에서 수습된 기와의 문양과 제작기법, 분청사기와 백자편 등으로 보아 16세기 중반 전후에 조업했던 것으로 추정된다.

▲ 가마터 완료상태

소성부 유물 출토상황 ▼

사진1. 단양리 기와가마 전경 및 유물출토 상황

▲ 와요지 출토유물 기와류

사진2. 단양리 가마 출토기와

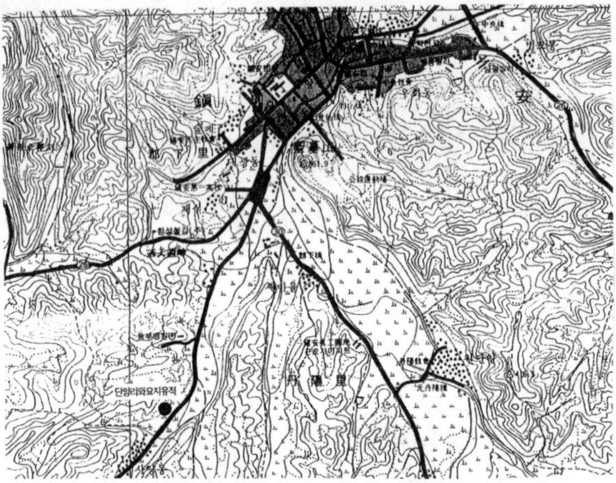

도면1. 단양리 가마유적 위치도

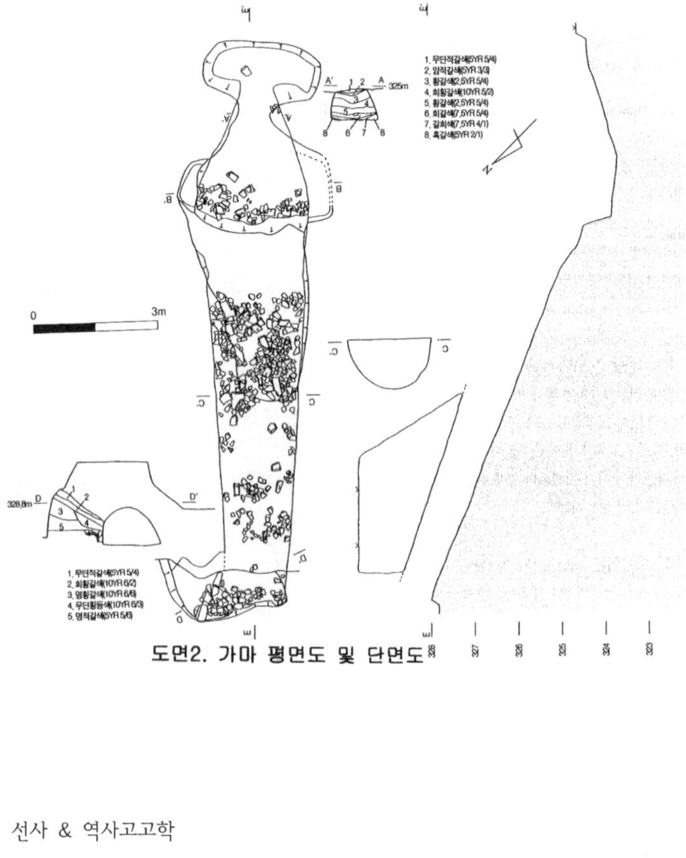

도면2. 가마 평면도 및 단면도

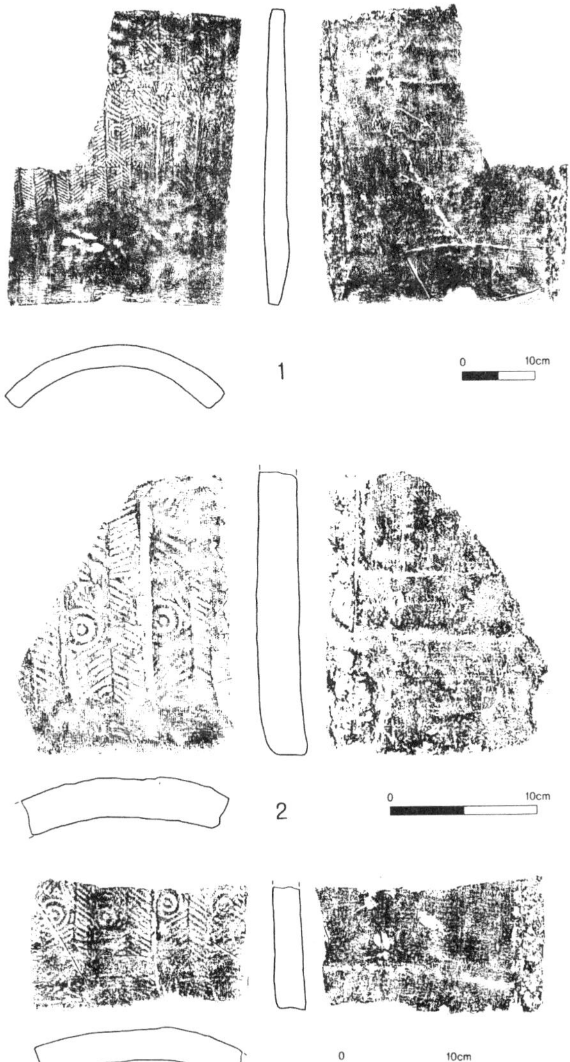

도면3. 암키와류(1-3 어골문+원문)

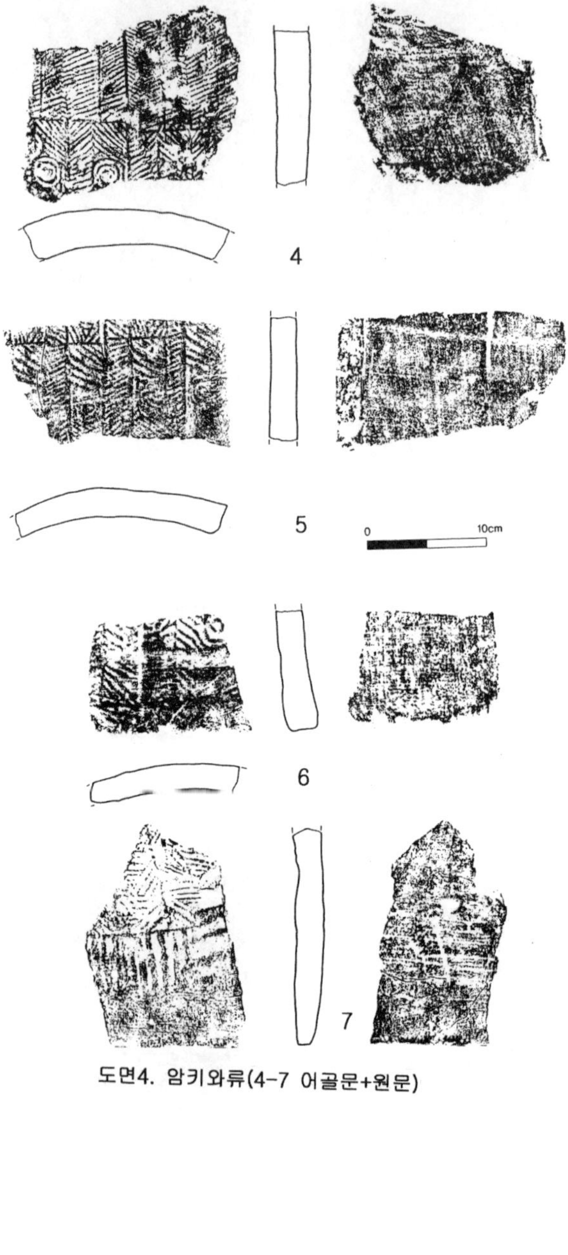

도면4. 암키와류(4-7 어골문+원문)

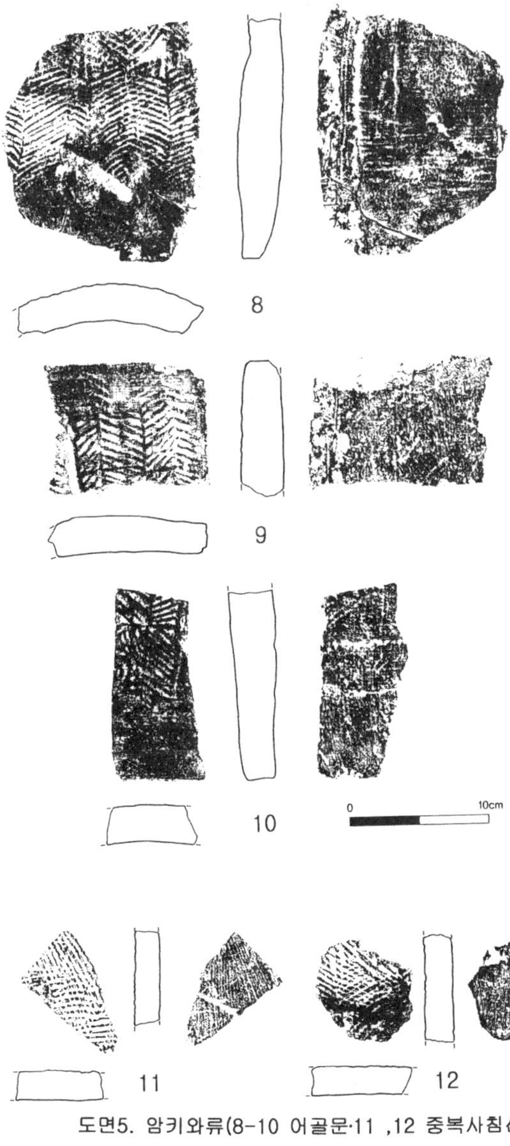

도면5. 암키와류(8-10 어골문·11 ,12 중복사침선문)

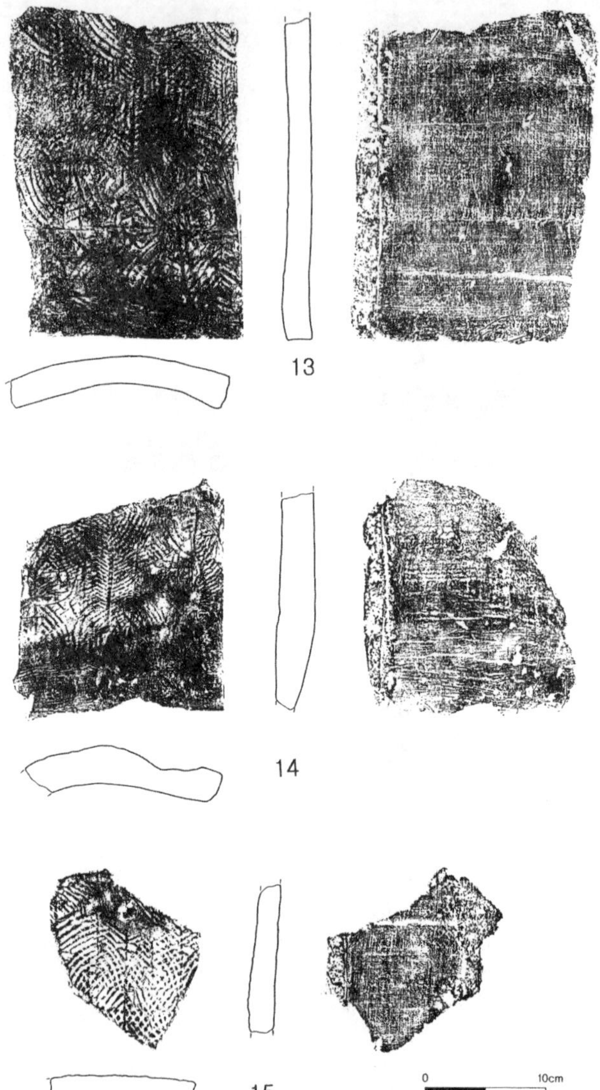

도면6. 암키와류(13-15 곡집선문)

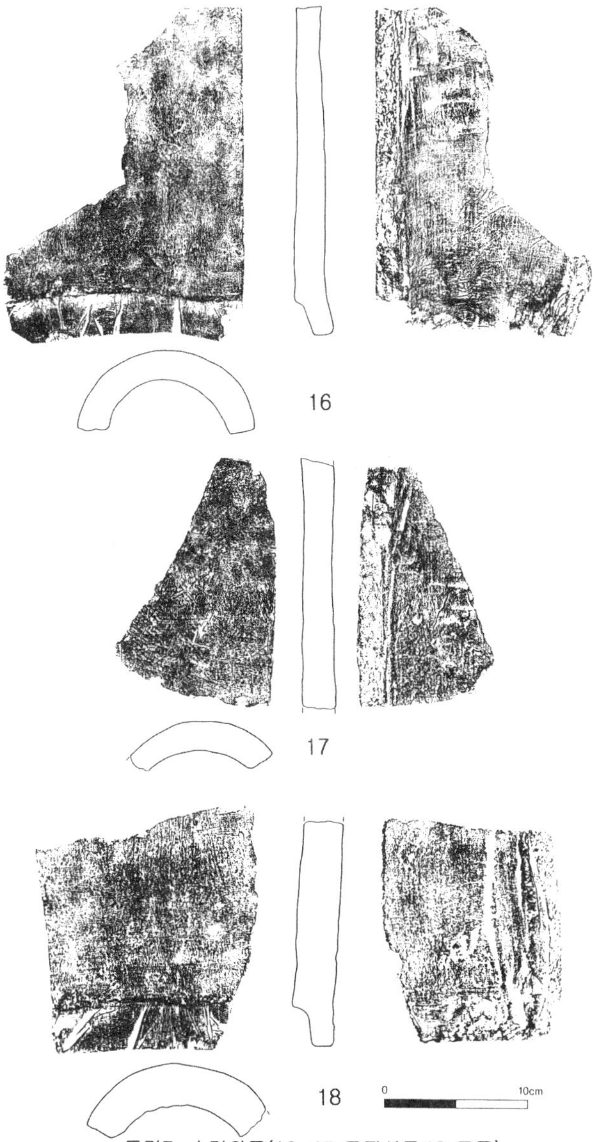

도면7. 수키와류(16, 17 곡집선문·18 무문)

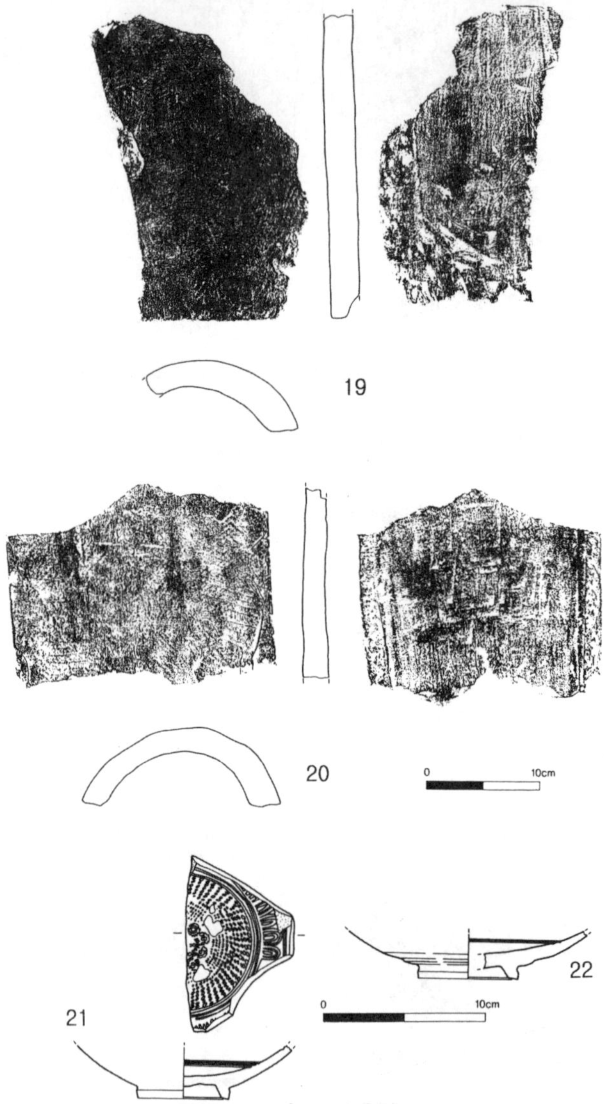

도면8. 수키와류(19, 20 집선문·21, 22 분청자)

IX. 문화재적 가치를 통해 본 동학농민혁명 무장 기포지

Ⅸ. 문화재적 가치를 통해 본 동학농민혁명 무장 기포지

1. 머리말

동학농민혁명은 조선 봉건사회의 부정과 부패를 척결하고, 서구의 열강에 맞서 민족의 자주권을 수호하고자 한 일대 큰 사건이었으며, 민중에 의한 항쟁이었다. 동학농민혁명은 갑오개혁에 영향을 주어 성리학적 전통의 질서를 붕괴시켰으며, 동학농민군의 잔여세력이 의병운동에 가담함으로써 구국의 투쟁을 강화하게 된 계기가 되었다.

이러한 동학농민혁명의 전개에 있어서 전라도 지역의 정읍과 고창이 주도적인 역할을 하였다. 특히 고창은 동학농민혁명을 만방에 선포한 무장 기포지가 있으며, 손화중의 활동무대, 전봉준의 생가가 존재한 곳으로 정읍과 함께 동학농민혁명의 중요한 기반이 되어 왔다. 그럼에도 불구하고 고창은 동학농민혁명의 인식결여와 함께 다른 지역에 비해 홀대를 받은 감이 없지 않다.

다행히 고창군과 고창문화원이 주도하여 이미 학술대회를 진행한 바 있으며, 고창지역의 동학농민혁명을 학술적으로 정리하는 계기도 마련하였다. 게다가 고창 동학농민혁명 기념사업회가 발족하여 고창 동학농민혁명 유적지의 가치를 높이기 위한 많은 활동을 진행하고 있음은 매우 바람직한 현상이라 할 수 있다. 지금도 고창군에서는 고창 동학농민혁명 기념사업회의 활동, 동학에 대한 군민의 관심, 학술대회 기반 등을 통하여 고창을 동학농민혁명의 새로운 중심지로 부각시키고자 하는 노력을 지속하고 있다.[1)]

본고에서는 무장 기포지의 문화재적 가치를 살펴봄과 동시에 문화재의 가치를 높이는 방안과 문화재 지정을 위한 제언 등에 대하여 언급하고자 한다.

2. 고창지역 동학농민혁명 관련 주요 유적지

고창지역의 동학농민혁명 유적지는 직접적인 전투지나 사건이 일어난 유적지이기보다는 혁명의 기반이 된 현장이나 인물이 대부분을 점하고 있다. 고창지역의 동학농민혁명 유적지와 관련되는 곳은 11개소 정도이며, 이중 동학유적과 직접 관련된 장소는 7개소 정도이다. 유적지는 기포지, 생가터, 관아, 훈련지, 도소, 피체지 등이 존재하며, 공음면 용수리 용수마을의 절터가 손화중포의 비밀 모의장소로 추정되기도 한다. 고창지역의 동학농민혁명과 직접적으로 관련이 있는 유적 중에서 문화재로 지정된 곳은 아직 없다.[2)]

번호	유 적 지	소 재 지	문화재 지정
1	무장 기포지	공음면 구암리 구수마을	
2	여시뫼봉	공음면 신대리와 무장면 신촌리에 걸쳐있음	
3	삿갓봉	공음면 용산리	
4	전봉준 생가터	고창읍 죽림리 당촌마을	
5	손화중 도소	성송면 괴치리 276-1	
6	손화중 피체지	부안면 송현리 120번지	
7	정백현 생가터	공음면 예전리 상례마을	
8	선운산 도솔암 마애불	아산면 삼인리 618	보물 1200호
9	무장읍성	무장면 성내리 149-1	사적 346호
10	흥성 동헌	흥덕면 흥덕리 428-3	유형문화재 77호
11	고창읍성	고창읍 읍내리 산9번지	사적 145호

1) 고창군, 『고창 동학농민혁명 성지화 전략사업 타당성조사 및 기본설계용역』, 2008.
고창군·전주대학교 산학협력단, 『고창군 동학농민혁명 유적지정비 기본계획』, 2007.

2) 전라북도, 『동학농민혁명 정신선양사업 기본계획』, 1999.
고창군, 『고창 동학농민혁명 성지화 전략사업 타당성조사 및 기본설계용역』, 2008.

(1) 무장 기포지

사진1. 무장 기포지

무장 기포지는 공음면 구암리 구수마을에 자리하며, 구수 혹은 구시내 라고도 불리고 있다. 구수마을의 인근에 있는 석교마을은 세창이 있어 군량미를 조달하는데 유리한 여건에 있었던 것으로 보인다. 또한 이곳은 가까이에 고창과 정읍, 북동쪽으로 전주가 자리하고, 남으로는 영광, 장성 등지와도 연결되는 육상교통의 요지이다. 아울러 이전에는 석교마을까지 선박이 출입하고 법성포가 가까이에 있어 해상교통도 편리한 지역이었다. 구수마을에는 마을 앞에 당산나무가 있었다고 하나 도로를 확장하면서 지금은 없어진 상태이다. 이곳은 1894년 3월 20일 약 3,000여명의 동학농민군이 모여서 창의문을 선포하면서 제1차 봉기가 시작된 곳이다. 당시의 상황은 지방관청의 공문인 『隧錄』에 상세하게 기록되어 있다. 현재는 동학농민혁명 발상지라는 비석과 무장창의포고비, 동학농민군 훈련장, 동학농민혁명 포고문이 새겨진 기념조형물 등이 세워져 있다. 그러나 당시의 흔적을 찾을만한 유구는 존재하지 않는다. 기포 당시의 당산나무를 주변으로 한 지역에 관련된 건물지 등이 있었을 것으로 추정되며, 이 지역에 대한 지표조사나 시굴조사가 진행되면 좋을 듯하다.(사진1)

(2) 여시뫼봉

여시뫼봉은 현재 왕제산에 해당하며, 동학농민군의 훈련지이자 근거지로 불리고 있다. 무장 기포지에서 가까운 지역이어서 평상시에는 훈련장소로 활용되었으며, 위급시에는 여시뫼봉에 진을 치고 전투에 대비할 수 있는 곳이기도 하다. 사방을 관찰할 수 있는 지역으로 공격과 방어에 유리하며, 물자를 공급하는데 용이한 지역이다. 실제로 황토현에서 관군을 격파하고 서남해 방면으로 진격하게 되는데, 1894년 4월 9일 무장을 점령한 동학농민군이 이곳 여시뫼봉에 진을 친 것으로 보고되어 있다. 당시의 상황을 알 수 있는 유구는 요새로 불리는 땅굴이 있는 것으로 알려져 있다.(사진2)

사진2. 여시뫼봉

(3) 삿갓봉

삿갓봉은 공음면 용산리에 위치하며, 여시뫼봉과도 가까운 거리에 있다. 정상에는 봉수대가 위치해 있고, 요새로서의 지형을 갖춘 이곳에 일제시대에 일본군이 만든 군사용 벙커가 설치되었다한다. 동학농민군이 이곳 삿갓봉과 여시뫼봉에서 군사 및 특수훈련을 받은 것으로 전해진다.(사진3)

사진3. 삿갓봉

(4) 전봉준 생가터

전봉준 생가터는 고창읍 죽림리 당촌마을에 있으며, 뒤쪽으로 서해안 고속도로가 지나가고 있다. 그리고 주변에 세계문화유산에 등록된 고창 지석묘군이 있다. 생가터는 1998년 고창군의 학술조사에서 증언 등을 통하여 새롭게 확인되었다. 전봉준은 1855년 12월 3일 이곳에서 서당 훈장을 하던 전창혁의 아들로 태어나 13세까지 살았던 것으로 전해진다. 당시에는 서당, 안채, 사랑채 등이 있었다고 하나 동학농민혁명 기간 중에 모두 소실되어 현재는 생가와 헛간채 2동이 복원되어 있다. 이 마을에는

사진4. 전봉준 생가터

전봉준 선대의 묘소가 자리하고, 그의 어렸을 때의 일화가 구전되고 있다고 한다.(사진4)

(5) 손화중 도소

사진5. 손화중 도소

손화중 도소는 성송면 괴치리에 있으며, 처음 포교활동의 시작은 양실마을에서 시작하였다. 현재 괴치리에는 손화중 도소로 표기하였고, 양실마을의 것은 손화중 거소로 표기하였다. 손화중은 동학농민혁명이 시작되자 괴치리의 도소로 옮겨 활동하였다. 본래 본채 외에 사랑채가 ㄱ자로 남아있었으나 몇 해전에 헐어낸 것으로 알려졌다. 괴치리 도소는 동학농민혁명 당시 고창 농민군의 세력과 동학교단의 근거지였으며, 손화중은 이곳에서 세력을 확장하고 전봉준과 함께 동학농민혁명을 주도하였다. 손화중은 1894년 동학농민혁명 시기에 김개남과 함께 총사령관으로 추대되어 고부 황토현 전투, 장성 황룡촌 전투를 이끌었으며, 9월의 재봉기 때에는 일본군의 남해안 상륙을 대비하여 나주와 광주를 지켰다.(사진5)

(6) 손화중 피체지

손화중 피체지는 부안면 안현리 수강산의 산당으로 기록되어 있으며, 현재 이곳은 부안면 송현리 수강산의 이씨 재실이 있는 곳으로 알려지고 있다. 손화중 피체지는 동학농민혁명 유적지가 적은 고창군으로서는 좋은 자료로 판단되므로 수강산 일대에 대한 학술조사와 함께 순창 피노리에 있는 전봉준 피체지와 같이 정비보존이 필요하다고 생각된다. 손화중의 피체지와는 달리 손화중의 생가터와 묘역은 정읍에 있다. 생가터는 정읍 과교동의 국도 1호변에 위치하고 있으며, 묘역은 정읍 상평동 음성리 음성마을 산 중허리 초입에 있다.(사진6)

사진6. 손화중 피체지

(7) 정백현 생가터

사진7. 정백현 생가터

정백현은 전봉준의 비서로 알려져 있으며, 그의 생가터는 공음면 예전리 상례마을에 있다. 정백현은 동학농민혁명 봉기에 있어서 사발통문, 무장창의문 등의 주요 격문을 작성하여 전국으로 보낸 인물이다. 그는 봉기의 와중에서도 잡히지 않고 살아남았으며, 『眞菴見聞錄』의 문집을 남겼다.(사진7)

(8) 선운산 도솔암 마애불(보물 1200호)

도솔암 마애불은 선운산 내에 있으며, 도솔암 좌측의 절벽에 있는 17m의 거대한 마애불이다. 이 마애불의 가슴 감실에 검단선사가 넣은 비결이 있는데, 이를 꺼내는 자가 세상의 주인이 된다는 설에 1892년 8월 손화중포에서 이를 탈취하였던 것이다. 이 마애불의 비결을 탈취했다는 소문에 수만명의 교도들이 몰려들

사진8. 도솔암 마애불

었다고 하나, 이와 관련한 내용들은 잘 알려져 있지 않다.(사진8)

(9) 무장읍성(사적 346호)

사진9. 무장읍성

무장읍성은 무장면 성내리에 위치하고 있으며, 이전에는 초등학교가 있었으나 지금은 이전하여 본래의 모습으로 복원하였다. 읍성내에 있는 관아(유형문화재 35호), 객사(유형문화재 34호) 등의 부속건물이 남아 있으며, 한때는 동학농민군에게 점령되어 소각의 위기에 처한 적이 있다. 무장에서 기포한 동학농민군은 북상에 앞서 고창, 무장, 흥덕 등의 관아를 점령하여 주요 거점지로 활용하였다. 다른 지역은 부패한 정부의 상징이던 관아 건물이 동학농민군에 의해 불타고, 공문서 등이 소각되었지만, 무장 관아는 원형을 보존한 채 남아있어 그 의미는 크다고 할 수 있다.(사진9)

(10) 흥성 동헌(유형문화재 77호)

흥성 동헌은 흥덕면 흥덕리 산중턱에 위치하고 있다. 해체 보수시 발견된 상량문에 흥성읍성의 동헌 건물을 1807년에 이곳으로 이전하였다는 기록이 있다. 이곳은 동학농민군이 1894년 4월 8일에 점령한 것으로 알려져 있으며, 곧바로 고창으로 진격하여 고창읍성도 점령하였다.(사진10)

사진10. 흥성 동헌

(11) 고창읍성(사적 145호)

사진11. 고창읍성

고창읍성은 고창읍 읍내리에 위치하고 모양성으로도 불리고 있다. 동학과 관련해서는 동학농민군이 고부 황토재에서 승리한 다음날인 1894년 4월 8일, 홍계훈의 관군이 전주성에 입성하였다는 소식을 듣고 북상하지 아니하고, 흥덕현과 고창현을 점령하고 고창읍성의 옥에 갇혀 있던 동학교도들과 죄수를 석방한 곳이다.(사진11)

3. 무장 기포지의 문화재적 가치

1) 고부봉기와 제1차 봉기의 전개

19세기 이후 삼정문란으로 인하여 농촌사회의 파탄이 지속되었으며, 1876년 개항 이후 조선은 열강의 침탈 각축장이 되었다. 정부에 의한 세금의 수탈과 여기에 한몫 더하여, 지방관들의 농간으로 인하여 농민들의 불만은 극에 달하였고, 급기야는 봉건사회의 부정부패와 외세의 침략에 대항하는 계기가 되었다. 농민들에 의한 항쟁은 조직과 평등사상의 기반이 된 동학교도에 의해서였다.

1892년 고부군수로 부임한 조병갑에 의해 온갖 수탈이 이루어졌으며, 전봉준을 위시하여 1893년 11월 사발통문의 거사를 계획하였다. 조병갑이 익산군수로 발령되었다가 1894년 1월 9일 재차 고부군수로 발령되자, 1894년 1월 10일 동학농민군이 말목장터에 모여 고부 관아로 진격하였다. 이른바 고부민란이라 불리우는 고부봉기이며, 여기에는 사발통문의 서명자인 전봉준, 최경선 등 동학의 접주와 1,000여명의 농민군이 가담하였다. 이들은 죽창으로 무장하고 고부관아를 점령하여 옥문을 열어 무고한 자를 석방하였으며, 수탈한 곡식을 나누어 주기도 하였다. 1월 17일 이후에는 군기고를 격파하여 무기를 탈취한 뒤, 만석보를 파괴하고 백산성을 축조하기 시작하였다. 2월 19일 봉기가 재기되었으며, 전봉준은 그 여세를 몰아 봉기를 전라도 전역으로 확산하고자 창의격문을 보냈다. 3월 3일 신임 고부군수 박원명의 회유로 봉기의 참여자들이 해산하기 시작하였다. 그러나 해산 후 안핵사 이용태는 봉기의 책임을 동학교도와 농민에게 전가시켰으며, 책임자를 색출하며 학대가 시작되자, 전봉준은 심복들과 함께 고창의 무장으로 피신하였다.

이후 무장 기포지에서 1894년 3월 20일 약 3,000여명의 동학농민군을 결집하여 창의문을 선포하면서 제1차 봉기가 시작되었다. 무장을 떠난 동학농민군은 3월 24일 고부 관아를 다시 점령하였고, 3월 26일에는 백산에 집결하여 이른바 백산대회를 통해 진용을 새롭게 편성하여 봉기가 본격화 되었다. 이 백산대회를 통하여 대장에 전봉준, 총관령에 손화중, 김개남, 총참모에 김덕명, 오지영, 영솔장에 최경선, 비서에 송희옥, 정백현이 선정되었으며, 동학농민군도 8,000여명이 참가하여 그 대오가 갖추어졌다. 3월 29일에는 태인 관아를 점령하고, 4월 1일에는 원평, 금구로 진격하였으나, 관군 10,000여명이 내려온다는 소식에 부대를 3대로 나누어 남하하였다. 동학농민군은 다시 4월 6일 고부 도교산에 집결하였고, 4월 7일 새벽에 고부 황토현에서 관군을 격파하였으니 이것이 유명한 황토현 전투이다. 동학농민군은 북상하지 않고 주변의 정읍과 고창 일대를 점령하고 무장에서 머무른 다음, 남하하여 4월 12일에 10,000여명의 동학농민군이 영광을 점령하였다. 동학농민군이 남하한 이유는 관군이 전주에 들어와 있기도 하지만, 동학농민군의 세력을 확대하려는 의도도 있었던 것으로 보인다. 4월 16일에는 함평을 점령하고, 4월 21일에 장성 월평리에 도착하여 황룡촌에 진을 쳤다. 4월 23일에는 황룡촌에서 홍계훈이 이끄는 관군과 전투를 벌여 승리하였다. 동학농민군은 장성에서 승리한 후, 북상을 시작하였으며, 4월 27일 전주성을 함락시키고 입성하였다.

이와 같이 동학농민군은 전주 입성에 이르기까지 고부 황토현 전투와 장성 황룡촌 전투에서 승리하며, 전라도 일대의 20여개의 군현을 점령하기에 이르렀다. 이후 동학농민군은 5월 7일 전주화약을 체결하였으며, 전주성을 관군에게 내어 주고 각 지역으로 돌아가 민정기관인 53개소 집강소의 성립과 함께 폐정개혁을 단행하고자 하였다. 정부는 폐정개혁 요구에 대한 실천 의지도 없고, 동학농민군을 진압할 능력도 없어 결국 청나라에 파병요청을 하였으며, 일본도 텐진조약의 구실로 군대를 파병하여 청일전쟁의 계기가 되었다.[3)]

2) 무장 기포지의 의의

제1차 봉기는 고부봉기가 실패한 후, 무장 기포지에서 창의문을 선포하고 비로소 본격적인 동학농민혁명이 시작되었으며, 이곳 무장은 동학농민군의 거점지가 되었다. 전봉준은 고부봉기의 실패를 극복하고자 무장으로 피신하여 고창에서 세력이 있는 손화중과 결탁한 것으로 판단된다. 이는 동학의 조직과 활동을 단순히 종교의 범주에만 국한하지 않고 국가의 개혁운동에 활용하고자 하는 의도가 있었으며, 조직과 세력 없이 농민만을 가지고 동학농민혁명을 전개할 수 없었음을 인지한 것으로 보인다. 따라서 전봉준은 손화중과 함께 무장에 도소를 설치하고 고부봉기의 어려움을 만회하고자 하였으며, 동학농민혁명으로 발전시켜 농민 봉기를 철저히 준비하였던 것이다. 여기에는 동학농민군의 주요인물로 고창 출신이 많이 동원되었음을 알 수 있다. 전봉준을 비롯하여 장령급으로는 흥덕의 고영숙, 고창의 홍낙관, 오하영, 오지영, 무장의 강경중, 송경찬, 송문수 등이 주도적으로 참여하였다.

무장 기포지는 동학농민혁명을 전개시키기 위한 준비가 철저하게 이

---

3) 동학농민혁명 기념사업회, 『황토재에서 우금재까지』, 동남풍, 1994.
신순철·이진영, 『실록 동학농민혁명사』, 서경문화사, 1998.
최기성, 『동학농민혁명운동 연구』, 서경문화사, 2006.

루어진 곳이며, 혁명의 의지를 전국에 알리고 본격적인 농민혁명에 돌입했다는 데에 의의가 있다. 또한 기존에 산발적으로 이루어진 항쟁을 전국적인 차원의 장기 지속적인 항쟁으로 전개시켰다는 점에서도 큰 의의를 둘 수 있다.

당시의 무장은 육상과 해상교통의 요지였을 뿐만 아니라, 전라도에서 대접주 손화중의 영향력에 의해 동학교도들의 세력이 강했으며, 또한 천안전씨 전봉준의 연고지여서 동학의 세력을 결집시키기에 매우 유리한 지역이기도 하였다.

따라서 조선왕조의 부정과 부패를 척결하고, 서구의 열강에 맞서 민족의 자주권을 수호하고자 한 무장 기포지의 의미는 매우 크다고 할 수 있다. 그러나 무장 기포지가 동학농민군의 거점지 역할을 하면서 제1차 봉기의 핵심을 이룬 중요한 지역임에도 불구하고 문화재적 가치를 인정받지 못하고 있음은 실로 안타까운 일이 아닐 수 없다.[4)]

3) 무장 기포지의 문화재적 가치

무장 기포지의 문화재적 가치를 높이려면, 동학농민혁명의 시작을 어느 시점에서부터 볼 것인가가 명확히 구분되어야 할 것이다. 동학농민혁명의 시작을 말목장터에 모여 고부관아를 습격한 1894년 1월 10일 고부봉기로 볼것인가, 아니면 1894년 3월 20일 창의문을 선포한 제1차 봉기의 시점으로 볼것인가에 의해 무장 기포지의 문화재적 가치는 달라질 수 있다. 무장 기포지에서 창의문을 선포한 시점을 인정한다면 동학농민혁명의 발상지가 될 수 있지만, 그렇지 않으면 고부가 발상지가 되는 셈이다. 그러나 현 단계에서는 동학농민혁명의 시작을 고부봉기로부터 보는 관점이 우세하다.

---

4) 동학농민혁명참여자 명예회복심의위원회, 『동학농민혁명사 일지』, 2006.
고창군, 『고창 동학농민혁명 성지화 전략사업 타당성조사 및 기본설계용역』, 2008.

고등학교 국사교과서에서는 동학농민혁명이 고부에서 시작되었다고 보고 있다. 이 교과서를 풀이하여 설명한 참고서에는 동학농민혁명의 전개에 있어서 제1기, 제2기, 제3기, 제4기로 나누어 보고 있다. 제1기는 고부군수 조병갑의 횡포와 착취에 항거하여 전봉준이 농민군을 이끌고 고부 관아를 습격한 고부봉기의 시기이다.(1894년 1월) 제2기는 동학농민혁명의 절정기로 전봉준, 손화중, 김개남 등이 보국안민, 제폭구민의 기치를 내걸고 무장에서 봉기하여 고부 황토현 전투, 장성 황룡촌 전투에서 관군을 물리치고 전주까지 점령한 시기이다.(1894년 3월) 제3기는 동학농민군이 정부와 전주화약을 맺고 전라도 일대에 집강소를 설치하여 폐정개혁안을 실천에 옮긴 시기이다.(1894년 5월) 제4기는 청일전쟁에서 승기를 잡은 일본이 내정간섭을 강화하자, 동학농민군이 재봉기하여 구국항쟁을 전개한 시기이다.(1894년 9월).[5)]

이로 미루어보면, 동학농민혁명의 시작은 사실상 고부봉기로부터 시작되는 것으로 보고있다. 또 다른 대학교재 등에서도 동학농민혁명의 전개를 위와 비슷하게 분류하고 있다. 이러한 현상은 동학교도들이 중심이 된 1893년 11월 사발통문의 거사계획과 맞물리어, 그 시기부터 고부봉기, 제1차 봉기인 무장 기포까지 연속성을 가지는 것으로 보고 있기 때문이다.

그러나 무장 기포가 있기까지 그 전 단계의 고부봉기와도 연관이 되지만, 진정한 동학농민혁명의 시작은 3월 20일 창의문과 함께 전국적으로 봉기를 선포하는 무장 기포의 단계로 보는 학자들이 많다는 점이다. 신용하 교수의 학설에 의하면, 『隧錄』, 『石南歷事』의 자료를 근거로 하여 동학농민혁명의 시작은 고부가 아니라 창의문을 전국에 선포한 무장이라는 사실을 새롭게 밝히고 있다. 이전에 흔히 일어났던 민중들에 의한 봉기가 무장의 창의문 선포를 계기로 조직적인 혁명의 단계로 접어

---

5) 교육과학기술부, 『고등학교 국사』, 국사편찬위원회, 2010.
이병일, 『고등학교 국사 자습서』, 교학사, 1995.

들었으며, 이 단계가 바로 동학농민혁명의 시발점이라고 보는 것이다. 다시 말해 고부봉기는 고부군수 조병갑의 탐학을 징벌하려고 일으킨 농민들의 봉기이며, 제1차 봉기는 무장의 손화중 도소에 있던 동학농민군이 창의문을 선포하고 조직적으로 봉기한 혁명의 시작이라는 것이다.

이와 같이 학자들에 의해 무장 기포지가 동학농민혁명의 시발점이라는 사실이 밝혀졌음에도 불구하고 아직은 기존의 학설이 통용되고 있는 곳이 많다. 따라서 무장 기포지에 대하여 학계의 인식변화는 물론이고, 동학혁명 기념사업회나 지방관청에서 정책지원이나 홍보와 함께 고창이 동학농민혁명의 발상지라는 분위기를 조성해 가는 방법이 필요하다.

무장 기포지에서 창의문을 선포하고 동학농민혁명의 시작이 본격화되었으나, 고창에서는 직접적으로 치열한 전투나 큰 사건이 없었다. 관군과의 전투가 치열했던 곳이 전투가 비켜간 무장 기포지보다는 문화재적 가치면에서 유리하게 작용할 수밖에 없다. 따라서 제1차 봉기의 전투에서 격전지였던 고부의 황토현, 장성의 황룡촌 지역은 무장 기포지보다도 역사적인 가치가 덜함에도 불구하고 이미 국가 사적으로 지정을 받은 상태이다. 이러한 현상은 동학농민혁명의 연구가 역사적인 배경보다는 전투상황에 초첨이 맞추어지다보니 정신적, 사상적 배경이 된 무장 기포지에 대한 검증이 제대로 이루어지지 못한 요인도 있다.

따라서 무장 기포지의 경우는 전투지보다는 동학농민군의 거점지이자, 동학농민혁명의 시발점이라는 데에 의미를 부여하고 문화재적 가치를 높이는 방법을 택하여야 한다. 고부봉기의 거점지였던 말목장터는 이미 도기념물로 문화재 지정을 받은 상태이며, 무장 기포지도 도기념물 이상의 문화재적 가치가 있다고 판단된다. 무장 기포지가 실질적인 동학농민혁명의 발상지로 인정을 받고, 그 분위기가 확산된다면 당연히 사적으로 지정해야 한다.

4) 문화재 지정을 위한 제언

고창은 동학농민혁명에 대한 연구와 새로운 자료들이 발견되면서 주목을 받는 지역이 되고 있다. 1894년 3월의 제1차 봉기인 무장 기포지가 동학농민혁명의 시발이라는 점, 동학 대접주 손화중의 세력과 활동의 근거지, 전봉준의 출생지라는 사실이 근래에 확인되어 동학농민혁명의 연구와 기반조성에 큰 탄력을 받게 되었다. 이러한 관점에서 고창 동학농민혁명 유적지의 문화재 지정은 매우 의미 있는 일이라 생각된다.

인접한 정읍에서 동학농민혁명과 관련된 지정문화재는 이전에 고부에 속해 있던 백산성지(사적 409호)를 포함하여, 만석보터(도기념물 33호), 말목장터(도기념물 110호), 전봉준 고택(사적 293호), 황토현 전적지(사적 295호), 고부 관아터(도기념물 122호) 등 6개소에 달하고 있다.[6)]

여기에 비하면 고창은 고창읍성, 무장읍성, 선운산 도솔암 마애불 정도가 문화재로 지정되어 있으나, 그것도 동학농민혁명과 관련되어 지정된 것이 아니다. 고창에서 동학농민혁명과 직접적으로 관련된 문화재 지정은 사실상 전무한 실정이다. 이에 중요한 동학농민혁명 유적지를 선별하여 문화재로 새롭게 지정할 필요가 있다. 무장 기포지, 전봉준의 생가터는 고창에서 동학농민혁명 유적지로 중요하게 자리매김하고 있으므로 문화재로 지정하여 관리를 해야 할 것이다. 유적지가 문화재로 지정되지 않은 경우는 관심도가 낮고, 문화재로서의 인식이 결여되어 있어 무관심 속에서 방치되기 때문이다. 특히 창의문을 선포하고 동학농민혁명의 시작이 본격화 된 무장 기포지를 가장 우선적으로 도기념물 내지는 사적으로 지정할 필요가 있다.

문화재는 학술적인 가치도 있어야 되겠지만, 문화재 보존관리의 양상, 지방관청의 관심도에 의해서 문화재의 격이 달라질 수 있다. 따라서 문

---

6) 이상균 외, 『동학농민혁명 문화자산 가치증진을 위한 협력적 네트워크 구축』, 전주대학교 산학협력단, 2009.

화재의 지정은 고창군만이 아니라 전북도 차원에서 접근하여야 하며, 또한 문화재 지정의 순차적인 행정절차를 거쳐 진행하여야 한다. 무장 기포지의 경우, 먼저 도기념물의 지정을 한 다음, 전국적인 차원에서 동학농민혁명의 시발점이라는 공감대가 형성된 후에 사적으로 승격시킬 수 있는 기반을 마련해야 좋을 듯하다.[7)]

4. 무장 기포지의 문화재적 가치를 높이기 위한 기반조성

무장 기포지의 문화재적 가치를 높이기 위해서는 기포지만을 가지고 논하여서는 안되며, 고창 지역의 동학농민혁명 유적지를 포함한 전반적인 상황에 대하여 관심을 가져야 한다. 현존하는 고창 동학농민혁명 관련 자료의 재조명을 비롯하여, 유적지의 기초조사, 동학농민혁명 발상지의 정신적 측면의 위상 제고, 동학관련 유적지의 가치 제고, 유적지 정비 등의 기반조성이 필요하다.

먼저, 고창의 동학농민혁명과 관련된 주요 자료는 『隧錄』, 『石南歷事』, 『兩湖右先鋒日記』, 『兩湖招討謄錄』, 『兩湖電記』, 『東匪討錄』, 『供招』, 『甲午事記』, 『古阜民謠日記』, 『梧下紀聞』, 『東學史』등 많은 책이 존재하고 있다. 이러한 자료들의 가치를 재조명하고, 무장 기포지의 역사적 사실을 밝혀내는 작업이 필요하다. 현 시점에서는 고등학교 교과서에 기재되어 있는 것과 같이 동학농민혁명의 시작이 고부임이 일반화되어 있고, 앞으로도 이 교재에 의해 교육이 지속된다면 동학농민혁명의 발상지를 무장으로 되돌리기 어려운 상황이 될 수 있다. 따라서 교과서나 참고서 등의 내용 개편이 이루어지도록 해야 하며, 일반들에게도 책자나 교양서 등을 통해서 무장 기포지가 동학농민혁명의 발상지임을 알려야 한다.

---

7) 이상균, 「정읍지역 동학농민혁명유적지의 현황과 보존관리」, 『호남지역의 저항과 변혁의 역사』, 전북사학회 발표요지, 2010.

다음으로는, 무장 기포지에 대한 학술적인 지표조사, 시굴조사가 이루어져야 한다. 무장 기포지는 구암리 구수마을 앞을 흐르는 구수천과 구적산에서 흐르는 하천이 토사를 운반하여 마을 앞에 넓은 광장이 조성되어 있다. 이 광장이 동학농민군의 훈련장으로 활용되었으며, 지금은 공원으로 정비되어 있다. 무장 기포지를 포함한 동학농민혁명 유적지에 대한 문헌적인 측면에서의 연구는 그나마 많이 진행된 편이지만, 유적지의 기초조사나 지표, 시굴조사 등은 이루어지지 않았다. 고고학적인 조사에서 유구나 유물이 새롭게 발견될 가능성은 적어보이나, 확인 차원에서라도 무장 기포지에 대한 시굴조사의 필요성이 있다. 지금은 남아 있지 않지만 당시의 구조물이나 유물이 출토될 수도 있기 때문이다. 아울러 학술조사의 측면에서 고창 동학농민혁명 유적지 전체에 대한 지표조사가 선행되어야 한다.

또한, 동학농민혁명 발상지의 정신적 측면으로서의 위상을 높여야 한다. 무장 기포지는 현 시점에서 유구나 유물이 존재하지 않으므로 정신적인 측면의 위상을 높여서 문화재적 가치를 찾아야 한다. 이러한 정신적 측면의 가치를 높이기 위해서는 무장 기포지에 대한 연구자들의 관심, 군민의 자긍심과 관심의 제고, 관민단체의 다각적인 노력이 필요하다. 무장 기포지를 포함한 동학농민혁명 유적지는 고창지역의 정체성과 역사의식 고취의 계기가 되기 때문에 정신적인 측면에서 매우 중요하며, 고창군민에게 교육적으로도 충분한 활용을 하여야 한다. 기존에 교과서나 문헌에만 의존하는 역사교육도 중요하지만, 유적지의 현장을 돌아보며 현장성을 겸비한다면 교육의 효과는 배가가 될 것이며, 이는 정신적 측면의 위상을 높이는 계기가 될 것이다.[8)]

아울러, 고창지역 동학농민혁명 유적지의 가치를 높여야 한다. 이미 본고의 2장에서 상술했듯이 고창지역 동학농민혁명 유적지와 관련되는

---

8) 전라북도, 『동학농민혁명 정신선양사업 기본계획』, 1999.

곳은 11개소 정도이며, 직접 관련된 장소는 무장 기포지, 여시뫼봉, 삿갓봉, 전봉준 생가터, 손화중 도소, 손화중 피체지, 정백현 생가터 등 7개소에 달하고 있다. 그러나 이 유적 중에서 문화재로 지정된 곳은 아직 없다. 고창의 동학농민혁명 유적지는 명성에 비해 학술적으로나 문화재적 가치로나 타 지역에 비해 알려지지 않은 감이 있다. 이러한 현상을 극복하는데 최선의 노력을 기울어야 할 것이며, 또한 동학농민혁명 유적지의 정비와 복원을 통하여 그 가치를 높여야 한다.[9)]

마지막으로, 고창지역 동학농민혁명 유적지의 보존과 관리가 이루어져야 한다. 유적지의 보존과 관리 대상은 주로 지정문화재에 한정되어 있었으나, 이제는 점차로 비지정 문화재를 포함한 문화재 전체로 확대해 나가고 있는 추세이다. 각 지방관청에서도 문화재청의 이러한 문화재 정책에 동조하여 비지정 문화재에 대한 보존 관리 대책이 수립되어야 한다. 또한 지방관청의 실정에 맞는 문화재보호 관련 조례재정과 법령을 통하여 유적지의 보존관리를 강화하여야 한다.[10)]

5. 맺음말

고창의 무장 기포지에 대한 문화재적 가치를 살펴보기 위해 전반적으로 고창의 동학농민혁명 유적지의 현황, 무장 기포지의 의의, 문화재 지정을 위한 제언, 문화재 가치를 높이기 위한 기반조성 등에 대하여 살펴보았다.

무장 기포지는 동학농민혁명을 전개시키기 위한 거점지였으며, 기존의 산발적인 항쟁에서 벗어나 혁명의 의지를 전국에 선포하고 장기 지속적

---

9) 이상균, 「정읍지역 동학농민혁명유적지의 현황과 보존관리」, 『호남지역의 저항과 변혁의 역사』, 전북사학회 발표요지, 2010.

10) 정문교, 『문화재행정과 정책』, 지식산업사, 2000.
문화재청, 『문화재 보존관리 및 활용에 관한 기본계획』, 2002.

이고도 본격적인 농민혁명에 돌입하였다는데에 큰 의의가 있다. 그러나 무장 기포지가 동학농민군의 거점지 역할을 하면서 제1차 봉기의 핵심을 이룬 중요한 지역임에도 불구하고 문화재적 가치를 인정받지 못하고 있다. 그 이유는 무장 기포지가 동학농민혁명의 시발점이라는 사실이 밝혀졌음에도 불구하고 아직은 기존의 학설이 통용되고 있는 곳이 많으며, 또한 문화재적 가치를 높이기 위한 기반조성과 방안이 소홀했기 때문일 것이다. 따라서 무장 기포지에 대하여 학계의 인식변화는 물론이고, 지방관청과 민간단체에서 홍보와 함께 문화재의 가치를 높이기 위한 분위기를 조성해 가는 방법이 필요하다. 동학 관련 기관이나 학교·학원의 국사 교사들을 초청하여 무장 기포지에 대한 연수를 지속적으로 추진하는 방안도 검토하면 좋을 듯하다.

지역의 문화재 지정은 전북도 차원에서 접근하여야 하며, 순차적인 행정 절차를 거쳐 진행하여야 한다. 무장 기포지의 경우는 전투지보다는 동학농민군의 거점지이자, 동학농민혁명의 시발점이라는 데에 의미를 부여하여야 한다. 이미 고부봉기의 거점지였던 말목장터는 도기념물로 문화재 지정을 받은 상태여서 무장 기포지도 도기념물 이상의 문화재적 가치가 있다고 판단된다. 무장 기포지의 경우, 도기념물의 지정을 우선적으로 진행한 다음에 사적 지정을 위한 절차가 이루어지면 좋을 듯하다.

아울러, 무장 기포지의 문화재적 가치를 높이기 위해서는 현존하는 고창 동학농민혁명 관련 자료의 재조명과 함께 유적지의 지표조사, 동학농민혁명 발상지의 정신적 측면의 위상 제고, 동학관련 유적지의 가치 제고, 유적지의 정비 등이 필요한 시점에 있다. 근래에 고창군에서는 동학농민혁명 유적지를 성지화하려는 원대한 계획을 갖고 있으며, 이러한 조사와 설계용역이 계획대로 진행된다면 문화재적인 가치는 훨씬 상승할 것으로 기대된다. 본고를 통하여 무장 기포지를 포함한 고창지역의 동학농민혁명 유적지가 제대로 평가받는 계기가 되며, 고창지역이 동학농민혁명의 새로운 중심지로 부각되기를 소원해 본다.

X. 원평 구미란 전적지의 보존관리와 활용방안

X. 원평 구미란 전적지의 보존관리와 활용방안

1. 머리말

동학농민혁명은 조선왕조의 부정부패와 제국주의 열강의 침략에 맞서 민족적 위기를 극복하고자 반봉건, 반외세의 기치를 들고 일어났으며, 농민들에 의한 항쟁이었다. 정읍 고부농민봉기를 시작으로 고창 무장기포지에서 본격적으로 봉기한 동학농민혁명은 전주를 점령하여 집강소를 설치하는 등 민주주의의 발원을 위하여 그 위세를 떨쳤다. 그러나 제2차 봉기 이후, 공주 진격을 위한 우금치 전투에서 최신 병기를 가진 일본군과 관군의 연합군에 의해 패배하면서 그 세력이 약화되었다. 이후 논산 황화대, 전주로 밀려나고, 원평에서 전열을 가다듬은 전봉준은 구미산에 진을 치고 재기의 기회를 노렸으나, 여기에서도 뜻을 이루지 못하고 패퇴하고 말았다.

이러한 동학농민혁명의 전개에 있어서 김제는 전봉준과 김덕명의 중심무대였으며, 구미란 전적지를 비롯하여 교조신원운동의 원평 집회, 집강소의 본부격인 대도소 등이 있어 중요한 지역으로 손꼽히고 있다. 그럼에도 불구하고 김제는 동학농민혁명의 인식결여와 함께 학술연구 등에 있어 소외되어 온 감이 있다. 더구나 동학관련 유적지들이 방치되어 있어서 김제시의 관심과 재정적인 지원이 필요한 실정이다.

다행히 김제동학농민혁명기념사업회가 주도하여 이미 학술대회를 진행한 바 있으며, 원평의 구미란 전적지를 비롯하여 동학농민혁명 관련 내용을 학술적으로 정리하는 계기도 마련하였다. 게다가 김제 지역의 동학농민혁명 유적지의 역사적 의의와 가치를 높이기 위한 많은 활동을 진행하고 있다. 또한 구미란 전투 희생자를 위한 추모행사, 구미란 전적지 정화사업, 원평장터 기미독립만세운동 기념행사, 학술세미나, 역사교실 등의 기반을 통하여 김제지역을 동학농민혁명의 새로운 중심지로 부각시키고자 하는 노력을 지속하고 있다.[1)]

본고에서는 기존의 연구성과에 덧붙여 구미란 전적지의 위치 및 역사적 배경, 구미란 전투의 개요, 구미란 전적지의 현상에 대하여 살펴보고, 전적지의 보존과 활용방안에 대하여 언급하고자 한다.

2. 구미란 전적지의 위치 및 역사적 배경

구미란 전적지는 행정구역상 김제시 금산면 원평읍 구미마을에 위치하고 있다. 원평은 김제 서부의 만경평야가 자리하는 평야지대와 동부의 산악지대를 연결하는 접점지역에 있다. 원평장터의 옆으로는 매봉산과 모악산에서 발원하고 있는 원평천이 만경평야로 흐르고 있다. 또한 원평은 교통의 요지에 있으며, 이전부터 정읍에서 전주를 거쳐 한양으로 가기 위해서는 반드시 거쳐야 하는 지역이기도 하다.

전적지의 위치는 구미산이 북서쪽으로 둘러싸고 있는 형국이며, 남동쪽으로는 원평천이 흐른다. 구미마을에는 현재 40여호가 거주하고 있으며, 구미산의 서쪽으로 원평장터가 자리하고 있다.(도면1, 사진1) 원평장터는 5일장으로 지금은 한산하지만 동학농민혁명 당시에는 인근 물산의 교역지로 많은 사람들이 운집하여 집회하기에 좋은 장소였다. 구미마을과 원평장터 사이의 도로변에는 3·1운동시에 활약했던 이종희 장군의 생가가 복원되어 있다.

---

1) 김제시·전주대학교 산학협력단, 『김제지역 동학농민혁명 학술연구』, 2010.
김제동학농민혁명 기념사업회, 『김제땅 동학농민혁명』, 2010.

도면1. 동학농민혁명 관련유적지

사진1. 구미란 전적지 근경

원평이 속하는 금산면에는 미륵신앙의 본거지인 금산사가 있으며, 백제시기에 창건되어 고려시대에 최고조로 번성하였다. 또한 모악산 앞의 제비산 자락에서는 조선 중기에 기축옥사에 연루되었던 정여립이 활동하였으며, 용화동에는 강증산에 의한 증산교의 성지가 자리하고 있다. 원평천의 상류로 올라가면 천주교의 수류성당이 있으며, 전주에 선교부를 두고 개신교 전도의 선봉에 나섰던 금산교회가 자리하고 있는 곳이기도 하다. 또한 동학농민혁명과 관련하여서는 당시 세력을 떨쳤던 동학의 대접주 김덕명의 거주지가 바로 원평의 용계리에 위치한다. 1893년 교조신원운동 당시의 집회가 원평에서 열리기도 하였으며, 1894년 5월 7일 전주화약 이후에 호남 각 군현에 설치된 집강소의 체재를 잡는데 본부격인 대도소가 있었다. 원평은 동학농민혁명 당시 김덕명, 전봉준, 최경선을 비롯한 동학농민군 지도자들이 활동한 주 근거지가 되었다.[2)]

2) 김제동학농민혁명 기념사업회, 『김제땅 동학농민혁명』, 2010.

3. 구미란 전투의 개요

1) 동학농민혁명 제2차 봉기의 전개

1894년 6월 23일 개전한 청일전쟁의 일본 승리로 인하여 청군이 물러나고 조선의 정권은 개화세력에 돌아갔으며, 일본에 의해 내정간섭과 침략의 강도가 높아졌다. 일본군의 경복궁 점령, 친일내각 성립 등 혼란한 국내외 정세에 전라도 일대에서 세력을 떨치던 동학농민군을 중심으로 삼남 각지에서 봉기가 시작되었다. 전봉준의 주력부대가 제1차 봉기 해산 이후 4개월만인 1894년 9월 10일에 삼례에 집결하기 시작하여 재무장 하였다. 전봉준은 4,000여명의 동학농민군을 이끌고 10월 12일 논산에 도착하였고, 손병희가 이끄는 동학농민군과 15일 합세하여 북상하였다. 김개남은 8,000여명의 동학농민군을 이끌고 16일 전주에 도착하여 일본군의 해로를 통한 협공에 대비하며, 후방수비의 총력전 태세를 갖추게 되었다.

한편 개화파 정권은 양호도순무영(兩湖都巡撫營)을 설치하여 3,400여명의 병력을 배치하여 동학농민군을 진압하도록 하였으며, 도문순사에 신정희, 선봉장에 이규태를 임명하였다. 일본군도 동학농민군 진압을 위해 10월 9일, 1개 대대병력이 인천항에 도착하여 전라도, 충청도, 경상도 방면으로 나누어 진격하였다.

1894년 10월 21일 논산을 출발한 동학농민군은 공주를 눈앞에 두고 잇따라 일본군, 관군과 전투를 벌였다. 공주성을 둘러싼 공방전은 2번에 걸쳐 이루어졌다. 1차는 10월 23일부터 전개된 이인·효포·웅치전투, 2차는 11월 8일부터 전개된 우금치 전투이다. 1차 전투는 전초전이었으며, 2차 전투에서 전면전이 이루어졌다. 2차 전투의 공방전은 11월 9일에 우금치를 중심으로 진행되었으나, 잘 훈련된 일본의 정예병과 최신병기의 화력을 극복하지 못하고 동학농민군은 수천명의 희생자를 내며,

치명적인 타격을 입게 되었다.

우금치에서 밀려난 전봉준은 노성으로 후퇴하여 진열을 가다듬고, 북상한 김개남의 동학농민군과 합세하려 하였으나 뜻을 이루지 못하고, 11월 14일부터 일본군과 이규태, 이규황이 이끄는 관군의 추격을 받기 시작하였다. 논산으로 밀려난 동학농민군은 황화대에서 접전을 벌였으나, 막대한 희생자를 낸채 강경으로 물러났고, 이때에는 이미 동학농민군의 조직과 세력이 약화되어 있었다. 동학농민군은 계속 후퇴하여 11월 19일에 전주에 이르렀으며, 더 이상 전면적인 전투는 불가능하였다. 일본군과 관군은 23일에 무혈입성하여 전주성을 장악하였고, 전주에서도 밀려난 동학농민군은 25일 원평 구미란 전투에서도 많은 희생자를 내고 태인으로 패퇴하였다. 27일에는 태인 성황산 일대에서 3차례에 걸쳐 전투가 벌어졌으나, 와해된 조직으로 일본군과 관군을 막기에는 역부족이었다. 이후 동학농민군은 해산되었으며, 지도부가 없는 최후의 저항세력은 전남 서남권의 강진 병영, 장흥 석대들, 옥산리에서 전투를 지속하였으며, 해가 바뀌어 1895년 1월 24일 완주 대둔산 전투를 끝으로 동학농민혁명의 제2차 봉기는 막을 내리게 되었다.[3]

이와 같이 1894년 9월의 동학농민혁명 제2차 봉기는 전봉준, 김개남, 손화중의 전라도 농민군과 최시형, 손병희의 충청도 농민군이 이끈 사실상 전국적으로 확대된 봉기였다. 동학농민군은 일본군과 대항하면서 반일항쟁을 전개함과 동시에 사회개혁을 추구하고자 하였으나 끝내 좌절되고 말았다.

---

3) 동학농민혁명 기념사업회, 『황토재에서 우금재까지』, 동남풍, 1994.
동학농민혁명 기념사업회, 『동학농민혁명의 지역적 전개와 사회변동』, 새길신서, 1995.
신순철·이진영, 『실록 동학농민혁명사』, 서경문화사, 1998.
최기성, 『동학농민혁명운동 연구』, 서경문화사, 2006.
동학농민혁명참여자 명예회복심의위원회,『동학농민혁명사 일지』, 2006.

2) 구미란 전투

전봉준이 이끄는 동학농민군은 1894년 11월 9일 우금치 전투 이후 치명적인 타격을 받았으며, 일본군과 관군의 본격적인 추격을 받았다. 15일 논산에까지 밀려난 동학농민군은 황화대 전투에서 재기의 접전을 벌였으나 제2차 봉기 이후 조직적으로 저항한 마지막 전투가 되고 말았다. 이후 동학농민군은 전의를 상실한 채 막대한 희생자를 내었으며, 그들의 조직과 세력은 완전히 허물어진 상태였다. 동학농민군은 계속해서 일본군과 관군에 쫓기는 신세가 되었으며, 11월 19일에는 2차 봉기의 시발지인 전주에까지 이르렀다. 전봉준은 전주성으로 남하하여 동학농민군을 다시 소집하였으며, 이때에 3,000여명이 모여들었다. 전봉준은 22일 밤에 이들 동학농민군을 데리고 23일 원평으로 들어와 대열을 정비하였다. 동학농민군을 바짝 쫓던 일본군과 관군은 23일 동학농민군이 철수한 전주성을 쉽게 점령하였다. 곧바로 일본군과 관군은 고부방향으로 밀려난 전봉준의 동학농민군을 쫓아 남하하여 11월 24일에 금구에 이르고, 25일 아침에 비로소 원평에 도착하였다. 이때 이미 전봉준은 대열을 정비한 동학농민군을 구미산에 집결시켜 진을 치게 하였으며, 당일 9시경에 비로소 전투가 벌어지게 되었다.

구미란 전투에 대한 문헌자료는 희박하나 『巡撫先鋒陣謄錄』[4]에 전투의 모습이 비교적 자세히 실려 있다. 이 자료에 의한 개략적인 내용은 다음과 같다.

최영학이 1894년 11월 24일 교도병 1대와 일본군 1대를 거느리고 금구에서 하룻밤을 세우고 25일에 원평에 도착하였다. 구미산에는 동학농민군이, 원평천변의 냇가 들판에는 일본군과 관군이 천보의 거리를 두고

4) 동학농민혁명참여자 명예회복심의위원회, 『동학농민혁명국역총서2』, 2007.
巡撫先鋒陣謄錄은 2차 봉기시에 동학농민군을 진압한 기록이며, 양호선봉장 이규태가 순무영에 보고한 내용과 답신, 수령들이 주고 받은 공문내용 등이 게재되어 있다. 여기에는 1894년 10월부터 1895년 2월까지의 상황이 기록되어 있다.

포를 쏘며 전투를 하였다. 포성이 들리면서 전투가 시작된 것은 9시경부터이며, 오후 4시경까지 지속되었다. 포성이 우레와 같고, 탄환이 비오듯 날아왔다. 일본군과 관군은 산위에 있는 동학농민군을 사면으로 포위하였고, 대포의 불꽃과 연기에 의해 앞을 분간하기 어려웠다. 전투는 대관 최영학이 선봉에 서서 지휘하였고, 동서로 나누어진 부대가 산위로 공격하여 동학농민군을 찌르고 목을 베어 37명을 죽였으며, 남은 무리는 도망하였다. 동학농민군으로부터 빼앗은 군수품은 회룡총 10정, 조총 60정, 연환 7석, 화약 5궤, 자포 10좌, 칼과 창 200자루, 쌀 500석, 돈 3,000냥, 면포 10동, 소 2마리, 말 11필, 연우피 10장, 호피 1령, 문서 2롱 등이며, 이 군수품은 일본 주력부대에 귀속시켰다. 이 전투에서 일본군과 관군은 사상자가 없었다.[5)]

이와 같이 구미란 전투에서 동학농민군은 또 다시 패퇴하였다. 일본군은 잘 훈련된 정예병이었고, 신병기로 무장한 상태여서 소규모의 인원이었음에도 불구하고 그 군대를 당해낼 수 없었던 것이다. 문헌상에서는 구미란 전투에서 37명이 전사한 것으로 기록되어 있는데, 이는 관군측의 문헌 기록이기 때문에 아무래도 사상자를 축소해서 보고했을 가능성이 크다. 당시 전투의 전개상황이나 후대의 구전자료의 상황으로 보면 사상자의 숫자는 훨씬 많았을 것으로 추정된다. 이때 무명의 농민군 무덤이 여기저기에 만들어졌으며, 지금도 봉분의 흔적들이 확인되고 있다.

4. 구미란 전적지의 보존관리

1) 동학농민혁명 주요 전투지

동학농민혁명과 관련된 연구는 대부분 학술적인 부분에 치중되어 왔으며, 동학농민혁명 유적지와 관련한 보존관리나 활용방안 등을 검토한

5) 김제동학농민혁명 기념사업회, 『김제동학농민혁명사료집』, 2010.

연구는 많지 않다. 앞으로 동학과 관련된 문헌은 새롭게 찾아지는 경우가 드물고, 연구 성과의 진척도 더딜 것으로 판단된다. 이제는 동학 관련 유적지에 대한 체계적인 조사와 연구가 필요한 시점이며, 이를 후손들에게 물려주기 위해서는 보존과 관리가 이루어져야 할 때이다.

동학농민혁명과 관련한 전투지는 전국적으로 분포하고 있으며, 특히 충청, 전라지역에 집중되어 있다.(표1) 제1차 봉기시에는 주로 전라도 지역에서 관군과의 전투가 이루어졌으며, 주요 전투지는 정읍 황토현, 장성 황룡촌, 전주 완산칠봉 등이 있다. 그러나 제2차 봉기시에는 일본군과 관군의 연합군에 의해 전투가 진행되었으며, 그것도 전국적인 규모의 봉기가 이루어졌다. 특히 동학농민군의 지도부가 주도적으로 활동했던 충청과 전라도 지역에서 전투가 많이 이루어졌다. 이중에 현재 문화재로 지정된 전투지는 정읍 황토현, 장성 황룡촌, 공주 우금치, 장흥 석대들이며, 이곳은 전부 국가 사적으로 지정되었다. 그리고 논산 황화산성(충남 기념물 92호)과 같이 동학농민군의 황화대 전투 의미가 부여되지 않은채 문화재로 지정된 경우도 있으며, 문화재로 지정되지 않았더라도 완주 대둔산 전투지와 같이 기념시설이 설치되어 많은 대둔산 관광객에게 홍보되고 있는 경우도 있다.(사진2)

사진2. 완주 대둔산 전적비

문화재로 지정된 전투지는 전부 기념물이 설치되어 있으며, 관리가 이루어지고 있다. 정읍 황토현 전적지는 제1차 봉기인 1894년 4월 7일 황토재와 사시봉에서 전투를 벌인 곳이며, 현재는 기념탑과 함께 기념관, 전봉준 동상이 건립되어 있다.(사진3) 장성 황룡 전적지는 4월 23일에 전투가 벌어졌으며, 전주성에 입성할 수 있는 계기가 되었다. 이 전적지에는 죽창을 상징한 기념탑과 장태를 사용한 전투장면

이 부조되어 있다.(사진4) 우금치 전적지는 제2차 봉기인 1894년 11월 9일에 공주성 탈환을 위한 일본군·관군의 연합군과 치열한 공방전이 이루어진 최대의 격전지였다. 지금은 기념탑이 세워져 있으며, 근래에 고갯길이 4차선의 터널로 개통되어 터널의 윗부분이 광장화 되어 매년 우금치 추모제례, 예술제 등의 기념행사가 이루어지고 있다.(사진5) 장흥 석대들 전적지는 1894년 12월 15일 동학농민군의 지도부가 와해된 상태에서 연합군과 격전을 벌여 많은 사상자가 발생한 곳이다. 이 전적지는 2009년에 깃발을 꽂은 석대와 들판, 영회당의 사당 등이 사적 498호로 지정되었으며, 이곳에 기념탑이 세워졌다.(사진6)

그 외의 많은 지역의 전투지는 일본군과 관군에 맞서 치열한 전투가 이루어진 곳임에도 불구하고 아무런 보존조치 없이 훼손이 가속화 되고 있으며, 원평의 구미란 전적지도 이에 해당한다.

표1. 충청, 전라도 지역의 동학농민혁명 주요 전투지

지역	전투지	장소	전투일	기념시설	지정별
충남	세성산 전투지	천안 성남면	1894.10.21		
	이인 전투지	공주 이인면	1894.10.23		
	효포 전투지	공주 신기동	1894.10.24		
	웅치 전투지	공주 신기동	1894.10.25		
	우금지 전적지	공주 금학동	1894.11.9	기념탑	사적 387호
	황화대 전투지	논산 중화동	1894.11.15		황화산성(충남 기념물 92호)
전북	황토현 전적지	정읍 덕천면	1894.4.7(1차)	기념탑	사적 295호
	완산칠봉 전투지	전주 완산동	1894.4.27(1차)		
	구미란 전적지	김제 금산면	1894.11.25		
	태인 전투지	정읍 태인면	1894.11.27		
	대둔산 전투지	완주 운주면	1895.1.24	전적비	
전남	황룡 전적지	장성 황룡면	1894.4.23(1차)	기념탑	사적 406호
	석대들 전적지	장흥 장흥읍	1894.12.15	기념탑	사적 498호
	옥산리 전투지	장흥 관산읍	1894.12.17		

사진3. 정읍 황토현 전적지

사진4. 장성 황룡 전적지

사진5. 우금치 전적지

사진6. 장흥 석대들 전적지

2) 구미란 전적지의 현상

구미란 전투의 문헌자료는 극히 한정되어 있으며, 한정된 자료를 메워 줄 수 있는 증언에 의한 구전자료가 어느 정도 녹취되어 정리되었다.[6] 이들 자료에는 주로 마을 주민들이나 후손들의 증언이 채택되었다. 구전되어 온 이들의 증언에서 공통적으로 포함되는 내용을 파악할 수 있는데, 그 내용들을 요약하면 다음과 같다.

구미란 전투 후에 구미산이 동학농민군의 시체로 하얗게 덮였으며, 죽은 농민군을 전부 묻지 못한 것으로 보인다. 시신의 일부를 개들이 물고

6) 최고원, 「원평 구미란전적지의 동학농민군 매장지 실태」, 『동학농민혁명 희생자 유해발굴과 집단 매장지 조사』, 동학농민혁명 기념재단, 2010.
김제시·전주대학교 산학협력단, 『김제지역 동학농민혁명 학술연구』, 2010.
김제동학농민혁명 기념사업회, 『김제땅 동학농민혁명』, 2010.

다니기도 하였으며, 후일에 뒷산에서 밭을 일구는데 장대한 뼈가 나오기도 하였다. 말무덤처럼 큰 무덤이 있었는데 지금은 망가져서 없어졌다. 땡메산으로 불리는 학수재 뒤에 무덤들이 있었으며, 묻지 못한 시신은 바우독골의 굴에 넣어 두기도 하였다. 구미산 일대의 밭에서는 유품이나, 납으로 만든 탄환 등을 많이 발견하였으며, 이들 납탄을 녹여서 저울추로 만들어 사용하기도 하였다. 이 납탄은 둥근것과 세장방형의 2종류 정도가 있는 것으로 확인되었다. 전봉준이 순창 피노리로 들어가기 전에 최경선에게 문서를 맡긴 것으로도 증언되었다. 이와 같은 구전의 여러 정황으로 보면 전사자는 문헌에 나온 37명보다는 훨씬 많은 동학농민군이 이 전투에서 전사한 것으로 추정된다.

구미란 전적지의 공식적인 지표조사는 이루어지지 않았지만 김제동학농민혁명기념사업회의 최고원 선생 등에 의해서 개략적으로 조사되었다.[7] 조사는 현장답사와 구전자료를 토대로 위성사진을 통하여 지번을 확인하는 방법으로 진행하였다. 동학농민군이 매장된 무덤은 여러 곳이 있는 것으로 전해지고 있으나, 현재는 6개소 정도가 파악되었다. 지번상으로 보면, 금산면 용호리 산 121, 산 122, 119, 전 627-1, 금산면 원평리 180-3, 180-8번지에 해당한다. 그 중에 가장 많이 남아 있는 동학농민군의 무덤은 구미마을의 바로 윗부분에 해당하는 용호리 산 121 임야 일대에서 현재 15기 정도가 파악되었다. 희미하게 남아 있는 봉분의 위치는 표지목으로 번호를 부여하여 표시하였다.(사진7) 정식으로 지표조사가 이루어지면 잡목으로 덮여진 지역에서 봉분이 더 확인될 가능성이 있다. 현재 이 지역에 대해서는 마을 주민들에 의해 해마다 무명의 동학농민군을 위한 위령제가 행해지고 있다.

이 외에도 학수재가 있는 남사면의 금산면 원평리 180-3, 180-8번지 일대에도 동학농민군의 무연묘가 많이 있었던 것으로 전해지고 있다. 1

7) 최고원, 「원평 구미란전적지의 동학농민군 매장지 실태」, 『동학농민혁명 희생자 유해발굴과 집단 매장지 조사』, 동학농민혁명 기념재단, 2010.

호선 국도변에 위치한 이곳은 현재 뽕나무밭으로 개간되어 있으며, 동학 농민군의 무덤도 훼손된 것으로 보인다. 지금은 뽕나무밭에 아래의 남사 면에서 3, 4기 정도의 봉분만이 확인되고 있을 뿐이다.(사진8) 구미란 전 적지는 지역 여건상 개발이 이루어질 가능성은 희박하다. 그러나 소규모 개발이나 경작 등에 의해서 훼손되지 않도록 관리가 필요하다.

사진7. 동학농민군의 무덤

사진8. 동학농민군의 무덤

3) 구미란 전적지의 보존관리

구미란 전적지의 보존관리를 위해서는 전투지에 대한 가치의 평가가 이루어져야 한다. 이를테면 구미란 전적지를 포함하여 원평 지역의 동학 농민혁명 유적지에 대한 재조명과 아울러 전적지의 학술조사, 원평 동학 농민혁명 유적의 가치와 정신적 위상 제고 등 제반 사항들이 제시되어야 한다.

학술적인 측면에서 구미란 전적지, 원평의 동학농민혁명과 관련된 주요 자료는 관변기록으로 『兩湖招討謄錄』, 『兩湖電記』, 『東匪討錄』, 『巡撫先鋒陣謄錄』, 『先鋒陣日記』, 『先鋒陣各邑了發關及甘結』, 『巡撫使呈報牒』 등이 있고, 유생측 기록은 『梧下紀聞』, 『續陰晴史』, 『嶺上日記』등이 있다. 동학측 기록으로는 『東學史』, 『侍天敎宗繹史』, 『海月神師』, 『均菴丈林東豪氏略歷』, 『禹東菴行文集』등이 있으며, 일본측 기록은『韓國東學黨

蜂起一件』,『駐韓日本公使館記錄』이 존재하고 있다.[8] 따라서 이들 문헌에 대한 재조명이 이루어져야 한다. 또한 문헌자료는 이제 더 이상 확보하기 어렵기 때문에 고고학적인 현장조사에 의존하는 방법이 추가적으로 필요한 실정이다. 구미란 전적지는 구미산 일대의 넓은 지역에서 이루어졌고, 일본군과 관군에 의해 후퇴하면서 일시적으로 전투가 치루어졌기 때문에 전투를 대비하기 위한 특별한 시설물은 없을 것으로 추정된다. 현재는 동학농민군의 무연묘가 6개소 정도에서 확인되었으므로, 구미란 전적지의 기초조사나 보존관리 차원에서 이 지역에 대한 지표조사 및 발굴조사를 실시하여 보존에 대한 기초자료로 활용하였으면 한다.[9]

그러나 유적지는 지금 있는 현상을 그대로 유지하여 보존하는 것이 원칙이다. 유적지의 현상을 그대로 보존하는 것은 유적의 입지와 경관, 현장성을 유지한다는 의미이다.[10] 따라서 구미란 전적지의 보존은 지금 있는 그대로 훼손되지 않도록 유지하는 것이 최상의 방법이다. 그렇지만 전적지를 문화재로 지정하고, 관광객에게 공개하는 차원에서의 시설개발은 불가피 할 것으로 보인다. 구미란 전적지는 그나마 주변의 경관이 잘 보존되고 있어서 정비를 한다는 명문으로 훼손시킬 우려가 있으므로, 시설 개발을 할 경우에는 자연경관의 훼손을 최소화 하는 방안이 검토되어야 한다.

구미란 전적지의 보존은 김제시에서 토지를 매입하여 유적의 공원화를 추진하면 좋을 듯하다. 이를테면 학수대부터 무명 묘역이 있는 지역까지 공원화와 아울러 산책로를 만들어 견학할 수 있도록 하는 방안이 검토되어야 한다. 이를 위해서는 이 지역의 확보된 공간에 전시관 혹은 홍보관의 건립이나 주차장 조성, 관람객의 편의시설 설치가 필요하다. 아울러 관람객들이 구미란 전적지에 대한 역사적 의미를 되새길 수 있

---

8) 김제시·전주대학교 산학협력단,『김제지역 동학농민혁명 학술연구』, 2010.
김제동학농민혁명 기념사업회,『김제동학농민혁명사료집』, 2010.

9) 동학농민혁명기념재단,『동학농민혁명 희생자 유해발굴과 집단매장지 조사』, 2010.

10) 정문교,『문화재행정과 정책』, 지식산업사, 2000.

는 공원으로 꾸며져야 할 것이다. 또한 전적지는 교통의 요지에 있으므로 전적지까지의 접근성이 확보되어야 한다. 이를테면 금산사 관광객의 유입책과 아울러 국도 1호선변 통과 차량이 머물러 갈 수 있는 시설들이 갖추어지고, 이와 관련하여 전적지의 안내판, 도로상의 유도표시 등을 설치할 수 있도록 하여야 한다. 유적공원으로 조성하는데 있어서는 건축이나 조경업자에게 일임하지 않고 반드시 문화재위원이나 관계기관의 자문을 구하여 설계가 실시가 되어야 한다. 그렇지 않으면 업자의 편리성에 임의대로 공사가 진행되어 추구하고자 하는 목적이 상실되는 경우가 허다하기 때문이다.

원평은 동학농민혁명과 관련된 유적지가 많이 있다. 이 유적지에 대한 가치와 더불어 정신적인 측면의 위상을 높여야 한다. 현재 원평에는 구미란 전적지 이외에도 동학농민혁명 유적지와 관련된 원평 집강소, 학수재, 김덕명 생가터, 김인배 생가터, 원평장터 등이 있다. 동학농민혁명이 정읍과 고창 중심이라는 인식을 깨고, 김제의 이러한 유적지에 대한 정신적인 측면의 위상을 높여서 학술적, 역사적 가치를 찾아야 한다. 그 가치는 김제지역의 정체성과 역사의식 고취의 계기가 되기 때문에 김제시민에게 교육적으로도 충분한 활용을 하여야 한다.[11)]

또한 구미란 전적지를 포함한 김제 동학농민혁명 유적지의 보존관리가 동시에 이루어져야 한다. 유적지의 관리 대상은 주로 지정문화재에 한정되어 있었으나, 이제는 각 지방관청에서도 비지정 문화재에 대한 보존관리 대책이 수립되어야 한다. 지방관청의 실정에 맞는 문화재보호 관련 조례재정과 법령을 통하여 유적지의 보존과 관리를 강화할 수 있을 것으로 판단된다. 동학농민혁명 유적지는 소유자, 관리자 등이 적극적으로 관리해야 되지만, 전문성이나 예산과 인력의 부족으로 인하여 훼손이 지속되거나 방치된 경우가 많다. 보존해야 될 필요가 있는 동학농민혁명

11) 전라북도, 『동학농민혁명 정신선양사업 기본계획』, 1999.

유적지는 관리주체를 선정하여 관리하고, 더 이상 훼손이 진행되지 않도록 해야 한다. 이러한 관리상의 문제는 전문가 자문위원제도, 연고지별 문화재의 자매결연 등을 통하여 효율적으로 보존관리 하는 방안이 검토되어야 한다.[12)]

유적지의 보존과 관리를 위해서 가장 중요한 것은 재정 지원의 문제이다. 유적지의 보존관리와 관련된 예산은 예측하기가 어렵기 때문에 다른 예산에 밀리는 경우가 많으며, 최소한의 예산으로 이루어지는 경우가 많다. 또한 유적지를 보존 정비하고 관리하는 예산은 대부분 지정문화재에 집중되고 있으며, 비지정 문화재를 위한 기초자료 조사나 보존관리에 투자되는 예산은 적다. 이러한 현상은 비지정 문화재에 대한 체계적인 관리를 어렵게 하는 요인이 되고 있으며, 동학농민혁명 유적지와 같이 지역의 특징적인 유적지가 방치되거나 훼손이 진행되는 결과를 초래하고 있다. 재정 자립도가 낮은 김제시의 경우 어려운 문제이겠지만, 이대로 유적지의 훼손이 진행된다면 역사문화 자원을 다시는 복원할 수 없게 될 것이므로, 보존관리를 위해서는 적절한 예산반영이 이루어져야 한다.

4) 문화재 지정의 방향성

구미란 전적지의 보존을 위해서는 문화재 지정이 필수적이며, 특히 다른 지역에 비해 재정 자립도가 약한 김제시의 경우 더욱 절실한 형편이다. 왜냐하면 문화재로 지정되지 않은 유적지는 일반인들의 관심도가 낮고, 문화재로서의 인식이 결여되어 있어 무관심 속에서 방치되기 때문이다. 문화재의 지정은 지표조사나 발굴조사가 이루어지지 않더라도 역사적, 문화재적 가치가 인정된다면 지정을 받을 수 있다. 김제시의 관심과 의지만 있으면 전라북도 기념물 정도의 문화재 지정은 가능하다. 장흥

12) 충남발전연구원, 『충청남도 백제문화재의 체계적 보존관리 및 활용방안』, 2002.
문화재청, 『문화재 보존관리 및 활용에 관한 기본계획』, 2002.
한상우, 「문화유적 관리계획 수립에 관한 연구」, 『고문화』, 65집, 2005.

석대들 전적지의 경우에는, 1894년 12월 15일 연합군과 격전을 벌여 많은 사상자가 발생한 곳이며, 전라남도와 장흥군의 다각적인 노력에 의하여 2009년에 사적으로 지정된 예가 있다.

인접한 정읍에서 동학농민혁명과 관련된 지정문화재는 이전에 고부에 속해 있던 백산성지(사적 409호)를 포함하여, 만석보터(도기념물 33호), 말목장터(도기념물 110호), 전봉준 고택(사적 293호), 황토현 전적지(사적 295호), 고부 관아터(도기념물 122호) 등 6개소에 달하고 있다.[13] 그러나 김제에서 동학농민혁명과 관련된 문화재 지정은 전무한 실정이다. 이에 중요한 동학농민혁명 유적지를 선별하여 문화재로 새롭게 지정할 필요가 있다. 구미란 전적지를 비롯하여 원평 집강소 등은 김제 동학농민혁명의 유적지로 중요하게 자리매김하고 있으므로 문화재의 지정이 가능한 유적지이다. 이중에서도 먼저 구미란 전적지의 역사적, 문화재적 가치를 부각시켜 문화재로 지정받을 수 있도록 노력하여야 한다. 또한 문화재 지정을 위해서는 전적지로서의 중요성을 부각시키고, 여기에 대한 충분한 공감대와 분위기가 형성되어야 한다. 유적지는 학술적인 가치도 있어야 되겠지만, 지방관청의 관심도에 의해서 문화재의 격이 달라질 수 있다. 따라서 문화재의 지정은 김제시의 의지도 중요하며, 전라북도 차원에서 접근하여 문화재 지정의 순차적인 행정절차를 거쳐야 한다. 문화재로 지정될 경우에는 보존이나 관리에 있어서 도비의 지원을 받을 수 있기 때문에 김제시에서도 재정부담을 어느 정도 완화시킬 수 있는 계기가 될 수 있을 것이다.

그러나 일각에서는 구미란 전적지를 문화재로 지정하였을 경우, 전적지와 구미마을이 너무 인접해 있어서 주민들의 생활에 규제가 올 수 있다는 우려를 하고 있는 것 같다. 문화재 보호를 위해서는 구미마을 주민들이 생활하는데 있어 약간의 불편은 감수하여야 한다. 문화재 보호법에

13) 이상균 외, 『동학농민혁명 문화자산 가치증진을 위한 협력적 네트워크 구축』, 전주대학교 산학협력단, 2009.

의해 관리를 해야 그나마 전적지와 그 주변이 훼손되지 않고 보호를 받을 수 있기 때문이다. 그렇다고 해서 주민들의 생업에 큰 영향을 초래할 정도의 불편은 아니다. 전적지의 주변경관과 문화재가 훼손되지 않는 범위 내에서 생업 시설의 건축과 배치 등이 적절하게 유지될 수 있도록 문화재위원회에서 문화재 환경영향평가를 하기 때문에 장기적으로는 문화재의 보호와 구미마을의 자연경관에도 도움이 되는 것이다. 문화재로 지정될 경우, 외부인의 관심과 함께 방문객이 증가하고, 관광사업과 연결된다면 구미마을을 포함한 원평에 경제적인 파급효과가 클 것으로 판단된다.

5. 구미란 전적지의 활용방안

구미란 전적지의 활용은 현재 김제 동학농민혁명기념사업회를 중심으로 진행되고 있다. 구미란 전투 희생자를 위한 추모행사, 원평장터 독립만세운동 기념행사, 구미란 전적지 묘지를 가꾸는 정화사업이 이루어지고 있으며, 학생들과 주민들을 위한 역사교실 등이 운영되고 있음은 실로 다행스러운 일이라 할 수 있다. 구미란 전적지를 포함하여 김제의 동학농민혁명 유적지에 대한 문화유산해설이나 학생들의 견학지로 활성화시키기 위해서는 김제동학농민혁명기념사업회에 일임하여 운영하도록 하면 좋을 듯하다. 아울러 여기에 관련되는 충분한 예산을 배정하여 활성화 될 수 있도록 해야 한다.

우선 1차적으로 김제 관내의 초·중·고생들의 체험학습지로 견학할 수 있도록 활용하며, 나아가서 수학여행 연계코스로 활용한다면 역사교육의 장으로서 훌륭한 학습공간이 될 것으로 판단된다. 김제의 동학농민혁명 유적지는 김제를 포함한 전북지역, 나아가서는 한국민의 정체성과 역사의식 고취의 계기가 되기 때문이다. 기존에 교과서나 문헌에만 의존하는 역사교육도 중요하지만, 유적지의 현장을 돌아보며 현장성을 겸비한다면 교육의 효과는 배가가 될 것이다.

이를 위해서는 안내 책자나 각 대상에 맞는 교육자료가 개발되어야 한다. 교육자료는 학생과 일반 관광객에 맞는 수준으로 김제의 동학농민혁명을 쉽게 이해할 수 있도록 제작하고, 사진과 지도를 첨부하여 제작하면 좋을 듯하다. 자료의 내용은 동학농민혁명의 기초적인 내용과 아울러 김제에서의 동학농민혁명의 의미, 유적지 소개 등이 수록되어야 한다. 특히 원평 지역주민들의 교육에도 힘을 써야 하며, 지역민으로서의 자부심과 애향심을 느낄 수 있도록 교육이 이루어져야 한다. 그리하면 구미란 전적지에 대한 역사적인 인식을 달리할 것이며, 유적지의 보존문제나 향후 원평의 관광 활성화에도 많은 도움이 될 것으로 생각된다. 이러한 교육자료는 김제시의 관광안내 책자 및 홈페이지의 홍보자료로도 충분히 활용되어야 한다.[14]

유적지의 활용은 지역의 정체성 확립과 지역민들의 교육을 위해서도 필요하지만, 지역의 경제적 효과를 가져올 수 있는 관광자원의 활성화에도 필요하다. 근래에 들어서는 유적지에 대해 지방관청에서 관심을 갖고 관광자원으로 활용할 계획을 수립하는 곳이 많다. 유적지의 복원을 통한 관광자원화, 주제별 관광루트 개발, 이벤트 행사, 문화상품 개발 등을 통하여 문화관광 자원으로 활용할 수 있을 것이다. 관광을 활성화시키기 위해서는 동학농민혁명 유적지뿐만 아니라 주변의 역사유적이나 관광명소, 지평선 축제 등과의 연계를 통하여 관광자원화를 적극 추진할 필요가 있다.[15]

동학농민혁명 유적지에 대한 관심을 유도하기 위하여 그와 관련된 학술제나 예술제가 개최되면 좋을 듯하다. 실예로 가까운 정읍의 경우는

---

14) 김제시·전주대학교 산학협력단, 『김제지역 동학농민혁명 학술연구』, 2010.
15) 이상균, 「정읍지역 동학농민혁명 유적지의 현황과 보존관리」, 『전북사학』, 38집, 2011.

매년 5월에 황토현 전승기념식, 민속 소싸움대회, 사발통문 만들기, 사진전, 미술대전, 영상제, 농악경연대회, 황토현 숙영캠프 등 다양한 행사의 동학축제를 열고 있어 많은 관람객의 발길이 이어지고 있다. 공주의 우금치 전적지는 도로확장 공사를 하면서 터널로 조성되었으며, 터널의 윗부분 공간을 활용하여 추모 제례, 거리행진, 연극공연, 미술품 전시 등 예술제가 진행되고 있다. 따라서 김제도 원평을 중심으로 한 지역에서 동학농민혁명과 관련한 종합적인 축제나 행사가 계획되면 좋을 듯하다.

구미란 전적지는 원평의 집강소, 김덕명 생가, 원평장터 등 동학농민혁명 유적지는 물론이고, 주변의 종교자원인 불교의 금산사, 귀신사, 천주교의 수류성당, 개신교의 금산교회, 증산교, 대순진리교 등의 신흥종교, 정여립 관련 유적지 등과 연계하여 관광 상품을 개발할 수 있도록 하여야 한다. 이에 대한 상세한 내용은 이미 출간된 보고서 『김제지역 동학농민혁명 학술연구』에서 다루어지고 있으며, 둘레길에 대한 코스개발 등 일부의 사업은 이미 시행 중에 있다.[16)]

또한 동학농민혁명과 연관되는 원평장터를 활성화시켜, 시골장의 전국화가 이루어지게 하면 좋을 듯하다. 한 예로 전남 장흥읍의 토요시장은 장흥군에서 정책적으로 지역주민과 협력하여 시설을 정비하고 체계적인 운영을 하고 있다. 장흥은 전남의 외곽에 있어 교통이 불편함에도 불구하고 그 명성을 듣고 전국에서 많은 관광객들이 방문하고 있다. 여기에 비하면 원평장은 국토 1호선변에 위치하고, 금산사라는 큰 사찰이 있기 때문에 조건이 유리하다. 그 관광객들을 흡수할 수 있도록 토요장터를 개설하고, 김제시의 정책사업으로 발전시키는 방안도 좋을 듯하다. 원평 시골장의 전국화를 위한 주변 상인과의 협조 체계, 이벤트 및 홍보 방안을 마련하고, 장터 주변의 정비와 주차장을 비롯한 기본시설을 설치하여 관광객을 유치한다면 지역주민의 소득향상이 이루어질 것이며, 이는 지

16) 김제시·전주대학교 산학협력단, 『김제지역 동학농민혁명 학술연구』, 2010.

역의 자긍심과 애향심으로 이어질 수 있다.

6. 맺음말

구미란 전투는 동학농민혁명 제2차 봉기인 1894년 11월 25일 원평의 구미산 일대에서 일본군과 관군의 연합군 사이에 전개되었다. 원평천을 사이에 두고 시작된 전투에서 동학농민군은 많은 사상자와 함께 군수품을 빼앗기고 태인으로 밀려났다. 이때에 희생된 사상자의 일부가 지금도 구미산 일대에 묻혀있으며, 김제동학혁명기념사업회를 중심으로 위령제가 행해지고 있다.

구미란 전적지의 보존을 위해서는 전적지에 대한 문헌자료와 더불어 고고학적 조사에 의한 역사적, 문화재적 가치가 조명되어야 한다. 구미산 지역에는 동학농민군의 집단묘가 6개소 정도에서 확인되었고, 동학농민군이 사용하였던 납탄을 묻은 장소가 알려져 있다. 따라서 이 지역에 대한 지표조사나 발굴조사를 실시하여 보존에 대한 기초자료로 활용하였으면 한다. 구미란 전적지 이외에도 동학농민혁명 유적지와 관련되는 원평 집강소, 학수재, 김덕명 생가터, 김인배 생가터, 원평장터 등에 대해서도 정신적인 측면의 위상을 높여서 학술적, 역사적 가치를 찾아야 한다.

구미란 전적지의 보존은 김제시에서 토지를 매입하여 역사적 의미를 되새길 수 있는 유적공원으로 조성하면 좋을 듯하다. 이를 위한 주차장이나 편의시설, 홍보관 건립의 사업이 진행되어야 한다. 또한 보존을 위해서는 문화재 지정이 필수적이며, 특히 재정 자립도가 약한 김제시의 경우 더욱 절실한 형편이다. 문화재의 지정은 지표조사나 발굴조사가 이루어지지 않더라도 역사적, 문화재적 가치가 인정된다면 지정을 받을 수 있다. 전적지로서의 중요성을 부각시키고 여기에 대한 충분한 공감대와 분위기가 형성되어야 하며, 김제시의 관심과 의지만 있으면 전라북도 기념물 정도의 문화재 지정은 가능하다.

구미란 전적지의 활용은 현재 김제 동학농민혁명기념사업회를 중심으로 진행되고 있기는 하나, 아직은 미약한 실정이다. 구미란 전적지를 포함한 동학농민혁명 유적지에 대한 교육자료 개발이 필요하며, 학생들의 수학여행이나 체험학습 현장으로 활용하여야 한다. 또한 유적지의 활용은 지역의 정체성 확립과 지역민들의 교육을 위해서도 필요하지만, 지역의 경제적 효과를 가져올 수 있는 관광자원으로도 필요하다. 따라서 구미란 전적지는 원평의 집강소, 김덕명 생가, 원평장터 등 동학농민혁명 유적지는 물론이고, 주변의 금산사, 귀신사, 수류성당, 금산교회, 증산교, 대순진리교 등의 신흥종교, 정여립 관련 유적지와 연계하여 관광자원화를 추진할 필요가 있다. 그 외에 동학농민혁명 유적지에 대한 관심을 유도하기 위하여 그와 관련된 학술제나 예술제가 개최되어야 하고, 원평장터와 구미란 전적지가 연계될 수 있도록 활성화되면 좋을 듯하다.

지금까지 본고에서는 구미란 전투의 개요, 구미란 전적지의 보존관리와 활용방안에 대하여 살펴보았다. 구미란 전적지는 반드시 지켜져야 하고, 이에 대한 가치조명과 함께 보존관리에 관심을 쏟아야 할 때이다. 김제시는 구미란 전적지를 포함한 동학농민혁명 유적지에 대하여 장기적인 안목을 가지고 단계적이고 지속적인 관리를 해 나가야 하며, 아울러 여기에 관련되는 충분한 예산을 배정하여 보존관리가 이루어질 수 있도록 해야 할 것이다.

선사 & 역사고고학

이상균 저

인 쇄	2012년 4월 1일
발 행	2012년 4월 10일
발행처	전주대학교 출판부
발행인	고 건
등록번호	제43호
등록일자	1985년 11월 20일
주 소	전북 전주시 완산구 효자동 3가 1200
전 화	063-220-2188-9, FAX / 063-220-2067
인쇄처	신아출판사 ☎ (063) 275-4000

값 15,000원

ISBN 978-89-8448-153-4 02900